JN040773

はじめての人も
イチからわかる

やさしい
中学歴史

堀野 たかし 著

はじめに

　学校を卒業してから，ほぼ塾講師，家庭教師一筋に生きてきました。その経験から言えるのですが，社会が苦手な生徒の特徴は「社会科は暗記科目，ひたすら覚えるしかない」と思い込んでいることです。テスト直前に，涙ぐましい反復暗記によって，知識を頭に叩きこみますが，すぐに忘れてしまいます。だから，出題範囲が狭い定期テストはある程度出来ますが，出題範囲の広い入学試験や模試ではよい成績がとれません。そして，その生徒はこうつぶやきます，「社会はやってもやってもできるようにならない」と。

　なぜ努力しても忘れてしまうのでしょうか？　それは，その知識を「自分が生きていく上で重要ではない」と思っているからです。生きていく上で重要な知識は忘れないですよね。つまり社会科は「生きていく上で重要だ」と思えば社会の成績が上がるはずですが，そのためには，どうすればよいでしょうか？

　世界は，日本は，そしてあなたは実に様々な問題に直面しています。「環境問題はどうしたら解決できるか？」「諸外国との関係はどうあるべきか？」「貧困の問題にどう対処すべきか？」などなど。これらの問題についてあなたはどう考えますか？　他人に解決を任せておけばよいのでしょうか？　違いますね。あなたが動かなければなりません。「自分も世界を動かしている一員なのだ」と自覚してください。その自覚を「当事者意識」といいますが，その意識を持てた時，「社会科」こそが，それらの問題を解決することに役立つものであり，「生きていく上で重要だ」と分かるはずです。実は入試問題の多くも当事者意識を持っているのかを問うているのです。本書は人類の過去の経験，つまり歴史を皆さんにお伝えします。皆さんが直面している問題を解決するのにお役に立てれば望外の幸せです。

　末尾となりますが，学研プラスの歴代の担当者，中原由紀子さん，延谷朋実さん，細川順子さん，八巻明日香さんに感謝いたします。

堀野　たかし

本書の使いかた

　本書は中学歴史をやさしく，くわしく，しっかり理解できるように編集された参考書です。また，定期試験や入試などでよく出題される問題を収録しているので，良質な試験対策問題集としてもお使いいただけます。以下のような使いかたの例から，ご自身に合うような使いかたを選んで学習してください。

1 最初から通してぜんぶ読む

　オーソドックスで，いちばん歴史の力がつけられる使いかたです。特に，「歴史を学び始めた人」や「歴史に苦手意識のある人」にはこの使いかたをオススメします。キャラクターと先生の掛け合いを見ながら読み進め，CHECK問題で確認しましょう。ゴロで覚える年号は，最初はムリに覚えなくても大丈夫です。

2 知りたい単元を読む

　復習したい単元や，先取り学習をしたい単元がある人は，そこを重点的に読んでみるのもよいでしょう。教科書よりもくわしく「なぜ？」の理由を説明しているので，より理解が深まるはずです。

3 別冊の問題集でつまずいたところを本冊で確認する

　ひと通り中学歴史を学んだことがあり，実戦力を養いたい人は，別冊の問題集を中心に学んでもよいかもしれません。解けなかったところ，間違えたところは本冊の内容を読み直して理解してください。ご自身の弱点を知ることもできます。

登場キャラクター紹介

ケンタ

サクラの双子の兄。元気がとりえの中学生。歴史に興味はあるが，これまではあまり勉強してこなかった。

サクラ

ケンタの双子の妹。しっかり者で明るい女の子。歴史が好き。ときどきするどい指摘をする。

先生（堀野　たかし）

社会を長年指導している，中学歴史の救世主。ケンタとサクラの社会科教師として，奮闘。

4

もくじ

歴史の基礎
～年代や時代の表し方～

　歴史の世界へようこそ！　まずはこの章で，歴史を学んでいく上で，ぜひ知っておきたい基礎知識を紹介するよ。

　「基礎知識ですか？」

　そうだ。たとえばふたりは，「世紀」ということばや，「時代区分」についてどれくらい知っているかな？

　「う～ん，実は，ぼんやりとしかわかっていないです！」

　大丈夫！　こういった基礎知識を理解しているだけで，歴史の勉強は，ぐっと手ごたえのあるものになるんだ。さあ，さっそく一緒に学んでいこう。

年代の表し方

西暦の始まりは？

　さあ，歴史学習の基礎知識を勉強するよ。下の図を**年表**というよね。

　まずは，歴史の年数の数え方について。例えば，今日が 2021 年 7 月だったとしよう。この 2021 年というのは，何から 2021 年経っているという意味なのか，知っているかな？

「ええっ!? 考えたこともなかったです。」

ヒントは，現在もっとも信者数が多い宗教の創始者だよ。

「もっとも信者数が多いといえば…，キリスト教ですか？」

　そのとおり。**西暦**はキリスト教の創始者であるイエス゠キリストがうまれたとされる年を元年，つまり 1 年とするものなんだ。2021 年はキリスト誕生から 2021 年目という意味だよ。いつを元年とするか，つまり歴史

時代区分		世紀	西暦	おもな出来事
原始	弥生時代	B.C.	紀元前700年 紀元前100年 紀元1年	
		A.D.1	100年	・57年　倭の奴国王が後漢に使いを送る
		2	200年	
古代	古墳時代	3	300年	・239年　卑弥呼が魏に使いを送る
		4	400年	
		5	500年	
	飛鳥時代	6	600年	・593年　聖徳太子が摂政となる
		7	700年	
	奈良時代	8	800年	・710年　平城京に都を移す

の年数の基準を紀元といい，キリスト誕生を紀元とする年代の表し方を**西暦**というんだ。

「西洋の暦っていう意味ですね。」

そうだね。ちなみに紀元0年というのはないよ。そして，キリスト誕生前の年は「紀元前○年」あるいは「B.C. ○年」といい，誕生後の年は「紀元○年」「A.D. ○年」あるいは紀元やA.D.を略して「○年」と呼ぶんだ。

「先生，B.C. とか A.D. って，どのような意味なんですか？」

B.C. は，BC＝Before Christ，すなわちキリストがうまれる前という意味だ。また，A.D. は「アンノドミニ（Anno Domini）」の略だよ。アンノドミニとは，ラテン語で「イエス゠キリストが君臨する時代」という意味だ。

「日本ではキリスト教徒の割合は少ないと思うんですが，どうしてキリストを基準に考えるんですか？」

やはり，キリスト教国の勢力が世界でもっとも強いからということになるだろうね。世界でも西暦を使う国が多いよ。西暦が世界標準といってもよいね。ただ，イスラム教の暦，仏教の暦もあり，使っている国もあるよ。ただ，多くは四暦と併用されているね。

「先生，日本独自の年代の表し方もあるんですか？」

実は日本には，初代の天皇といわれる神武天皇が即位した年を紀元とする**皇紀**という年代の表し方が使われていた時代もあるんだ。皇紀元年は西暦でいえば，紀元前660年にあたるよ。

「え～！ そんなのがあったんですかぁ。」

元号（年号）って何？

年代の表し方としては，ほかに**元号（年号）**と呼ばれるものがあるよ。

「元号って，『平成〇年』とか，『令和〇年』というものですよね。」

そうだね。元号とは天皇の交代や事件などを元年（1年）とするものだ。

「天皇の交代などにより，リセットされ元年に戻るということですか？」

そうだよ。この点が過去にも未来にも無限に年数を数える西暦などとの大きな違いだね。代表的なものだと明治，大正，昭和，平成，令和が元号にあたるよ。例えば，昭和20年といえば，昭和天皇が即位して20年目の年を意味する。昭和20年を西暦でいえば1945年になるよ。明治元年が1868年，大正元年が1912年，昭和元年が1926年，平成元年が1989年，令和元年が2019年で，それぞれの元号が始まるんだ。

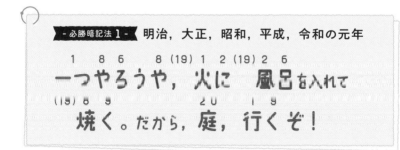

元号は1年から始まるから，「元号の元年の西暦−1＋元号X年＝西暦」になるよ。

例えば東京オリンピックが行われたのは昭和 39 年だけど，これを西暦に換算してみよう。昭和だから 1926 年が元年だね。とすると，

1926 - 1 + 39 = 1964

つまり，昭和 39 年は 1964 年とわかるね。

「先生，元号は不便じゃないですか？ 例えば，『明治 30 年は平成 24 年から何年前か』といわれても即答できません。でも，西暦なら引き算すればいいですもん。」

確かに西暦のほうが便利だよね。でも，日本の元号には深い意味があるんだ。日本の最初の元号は 7 世紀の「大化」といわれている。元号はもともと中国で考えられたもので，中国や中国を盟主と仰ぐ中国の属国では，中国の元号を使わなければならなかったんだ。しかし，日本は 7 世紀ごろから，日本独自の元号を使い始めた。これは，日本の政治的主張だったわけなんだ。どんな主張だと思う？

「中国の元号は使わない＝中国の属国ではない，という主張でしょうか？」

そのとおり。中国と対等になることは，当時の日本の悲願だったんだ。このように元号には深い意味があるんだよ。

「へぇ〜！ そんな意味があったんですね。」

★ Point　年代の表し方

● **西暦**……キリストの生誕を紀元とする年代の表し方。
● **元号（年号）**……天皇の交代や事件などを元年としてリセットされる。

世紀はどうやって数えるの？

「ところで，今，『7世紀』ってことばが出てきました。『世紀』って，よく耳にしますが，何ですか？」

　年数を1年で数えるのではなく，100年ごとに数える数え方だよ。1世紀＝100年とするものだ。西暦では1年〜100年を1世紀といい，101年から200年を2世紀というよ。

　1年を単位とする場合と同様に，キリスト誕生前は「紀元前」をつけて，紀元前1年〜紀元前100年を紀元前1世紀といい，紀元前101年から200年を紀元前2世紀と呼ぶよ。

「なるほど〜！」

　ではここで問題。7世紀は何年から何年までかな？

「え〜っと…，601年から700年です。」

　正解！　それでは，関ヶ原の戦いは1600年に起きたけど，何世紀かな？

「17世紀ですかね。」

「違うわよ。17世紀は1601年から1700年でしょ。関ヶ原の戦いは，ぎりぎり16世紀よ。」

　そうだね。16世紀だ。16世紀は1501年から1600年だからね。

「でも，ぴったりの1600年を除けば，1650年など1600年代はずっと17世紀ってことですね。1600年代＝16世紀なら覚えやすいのに…。」

確かにそうだね。ちなみに今は 21 世紀だ。21 世紀は 2001 年から 2100 年だね。

★✦Point　世紀の数え方

● 世紀……年数を 100 年単位で数える数え方。1 年～100 年を 1 世紀，
101 年～200 年を 2 世紀…と数える。
紀元前 1 年～紀元前 100 年は紀元前 1 世紀と数える。

O-2　時代区分の表し方

日本史の時代区分って?

　次に時代区分について, まずは日本史の時代分類を押さえておこう。日本史は**旧石器（先土器）時代**, **縄文時代**, **弥生時代**, **古墳時代**, **飛鳥時代**, **奈良時代**, **平安時代**, **鎌倉時代**, **室町時代（南北朝時代を含む）**, **安土桃山時代**, **江戸時代**, **明治時代**, **大正時代**, **昭和時代**, **平成時代**, そして**令和時代**に分類されているよ。

「先生, いろいろな名前がついていますが, 何を根拠に名前がついているんですか?」

　旧石器・縄文・弥生・古墳時代はそれぞれの時代を代表するものを基準に分類されているよ。旧石器という石器はないけどね（笑）。旧石器時代は, 先土器時代ともいわれる。先土器とは土器ができる以前という意味だよ。

「次は地名ですか?」

　そったね。飛鳥・奈良・平安・鎌倉・室町・安土桃山・江戸時代は, それぞれの時代の政治の中心地を基準に分類されている。それ以後の明治・大正・昭和・平成時代は天皇一代の間を, 元号を使って分類しているよ。

社会のしくみで分けた時代区分もある!

　さっきの時代区分とは別に, 社会のしくみを基準に分けた, **原始→古代→中世→近世→近代→現代**という, もう少し大きな分類があるよ。

「聞いたことがありますね。意味はよくわかっていないんですが。」

　これは本来，ヨーロッパ史の時代を区切るものなんだ。地域により歴史の進行が異なるし，歴史は徐々に変わっていくから，ある出来事でスパッと時代は区切れるものではないんだよ。

　例えば，中世から近世への変化は，じわじわと進んでいくんだ。中世的な出来事が起きている中，近世的な出来事が起こり始め，やがては中世的な出来事は起こらなくなるというイメージ。また，ある地域では中世だが，ある地域ではまだ古代だということがよくあるよ。ところで，不思議なことにヨーロッパの歴史と日本の歴史は似ているんだよ。だから，このヨーロッパ史の分類は，日本史の分類でも使われているんだ。

「それぞれどういう内容なのか教えてください。」

　まず，原始時代とは，人類が誕生し，文字が無い時代をいうよ。このあたりの時代の状況は，遺跡や遺物から推測しなければならないんだ。西洋史ではおよそ500万年前から，古代文明以前の時代。日本史では旧石器時代から弥生時代くらいを指すよ。

「次は古代についてですね。」

　古代は文字の使用により文献が残っていて，青銅器や鉄器が鋳造され，「国」ができている時代をいうよ。紀元前6000年ごろから発達した中国文明，紀元前3000年ごろから発達したエジプト文明やメソポタミア文明，紀元前2500年ごろから発達したインダス文明，紀元前8世紀ごろからのギリシャ文明，紀元前1世紀ごろからのローマ帝国の時代などを指すよ。西ローマ帝国の滅亡（476年）で，古代が終わり，中世が始まると考えられている。

▼時代区分一覧

時代区分	おもな時代の内容	日本のおおよその 時代区分
原始	人類が誕生し，文字が無い時代。	・旧石器時代 ・縄文時代 ・弥生時代
古代	文献が残っており，青銅器や鉄器が鋳造され，「国」ができている時代。	・古墳時代 ・飛鳥時代 ・奈良時代 ・平安時代
中世	封建制度が確立した時代。(日本では武士が政権を獲得した時代。)	・鎌倉時代 ・室町時代 ・安土桃山時代
近世	国王の権力が絶対的なものになった時代。(ヨーロッパでは，ルネサンス〜中央集権国家の誕生を経て，フランス革命などで終わるとされる。)	・安土桃山時代 （太閤検地以降） ・江戸時代
近代	国民国家の誕生や，植民地経営の活発化した時代。(ヨーロッパでは，フランス革命，産業革命〜第二次世界大戦終結までの時代。)	・明治時代 ・大正時代 ・昭和時代 （終戦まで）
現代	第二次世界大戦後にうまれた新しい秩序にもとづく時代。	・昭和時代 （戦後） ・平成時代 ・令和時代

「日本では何時代にあたるんですか？」

　古墳，飛鳥，奈良，平安時代にあたるとされているよ。

「続いて中世ですね。」

　中世は，国王と，国王への貢献により土地をもらった貴族が国を支配する時代だ。これを封建制度というよ。また，ヨーロッパではキリスト教の勢力が強い時代とも位置づけられる。ヨーロッパにおいては，東ローマ帝国の滅亡（1453年）が中世の終わりで近世の始まりと考える人が多いようだよ。

「日本史では何時代にあたりますか？」

　鎌倉，室町，安土桃山時代にあたるとされているよ。武士が朝廷から権力を奪い，政権を獲得している時代だ。武士のリーダーへの貢献により，そのリーダーから土地をもらう点が，ヨーロッパの中世と似ているね。

「それじゃあ，近世ってどんな時代なんですか。」

　ルネサンス（15世紀ごろ）から絶対王政つまり国王の権力が絶対的ともいえるほど強くなり，全ての権力が王に集まる中央集権国家の誕生を経て**フランス革命**（1789年）などで終わる時代だ。日本では，**江戸時代**がこれにあたると考えられている。厳密には安土桃山時代後期の太閤検地以降であるという考えも強いよ。

「なぜですか？」

　太閤検地により，武士が日本の土地の全てを支配した＝国王の権力が絶対的なものになったと考えるからだ。

「次に近代ですね。」

　近代とは**フランス革命**，**産業革命**（18世紀後半）から始まるとされるよ。国民国家が誕生し，一部では国民の主権が重視され，植民地経営の活発化する時代といえるね。近代の完全な終結は，第二次世界大戦終結（1945年）と考えられている。日本では，明治時代から大正時代を経て，昭和時代の途中である1945年の第二次世界大戦，太平洋戦争敗北までを指すよ。

「そして，最後が現代ですよね？」

　第二次世界大戦後に生まれた新しい秩序にもとづく時代だ。日本史では1945年の昭和20年以降の昭和時代と平成時代，そして令和時代だね。

★ Point　時代区分

● **原始**（旧石器（先土器）時代，縄文時代，弥生時代）
　↓
● **古代**（古墳時代，飛鳥時代，奈良時代，平安時代）
　↓
● **中世**（鎌倉時代，室町時代（南北朝時代を含む），安土桃山時代）
　↓
● **近世**（安土桃山時代，江戸時代）
　↓
● **近代**（明治時代，大正時代，昭和時代）
　↓
● **現代**（昭和時代，平成時代，令和時代）

☑CHECK 0　つまずき度 ！！！！！　➡ 解答は別冊 p.022

次の文の（　）に当てはまる語句や数字を答えなさい。

(1) 西暦は（　）の誕生を紀元，すなわち元年（（　）年）とする。その誕生以前を（　）という。

(2) 1世紀は（　）年である。

(3) 紀元3世紀は（　）年から300年，紀元前3世紀は紀元前（　）年から紀元前300年となる。

(4) 日本史の時代区分は，旧石器時代→（　）時代→弥生時代→（　）時代→飛鳥時代→（　）時代→（　）時代→（　）時代→室町時代→安土桃山時代→（　）時代→（　）時代→大正時代→（　）時代→平成時代→令和時代である。

(5) 社会のしくみを基準にする分け方は，原始→（　）→（　）→近世→（　）→現代である。

0 章　歴史の基礎

1章

旧石器時代
新石器時代

　さあ，いよいよ人類の誕生だ。この章では，まずは日本だけでなく，世界の歴史の始まりについて見ていくよ。

「いよいよ歴史が始まるんですね。」

　そうだ。人類は，初めは食料不足に悩んでいたが平等だった。しかし，農業の開始とともに大きく変化するんだ。

「食料不足はなくなるのに？」

　そう。それから，農業とともに，身分，文明，国家，戦争，宗教などが生まれることになる。

「農業が歴史を変えるんですね!!」

1-1 旧石器時代 (きゅうせっき)

人類はいつどこで誕生したの? (たんじょう)

　宇宙が誕生したのは約 140 億年前, 地球が誕生したのは約 46 億年前, (う ちゅう) (おく)
生命が誕生したのは約 40 億年前といわれている。そして, 約 700 ～ 600
万年前, **アフリカ**に猿人があらわれ, 2 本の足で立って歩けるようになった。(えんじん)
これが人類の祖先だといわれているよ。(そ せん)

　次の図の頭がい骨を見て, 気づくことはないかな? (ず) (こつ)

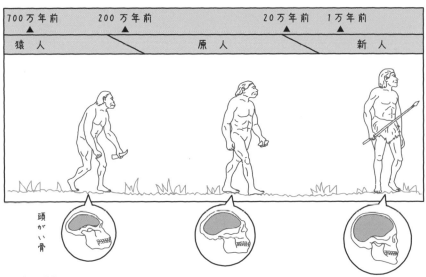

700 万年前	200 万年前	20 万年前	1 万年前
猿 人	原 人		新 人

頭がい骨

▲人類の進化

　「徐々に脳の部分が大きくなっているんですか?」 (じょじょ) (のう)

　そうだね。脳が大きくなっているということは, 徐々に賢くなっている (かしこ)
ということだ。そして, 約 20 万年前に, **新人**に分類される**ホモ・サピエ**
ンスがあらわれたんだ。新人とは私たち, つまり今生きている人類のこと (わたし)
だよ。

★ Point 人類の誕生

- 人類は**約700～600万年前**に，**アフリカ**で誕生したとされる。
- 現在存在する人類は，私たち**新人（ホモ・サピエンス）**だけ。

旧石器時代の暮らしはどのようなものだったの？

「先生，当時の人類はどんな生活をしていたんですかね？」

猿人の段階で**打製石器**を使ったといわれているよ。鋭さはあったけれど，木は切れなかった。道具が登場したのは約250万年前だ。ここから**旧石器時代**が始まるんだ。このころ人類はまだ土器を使っていないから，先土器時代，あるいは無土器時代とも呼ばれるよ。

▲打製石器

(ColBase (https://colbase.nich.go.jp/))

「先生，食料はどうやって得ていたんですか？」

動物を狩ったり，木の実を採集したり，漁をしたりして食料を得ていたと考えられているよ。食料は，みんなで分け合っていた。だから貧富の差がない**完全な平等社会**だったんだ。そして，獲物や木の実をとりつくしたら，新たな食料を求めて移動した。

また，これは遺伝子の研究によってわかったことなんだけど，ホモ・サピエンスは次のページの地図のように全世界に広がっていったと考えられているんだ。

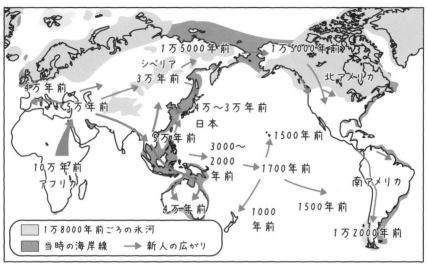

▲新人の世界進出

日本列島には，何年前にホモ・サピエンスが到達（とうたつ）しているかな？

「4万～3万年前とありますね。」

そうだね。そこから日本の旧石器時代が始まるわけだね。

★ Point　旧石器時代

- **打製石器**を使用した。
- 動物を狩ったり，木の実を採集したり，漁をしたりして食料を得た。
- 貧富の差がない**完全な平等社会**だった。

新石器時代と古代文明

旧石器時代と新石器時代を分ける３つの条件

新石器時代は，氷期が終わった約１万年前から始まる。世界の歴史では旧石器時代の次にこの新石器時代が来るんだ。

旧石器時代と新石器時代を分ける基準は次の３つ。第１に磨製石器の使用，第２に土器の使用，第３に農耕・牧畜の開始。この３つがそろえば，新石器時代に入ったといえるわけだ。

まずは，道具の進化について見ていこう。第１の条件である**磨製石器**の使用についてだ。

「磨製石器って何ですか？」

研ぎ石や砂で磨いて鋭くし，形を整えたのが磨製石器だよ。

（國學院大学博物館）

▲磨製石器

磨製石器は斧などが多く見つかっているんだ。磨製石器なら，打製石器では切れなかった木も切れた。木を切って森を開拓し，農地にすることもできるようになったんだ。さらには家もつくれるようになった。

続いて第２の条件，**土器**の使用について。約１万年前，誰かが粘土を焼いたら固まることを発見したんだろう。それが土器という画期的な発明につながったんだ。土器があれば何ができると思う？

「食べものを貯めておくことができますよね。」

そう，**食料の貯蔵**ができる。さらに火を利用すれば何ができる？

「食べものの煮炊きができます!!」

まさに土器は，時代区分を変えるにふさわしい発明なわけだ。

そして，最後に**農耕・牧畜の開始**について説明するよ。旧石器時代は食料がたりずに，餓死した人も多かったんだ。

しかし，誰かが，その場で全部植物の実を食べてしまうより，一部を種として植えて育てれば，よりたくさんの食料を得られることに気づいたんだろう。これが農業の始まりだ。また，これは動物も同様で，牧畜が始まったんだ。

「へぇ～！　農業・牧畜が始まったことで，安定して食料を得られるようになったんですね。」

そうなんだ。そして，さっき，磨製石器によって家もつくれるようになったと話したのを覚えているかな？　旧石器時代のように獲物を求めて移動する生活ではなく，農業や牧畜をしながら同じ土地に住む**定住生活**をするようになったんだ。

定住生活により人々は，より多くの食料を手に入れることができるようになった。でも，そうすると今度は十分な食料を持つ人と持たない人が出てきたんだ。つまり**貧富の差**がうまれたわけ。

「それまでは貧富の差がない，平等な社会でしたよね。」

そうだね。そして裕福な人が財産の力で，貧しい人を従わせることが可能になった。つまり，**権力の差・身分の差**がうまれたんだ。さらには蓄えられるようになった食料や農地を奪い取ろうとする動きが出てきた。これ

が**戦争**だね。

　支配する者と支配される者ができ，そして，これらをひとつにまとめる組織，つまり**国家**が誕生した。その中で**文明**がうまれたんだ。

✿ Point　新石器時代

● **新石器時代**の条件……①**磨製石器**の使用。
　　　　　　　　　　　　②**土器**の使用。
　　　　　　　　　　　　③**農耕・牧畜**の開始。
● 農耕・牧畜が始まったこと，食料の貯蔵ができるようになったことで，**貧富の差・身分の差**がうまれる。**戦争**も起こる。**国家**が誕生し，**文明**がうまれる。

古代文明って？

　世界のあちらこちらに文明がうまれた。日本ではまだ農耕が始まる前，つまり縄文時代だ。

　ここでは４つの古代文明を例にとって学習してみよう。

　次の地図を見て。共通点は何かわかるかな？

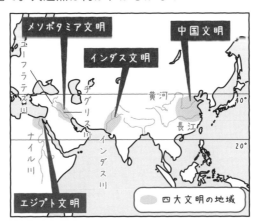

▲四大文明がおこったところ

「わかった！　川があるのが共通点じゃないですか？　エジプト文明は
ナイル川，メソポタミア文明はチグリス川・ユーフラテス川，イン
ダス文明はインダス川，中国文明は黄河や長江が流れていますね。」

よく気づいたね。つまり，世界の古代文明は，そのほとんどが農業・牧
畜に適した温暖な気候の土地で，かつ**大きな川のほとり**で発生したんだ。
なぜ，大きな川のほとりで古代文明がうまれたと思う？

「生活用水が必要不可欠だからだと思います。ほかにも，川があれば
移動に船が利用できて便利ですよね。」

確かにそれもあるね。しかし，最大の要因は，川のそばであれば農耕・
牧畜に必要な水を得られることなんだ。また大きな川のほとりは，栄養分
豊かな土地が広がっていて，農作物がよく育ったんだ。

こうして，農耕に適した場所に人々がたくさん集まった。そして，自分
たちが住みやすいように都市をつくっていった。通常，古代文明の都市に
は神殿があるんだ。なぜ，神殿をつくったと思う？

「神様に農作物がとれることを祈ったとか？」

そう。農耕の開始は宗教の発達にも影響を及ぼしたことがわかるね。

この写真は紀元前8世紀ごろから栄えた**ギリシャ文明**の遺跡で，**パルテ
ノン神殿**だよ。

（学研写真資料）

◀パルテノン神殿

また，農業を行うにあたって重要なのは，川のはんらん時期を知ることなんだ。

「収穫する前に，川がはんらんしたらショックですよね…。」

そこで人々は，天体の動きに注目した。**天文学**が発達したんだ。天体の動きから，川のはんらん時期を知ろうとしたわけだ。天文学の発達によって，エジプト文明では太陽の動きを基準とし，1年を365日とする**太陽暦**がつくられた。また，収穫量を増やすために大規模なかんがい工事が行われた。さらに川がはんらんしたあとの土地を再区画したんだけど，土地の再区画にはどんな知識が必要になると思う？

「土地の広さを測るために**測量術**が必要になると思います。」

「天文学や測量術を学ぶには**数学**の知識も使いますよね。」

そうだね。例えば，紀元前3000年ごろから栄えた**メソポタミア文明**は，**60進法**が発明されたことで有名だよ。今でも，時間の単位には60進法が用いられているね。

また農業がさかんになって，収穫した農作物を国家が税として集めたいとき，誰からどれくらい集めたかを記録する必要がある。その際，何が必要になるかな？

「記録するために必要なもの…。もしかして文字ですか？」

そのとおり。古代文明では，独自の文字が確認されているんだ。

▲象形文字

▲くさび形文字

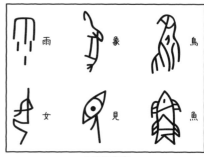

▲甲骨文字

エジプト文明では，**象形文字**が使われていた。

また，メソポタミア文明では，**くさび形文字**が発達した。

しかし，紀元前 2500 年ごろに誕生した**インダス文明**で使われた**象形文字（インダス文字）**は，いまだに解読されていないんだ。インダス文明は，麦をつくる農業を中心に発展し，排水設備が整えられていた。

また，紀元前 1600 年ごろにおこった**中国文明**の黄河流域の殷（商）王朝では，**甲骨文字**が見つかっている。

「甲骨文字が漢字のもとになったことがよくわかりますね。」

紀元前 8 世紀から始まる春秋戦国時代は，各地の支配者が互いに争い，混乱した時代だった。その中で多くの思想家があらわれたんだ。中でも**孔子**は道徳にもとづいて国を治めることを説いた。彼の教えはのちに**儒教**のもととなったんだ。

「儒教ってどんな教えなんですか？」

一言でいえば，「**仁**（思いやりの心）と**礼**（正しい行い）にもとづく理想社会の実現」ということだよ。

さて紀元前 3 世紀，**始皇帝**が黄河流域に中国最初の統一国家の**秦**をつくった。

有名な万里の長城は，中国の北にいた民族の侵入を防ぐために，始皇帝がつくったものだ。

しかし，始皇帝の死後反乱が起こり，秦は約15年で滅亡した。

その後中国を統一したのが，漢（前漢，紀元前202年〜後8年）だよ。漢では，儒教が政治のもとであるとされた。漢は武帝のとき最盛期を迎え，南はベトナム北部まで支配下においたんだけど，これに伴い儒教も広まり，中国のみならず，東アジアの政治と文化に大きな影響を与えたんだ。

文字の発明は知識をまとめること，そしてそれを伝えることを可能にし，人類の進歩を加速させた。道具も進歩し，金属でできた青銅器が使われるようになった。

さて，古代文明の集大成といえるのが下の建造物でしょう。

（学研写真資料）

「ピラミッドですね！」

そのとおり。エジプト文明の遺跡，ピラミッドだ。中でも特に大きなピラミッドは，現代の技術を用いても，総工費約1300億円，完成までに250日かかるらしいよ。

★ Point　古代文明

- エジプト文明（ナイル川），メソポタミア文明（チグリス川・ユーフラテス川），インダス文明（インダス川），中国文明（黄河・長江）。
- 大きな川のほとりで発生。農耕・牧畜に必要な水を得られたことが最大の要因。
- 象形文字，くさび形文字，甲骨文字などの文字や，ピラミッドなどの遺跡がある。

世界三大宗教とは？

　さて世の中が激しく移り変わる時代には，人々は心のよりどころを求めるものだ。

「先生，その心のよりどころって，もしかして宗教のことですか？」

　そう。仏教・キリスト教・イスラム教は信者の数が多く，世界中に広がっていることから，世界の**三大宗教**といわれているよ。次のグラフを見て，信者が多い宗教のベスト4を言ってみよう。

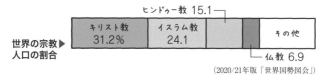

世界の宗教▶
人口の割合

ヒンドゥー教 15.1

| キリスト教 31.2% | イスラム教 24.1 | | | その他 |

仏教 6.9

(2020/21年版「世界国勢図会」)

「1位は**キリスト教**，2位は**イスラム教**，3位は**ヒンドゥー教**，4位は**仏教**ですね。」

「先生。どうして，ヒンドゥー教は仏教より信者の数が多いのに，三大宗教に入らないんですか？」

　その答えは次の地図にあるよ。なぜだと思う？

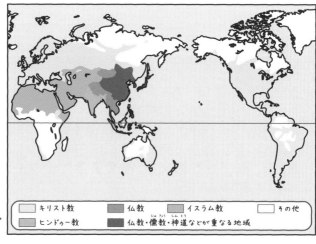

世界の宗教▶
分布

| キリスト教 | 仏教 | イスラム教 | その他 |
| ヒンドゥー教 | 仏教・儒教・神道などが重なる地域 | | |

「キリスト教はヨーロッパや南北アメリカ大陸，イスラム教は北アフリカや西・東南アジア，仏教は東アジアと広く信者がいるのに，ヒンドゥー教はほぼインドのみですね。」

「なるほど，わかりました！　ヒンドゥー教は世界中に広がっているとはいえないから，三大宗教に入らないんですね。」

そうなんだ。それでは三大宗教について勉強していこう。まず**仏教**から。仏教は，紀元前5世紀ころインドにうまれた**シャカ**が，「生老病死」の苦しみから逃れる道を説いた教えだ。

ところで，初期の仏教は仏像をつくらなかったことを知っていたかな？

「えっ！　日本のお寺には，だいたい仏像がありますよね。」

仏像をつくるようになったのは，実はギリシャ人の影響なんだ。下の地図を見てみよう。紀元前4世紀にギリシャを統一したマケドニアのアレクサンドロス大王がペルシャ（イラン）を滅ぼして，インド北西部のインダス川まで遠征した。これにより，ギリシャ文化が西アジアに伝わり，さらにインドのガンダーラ地方を中心に仏の彫刻や絵画が制作されるようになったんだ。

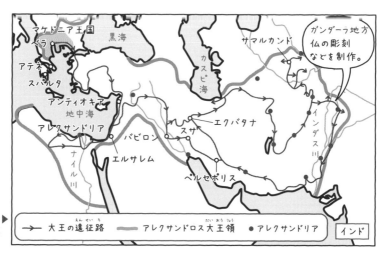

▶アレクサンドロス大王の東征

「ギリシャ文化が東方へ伝わったっていうことですか？」

　そうだ。ヘレニズム文化というよ。この文化はやがて各地に広がり，シルクロードを経て，中国の敦煌・雲崗・竜門の石窟寺院や，日本の飛鳥文化・天平文化などにも大きな影響を与えたよ。

　さて，次は**キリスト教**。キリスト教は，パレスチナ地方にうまれた**イエス**が，1世紀ごろに神の愛と隣人愛を説いた教えだ。このころ，**ローマ帝国**が地中海周辺を支配していたんだ。

「先生，ローマ帝国とキリスト教はどんな関係だったんですか？」

　キリスト教は最初，ローマ帝国から厳しい迫害を受けたけれど，4世紀末にはローマ帝国に公認され，さらには国教となったんだ。

　キリスト教の教えは『新約聖書』にまとめられているよ。

　最後に**イスラム教**について説明しよう。イスラム教は，メッカ出身の商人である**ムハンマド**が，7世紀に現在のサウジアラビアで神の啓示を受け，唯一の神アラーへの信仰を説いた教えだよ。

「それじゃあ，三大宗教の中ではもっとも新しいということですね。」

　そう。イスラム教の教えは『**コーラン（クルアーン）**』に記されているよ。『コーラン』には，「日の出から日没まで飲食を断つ」というラマダンなどイスラム教徒が守るべきことが記されている。ほかにも聖地メッカに向かって1日5回祈りをささげること，豚肉を食べてはいけないことなどが記されているよ。

「いろいろな決まりごとがあるんですね。」

　イスラム教には，**偶像崇拝禁止の教え**というのもあるんだ。イスラム教は征服と商業活動によって，西アジアから東西に広がったよ。

ところで，**ユダヤ教**という宗教を知っているかな？

「聞いたことはあるんですけど…。」

現在，世界で6番目に信者が多い宗教だよ。ユダヤ教の教えは『旧約聖書』にまとめられているんだ。そこでは神とユダヤ人が契約を交わし，ユダヤ人が神との約束を守れば天国にいけるとされている。イエスがこのユダヤ教を発展させたのがキリスト教。神との新しい約束，つまり『新約聖書』にその教えがまとめられているわけなんだ。

「旧約聖書の『旧』って，神との『古い』約束という意味なんですか？」

キリスト教徒の立場からはそうだね。
また，中東（西アジア）の人々の多くは，何の宗教を信仰しているかな？
32ページの地図に戻って見てみよう。

「えーっと，イスラム教です。」

そのとおり。ユダヤ教もキリスト教もイスラム教も**エルサレム**を聖地としているんだ。歴史上，エルサレムの支配をめぐってユダヤ教，キリスト教，イスラム教の三者が争ってきたんだ。

★Point　世界三大宗教

- **キリスト教**……**イエス**が開く。ローマ帝国の国教となる。
- **イスラム教**……**ムハンマド**が始める。教えは「**コーラン（クルアーン）**」にまとめられる。偶像崇拝禁止の教え。
- **仏教**……**シャカ**が説く。

☑CHECK 1   つまずき度 ❗❗🟡🟡🟡   ➡ 解答は別冊 p.022

次の文の(　)に当てはまる語句を答えなさい。

(1) 人類は約700~600万年前に, (　)で誕生したと考えられる。

(2) 現在存在する人類は, 私たち(　)だけで, ホモ・サピエン
スともいう。

(3) 旧石器時代には, 石を打ち割るなどしてつくった(　)石器
が使われていた。

(4) 新石器時代になると, 研ぎ石や砂で磨いて鋭くし, 形を整えた
(　)石器が使われるようになった。

(5) 古代文明では, ナイル川の流域に(　)文明, チグリス川・
ユーフラテス川の流域に(　)文明が栄えた。

(6) エジプト文明では(　)文字, メソポタミア文明では(　)
文字, 中国文明では(　)文字が使われた。

(7) 世界三大宗教を信者の多い順に並べると, (　)教, (　)教,
(　)教である。

2章

縄文時代

　さて，世界各地で古代文明がうまれてい
たころ日本では縄文時代を迎えていた。こ
の章から，本格的に日本の歴史について学
んでいくよ。

「縄文時代って，一言でいうとどん
　　な時代なんでしょう？」

日本で土器が生まれた時代だ。

「土器を使った料理が発展したんで
　　すか？」

　そう。また，それまで日本は大陸と地続
きだったけど，氷期が終わり気温が上昇し
て，海水面が100メートル以上上昇し，
大陸の一部であったところが島になるなど
して，日本列島が成立した時代だよ。

2-1 縄文時代

縄文時代の暮らしはどのようなものだったの？

　さて，日本に目を向けてみよう。今から約1万数千年前，日本でも土器が使用されるようになった。縄目の文様がつけられているものが多いので，**縄文土器**というよ。この時代を**縄文時代**という。今から約1万数千年前から紀元前4世紀ごろまでだね。**磨製石器**や骨角器も使われていたよ。

縄目の文様がついている。

◀縄文土器

「当時の人たちの暮らしがどうしてわかるんですか？」

　うん。当時の人たちの暮らしは，動物学者の**モース**が発見した東京都の**大森貝塚**などの調査でわかったんだ。**貝塚**とは食べたあとに残った骨や貝がらなどを捨てた場所。それらを調べれば，当時の人々の生活がわかるんだ。

「先生，縄文時代は旧石器時代にあたるんですか？　それとも新石器時代ですか？」

　はい，いい質問だね。農耕・牧畜は広く行われていたとはいえないので，旧石器時代であるという考えが強いよ。ただ，一部では行われていたみたいだ。これは**三内丸山遺跡**（青森県）などの調査でわかったんだ。
　三内丸山遺跡は縄文時代後期の遺跡で，大型の竪穴住居跡や掘立柱の建

物が発見され，集落の人口も500人規模であったことが明らかになったよ。

「先生，**竪穴住居**って何ですか？」

▲三内丸山遺跡（復元）

（学研写真資料）

地面を掘り，床と壁をつくって柱をたて，その上に屋根をかけた住居のこと。

草やかやで屋根をつくる。

地面を50cmほど掘り下げる。

5〜6畳くらいに4〜5人が住んだ。

▲竪穴住居のしくみ（断面図）

竪穴住居では，夏は涼しく，冬は暖かく過ごせる。この竪穴住居は，奈良時代ぐらいまで民衆の家の主流だったんだ。

「縄文時代になって，人々の生活は楽になったんですか？」

いや，狩猟や採集が基本だから，食料が不足することも多かったんだ。

そこで人々は,女性をかたどった**土偶**をつくり,
豊作や家族の繁栄などを祈ったようだよ。

魔よけや獲物が
たくさんとれる
ことを祈る。

▲土偶

★ Point 縄文時代

- **縄文土器・骨角器・磨製石器**を使用した。
- **大森貝塚**(東京都)や**三内丸山遺跡**(青森県)などから当時の暮らしがわかった。
- **竪穴住居**に住むようになった。
- 豊作や家族の繁栄などを祈り,**土偶**をつくった。

☑CHECK 2   つまずき度 !!!◯◯   ➡ 解答は別冊 p.022

次の文の(　)に当てはまる語句を答えなさい。

(1) 日本では約1万数千年前から,(　)時代に入った。縄文土器や骨角器の利用が広まり,人々は(　)住居に住んだ。また,豊作や家族の繁栄などを祈って,(　)がつくられた。

(2) (1)の当時の暮らしを伝える遺跡として,東京都の(　)貝塚や青森県の(　)遺跡がある。

3 章

弥生時代

弥生時代は，日本で農業が本格的に始まった時代だ。

「ということは，1章の旧石器時代・新石器時代で学んだのと同じように，日本でも，身分，文明，国家，戦争などがうまれるのですか。」

そうだ。まさに戦乱の時代ともいえるね。

「ふ〜む，農業が人を幸福にしたのか，不幸にしたのか微妙ですね…。」

3-1 弥生時代

弥生時代の暮らしはどのようなものだったの？

　弥生時代は，**弥生土器**が使われた時代だ。縄文土器との違いはどんなところかな？

薄くて固い
のが特徴。

◀弥生土器

「へぇ～，縄文土器に比べると飾りが少なくてシンプルですね。」

　そうだね。縄文土器より薄く，じょうぶな土器なんだ。農業を行って収穫したものをこの土器に入れたと考えられているよ。

「先生，弥生時代は農耕が本格的に始まったんですよね。ということは，新石器時代に突入したっていうことですか？」

　そうだね。農業では，ついに**稲作**が開始された。

「日本人の主食といえばお米ですもんね。」

　稲作は大陸から移り住んできた人が伝えたといわれているよ。初めに九州から，やがて全国へ広がっていった。静岡県の**登呂遺跡**などから，多くの農具が見つかっているよ。

　やがて農具の一部は，**金属器**にとってかわられる。**鉄器**や**青銅器**などの

金属器は，大陸からほぼ同時に日本へ入ってきたことがわかっている。軽くて硬い鉄器は農具や武器に，重いけれどピカピカ美しくて加工しやすい青銅器は儀式などに使われたんだ。祭りのときに使われたと考えられている青銅器の銅鐸などだね。

祭りのための宝物として使われたと考えられている。

表面に絵がえがかれていることもある。

◀銅鐸

「鉄器であれば，稲を根こそぎバサッと切れたでしょうね。」

そうなんだ。そして収穫した稲の穂は弥生土器に入れて，**高床倉庫**に保管した。なぜ，床が高いかわかるかな？

「わかった！ 保管した穀物を動物などに食べられないようにするためじゃないですか？」

そのとおり。古くからネズミは穀物が好きで，人々はネズミ対策をしていたんだ。

もうひとつ別の理由もある。床を高くしたのは，風通しをよくするためでもあったんだ。そうして，穀物を湿気から守ったんだね。

ところで，次のページの絵を見てみよう。**吉野ヶ里遺跡（佐賀県）**だ。周りを何で囲んでいる？

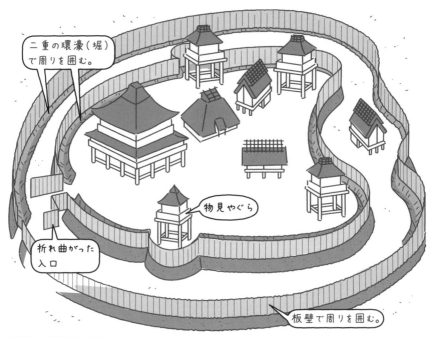

二重の環濠（堀）で周りを囲む。

物見やぐら

折れ曲がった入口

板壁で周りを囲む。

▲吉野ヶ里遺跡のようす

「壁や堀ですね。」

「これって敵の侵入を防ぐためのものなんですか？」

　そうだろうね。壁は板壁, 堀で囲むことを環濠といい, 環濠集落と呼ぶよ。環濠集落が戦争に備えたつくりをしていたことはあきらかだ。戦争で勝ち, 相手の土地や収穫物などを手に入れることを知ってしまうと, できるだけたくさんのものを一人占めしたくなるよね。こうして, 人が集団で生活する「ムラ」, それらがいくつか集まった「クニ」が争う戦乱の世が始まった。

★ Point　弥生時代

- 弥生土器を使用。縄文土器より薄く，じょうぶ。
- 稲作が始まる。収穫した稲の穂は高床倉庫に保管する。
- 金属器を使用。鉄器は農具や武器に，銅鐸などの青銅器は儀式などに使う。
- 吉野ヶ里遺跡（佐賀県）→ 環濠集落。「ムラ」や「クニ」が争う。

当時のようすを伝える文書があった !?

　ところで，この時代の日本を知る史料は国内に残されていないんだ。当時のようすを知るには，中国の文献を参考にするしかないのだけど，次のようなものがあるよ。内容を簡単にまとめてみよう。

『漢書』地理志（紀元前1世紀ごろ）

　倭（日本のこと）は100余りの国に分かれており，貢ぎものを持って定期的にやってくる。

『後漢書』東夷伝

　（紀元）57年，九州北部の奴国の王は，後漢の皇帝の光武帝から金印とひもを授かった。金印には「漢委（倭）奴国王」と記されている。

『魏志』倭人伝

　3世紀ごろ，邪馬台国の女王の卑弥呼は，大陸からのさまざまな情報を得ようとして使節を派遣した。

　卑弥呼は，占いやまじないで国を治めた。また239年に，魏の皇帝から「親魏倭王」という称号や金印，神をまつる儀式に使用する銅鏡100枚などをもらった。邪馬台国は30余りの国を従えている。

「日本は『倭』と呼ばれていたんですね。」

「『漢書』地理志には『倭は100余りの国に分かれており』と書いてあって，『魏志』倭人伝には『邪馬台国は30余りの国を従えている。』とありますね。邪馬台国が日本を統一しつつあったっていうことですか？」

　邪馬台国が日本の中で大きな勢力を持っていたことは間違いないだろう。しかし，日本を統一したのかどうか，というところまではわかっていないんだ。邪馬台国があった場所も実はよくわかっていないんだよ。

「それと，先生。『漢書』地理志には，日本の国が当時の漢（前漢）に貢ぎものを持ってくると書かれていて，『後漢書』東夷伝には，奴国の王が後漢の皇帝から金印とひもを授かったとありますよね。それから『魏志』倭人伝には，卑弥呼が魏の皇帝から金印や銅鏡をもらったとあります。当時の日本の指導者は，中国に貢ぎものをして，国王と認められたということですか？」

　当時の日本の指導者は，中国の皇帝の権威を借りて，国内での立場を優位なものにしようとしたんだろう。この時代の中国は，圧倒的な力を持っていた。その中国に認められていることを示せば，国内で恐れられ，敵が攻めてこないということだろうね。

さて，このあたりの年代は覚えておくといいよ。

> - 必勝暗記法 1 - 紀元前 1 世紀，『漢書』地理志
>
> 1（世紀）漢　書
> **いい感じ**（ょ）
> 　　　かん

> - 必勝暗記法 2 - 57 年，後漢が奴国の王に金印を授ける
>
> 5　　　7（年）
> **後**漢から**奴**国へ
> ごがん　　なこく

> - 必勝暗記法 3 - 3 世紀，邪馬台国
>
> 3（世紀）
> 邪馬台国の女王は**卑弥呼**
> 　　　　　　　　ひ み こ

 「ああなるほど！『卑弥呼』ではなく，『卑 3 呼』だったんですね
（笑）。」

　さらに弥生時代は紀元前 4 世紀ごろから紀元 3 世紀ごろ。邪馬台国は
30 余りの国を従える。「3」を覚えておくといいかもしれないね。

 「弥生時代のキーワードは，まさに『**3**』ですね。」

★ Point　日本のようすを伝える中国の史料

- 「漢書」地理志（紀元前1世紀ごろ）→ 倭（日本）は100余りの国に分かれる。
- 「後漢書」東夷伝 → 57年，奴国の王が後漢の皇帝から金印を授かる。
- 「魏志」倭人伝 → 3世紀ごろ，邪馬台国の女王卑弥呼は占いやまじないで国を治める。30余りの国を従える。

☑CHECK 3　　つまずき度 ❗❗◯◯◯　　➡ 解答は別冊 p.022

次の文の（　）に当てはまる語句を答えなさい。

(1) 弥生時代に入ると，薄くてじょうぶな（　）土器が使われた。また金属器の使用も始まり，（　）は農具や武器に，（　）は儀式などに使われた。

(2) 弥生時代には，（　）作が九州から全国へ広がった。収穫した稲の穂は土器に入れられ，（　）倉庫に保管された。

(3) 弥生時代の暮らしを伝える遺跡として，佐賀県の（　）遺跡がある。

(4) 紀元前1世紀ごろの「（　）」地理志によると，（　）（日本）は100余りの国に分かれていた。

(5) 「後漢書」東夷伝には，57年，奴国の王が後漢の皇帝から（　）を授かったことが記されている。

(6) 「魏志」倭人伝には，3世紀ごろ，日本では（　）台国の女王（　）が占いやまじないで国を治め，30余りの国を従えていたことが記されている。

古墳時代

「弥生時代は 100 余りの国が乱立していたのち，30 余りの国を従える邪馬台国という大国が出現した時代でした。次の古墳時代はどんな時代ですか？」

　日本がほぼ統一されたと考えられる時代が古墳時代だよ。

「えっ，その証拠はあるんですか？」

　「古墳」「戦争」「鉄剣」が，その証拠だ。そこからは巨大な権力の誕生がうかがえるよ。
　それが大和政権（大和朝廷，ヤマト王権とも呼ばれる）だ。さあ，さっそく見ていこう。

古墳時代

強大な勢力，大和政権が誕生！

「弥生時代後半は戦乱が続くトーナメント戦状態でしたよね。勝者は
決まったんですか？」

うん。日本の広い地域を治めた政権が出たんだ。ではどこに，この政権
が誕生したか，いっしょに考えてみよう。

この写真は，大阪府堺市にある**大仙古墳**（**大山古墳**，**仁徳陵古墳**）だ。

（学研写真資料）

▲大仙古墳

　古墳とは，王や豪族の墓のこと。古墳がつくられた3世紀後半から6世
紀末ごろを，古墳時代というよ。さて，大仙古墳は全長486 m，高さ35
mで，世界最大級の墓といわれているんだ。この古墳の形は，四角形（方形）
と円形が組み合わさっているから，**前方後円墳**と呼ばれる。前方後円墳は

日本と朝鮮半島南部だけで見られるんだよ。

「わぁ，大きいですねぇ。」

　この古墳をつくるのに，のべ 680 万人の労働力が必要だったといわれるよ。古墳時代の日本の全人口は 1000 万人以下だったといわれているから，人々を従わせるかなり強い力が存在したことがわかるね。

「この古墳をつくるのにいくらくらいかかったんですかねぇ？」

　建設費用は現在のお金に換算して 796 億円で，完成まで 15 年 8 か月もかかるといわれているんだ。

　たくさんのお金と労働力を必要とする巨大な古墳があったということは，日本の広い地域を治めた強大な権力が存在したと考えられるよね。

　古墳には，**埴輪**といわれるものが置かれていた。古墳の周りに置かれ，崩れ止めや飾りとして使われたんだ。円形のものから，**人**や**動物**，**家**や**船**などさまざまな種類があるよ。2 m を超える大型のものもあるんだ。

▲さまざまな埴輪

　さて，大仙古墳がつくられたのは 5 世紀だ。3 世紀後半から，奈良盆地を中心とする**大和地方**（奈良県）や，その西側の**河内地方**（大阪府南東部）に巨大な古墳がつくられるようになった。全長 120 m 以上の古墳が多いのは奈良県だよ。

「ということは 3 世紀後半に，巨大な古墳が数多くある奈良に強大な勢力があったっていうことですか？」

　強大な勢力が**奈良**にあったことは間違いないだろうね。これが**大和政権（ヤマト王権）**だと考えられている。

　右の写真を見てみよう。これは好太王碑と呼ばれているよ。この碑文に，**391 年高句麗**（中国東北部〜朝鮮半島北部）の好太王（広開土王）の軍が倭（日本）の軍隊と戦い，勝ったとある。この 391 年は覚えてほしい。

(PIXTA)

▲好太王碑

- 必勝暗記法 1 - **391 年，高句麗の軍が倭（日本）の軍隊を破る**

3　9　1
みじめ高句麗に負ける
　　　　（こうくり）

　ほかの資料からも，このころ日本は朝鮮半島にさかんに進出し，戦っていたことがわかるね。そして，**5 世紀**，讃・珍・済・興・武と記された倭（大和政権）の 5 人の王が中国に使いを送り，貢ぎものを捧げている。主な目的は，朝鮮半島南部の支配を中国の皇帝に認めてもらうためだ。

「先生，なぜ日本は朝鮮半島に進出したかったんですか？」

　もっとも大きな理由は当時の最新兵器である鉄器をつくるための原料がほしかったからだといわれているよ。

　さて，次の地図で伽耶（任那）は大和政権の朝鮮半島進出の足場であったことがわかっている。このように，他国と戦争する余裕があるということは，国内はどんなようすであったと想像できるかな？

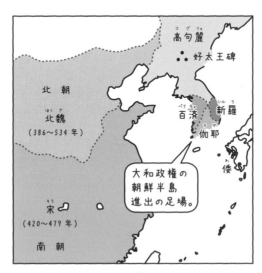

▲東アジアの勢力図（4～5世紀ごろ）

「他国と戦争をする余裕があるということは，国内の戦乱は終わって，日本の広い範囲が大和政権によって治められていたんじゃないですか？」

「戦争の準備なんかも必要だから，391年より少し前に大和政権は強い力を持っていたことになりますよね。」

　そうだね。二人の言うとおりだ。そこで**4世紀中ごろ**には大和政権がほぼ全国を治めていたと考えられるよね。だから391年は覚えてほしいんだ。

　ところで，当時中国や朝鮮半島との行き来がさかんになった。また，中国や朝鮮半島は戦乱の時代だった。だから日本に移り住んだ人もたくさん

いたんだ。彼らは土器・古墳・絹織物などをつくる技術や，**漢字**，**儒教**などを日本に伝え，日本の文化に大きな影響を与えたよ。このような人々を**渡来人**（帰化人）と呼ぶんだ。

「前ページの地図で，朝鮮半島は高句麗・新羅・伽耶・百済と分裂していますね。」

高句麗・新羅・伽耶・百済の位置は覚えておこう。

- 必勝暗記法 2 - **高句麗・新羅・伽耶・百済の位置**

し(らぎ)か(や)く(だら)(こう)くり

新羅から時計回りに 四 角 い 栗

4〜5世紀ごろの朝鮮半島の情勢は，「四角い栗」をイメージしてね。

「先生，この中に日本と仲のよい国はあったんですか？」

伽耶（任那）は日本の勢力が強かったところだし，**百済**と日本は友好国だったよ。進んだ文化は中国から百済に伝わり，百済から日本に伝えられることが多かったんだ。仏教は **538年**，百済から日本に伝わったとされる（552年という説もある）。この年号は覚えておこう。

- 必勝暗記法 3 - **百済から日本に仏教が伝わる**

5 3 8

仏教寺院に ご 参拝

さんぱい

さらに当時の大和政権の勢力を示すものが次ページの写真だ。これは，埼玉県の**稲荷山古墳**で見つかった鉄剣だよ。熊本県の江田船山古墳でも同じ

ようなものが見つかっている。この鉄剣には，**ワカタケル**（**雄略天皇**）とい
う大王（大和政権の王）が，豪族に自分への忠誠を
感謝する文章が刻まれているんだ。

(国（文化庁保管）／撮影：埼玉県立さきたま史跡の博物館)

「それじゃあ，その大王が関東地方の豪族と九
州地方の豪族を従えていたっていうことです
ね。」

そのとおり。大王が九州地方から関東地方まで支
配していたことを示すんだ。この鉄剣は**5世紀**につ
くられたと推定されているよ。

▲稲荷山古墳出土の鉄剣

★Point　古墳時代

- 巨大な古墳が数多く見られることから，**大和政権（ヤマト王権）**
  は**奈良**で誕生したと考えられる。
- 大和政権は**3世紀後半**に誕生したと考えられる。その後，日本の広
  い範囲を治めるようになった。
- **渡来人**（帰化人）によって，**漢字や儒教**などが日本に伝わった。
- **538年**（552年説もあり），正式に百済から日本に**仏教**が伝わった。

☑CHECK 4

つまずき度 ❗❗🔘🔘🔘

➡ 解答は別冊 p.022

次の文の( )に当てはまる語句を答えなさい。

(1) 右のイラストのような形
をした古墳を( )と
いう。

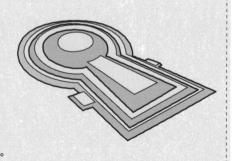

(2) 3世紀後半，近畿地方の
豪族などが連合してつ
くったといわれる政権を
( )政権(王権)という。

(3) 中国や朝鮮半島の人たちの中には，日本に移り住んだ人たち
がいた。この人たちを( )という。

飛鳥時代

4章で勢力を広げていた大和政権はピンチを迎えることになる。蘇我氏などの豪族が力をつけ，天皇（大王）をおびやかしていたんだ。

「大王が部下に反逆されるかもしれないということですね。」

そう。それに，大陸では隋が巨大な力を持ち，日本に攻めてくるかもしれなかった。

「ひええ，内にも外にも問題があるということですね。」

そこで，そのピンチを救うのが聖徳太子だよ。どんな活躍をしたのか，見てみよう！

聖徳太子の政治

大和政権は解決すべき課題を抱えていた？

　さて，大王を中心とする大和政権は巨大な権力を持っていた。しかし，政権をより安定させるためには，課題もあったんだ。

　それは，豪族に土地と人民の私有を認める私地私民制のため，天皇（大王）の権力が弱くなってしまう可能性があること。

　そんな中，巨大な権力を持ち始めた豪族が**蘇我氏**だ。蘇我氏は自らの勢力を拡大するため，一族の娘を天皇の妃とし，うまれた子を天皇にすることで，天皇の外戚（母方の親戚）になるという手法で権力を握っていった。さらに私有地もどんどん増やしていったんだ。

「このままだと天皇の地位が危ないですね。」

　そうなんだ。まずは力をつけている蘇我氏など各豪族を抑えて国内の政治を安定させることが大和政権の第一の課題だった。

　第二に中国・朝鮮半島の動きに対応する必要があったんだ。

「中国・朝鮮半島はそのころどんな動きをしていたんですか？」

　右の地図を見てみよう。当時の中国・朝鮮半島のようすを示した地図だ。中国に巨大

▲隋が栄えたころの東アジア

な国があるのがわかるかな？

「えーと，隋ですね。」

　そうだね。このころ，中国は戦乱の時代が続き，小国に分裂していたのだけど，589年に隋が中国を統一したんだ。そして周辺の国まで支配を広げようとした。隋は朝鮮半島北部の**高句麗**とも戦争し，ひょっとしたら新羅も百済も倒して，朝鮮半島まで統一するかもしれない勢いだった。もし隋が朝鮮半島を統一したら，次はどこを狙うと思う？

「次は日本を攻めるかもしれませんね。」

　そのとおりだね。すでに，新羅が**伽耶（任那）**を滅ぼしたため（562年），日本の朝鮮半島への影響力が薄れていた。そこで，日本も隋と戦争をする可能性まで考え，政治改革をして力をつける必要があったんだ。
　そこで，そのような政治を実現しようとしたのが**聖徳太子（厩戸皇子）**だ。この時代の政治の中心は，奈良県の飛鳥にあったため，飛鳥時代と呼ぶよ。

★Point　飛鳥時代の課題

● **蘇我氏**を初めとする各豪族を抑え，国を安定させる。
● **隋**に対抗できる力をつけて，朝鮮半島に影響力を残す。
⇒上の2つを実現するため，**天皇の力を強める**。

聖徳太子（厩戸皇子）の活躍とは？

　さて，歴史上初の女性天皇が即位する。これが**推古天皇**だ。そして推古天皇のおいである聖徳太子が，593年に**摂政**として推古天皇を助けることになった。

聖徳太子から見ると，推古天皇はおばということになるね。

 「先生，**摂政**ってどんな仕事をするんですか？」

簡単(かんたん)にいえば，**天皇の代理人**だね。天皇の代わりに政治を行うよ。

▲聖徳太子

聖徳太子は蘇我氏一族のリーダーである**蘇我馬子(そがのうまこ)**の協力を得て，政治を行った。

> - 必勝暗記法 1 - **聖徳太子，摂政に就任**
> 　　　　　　5　9　3
> ## 聖徳太子は コックさん

聖徳太子はまず，国内の政治改革(かいかく)を始めた。改革を進めるには，政府のためによい仕事をしてくれる優秀(ゆうしゅう)な役人が必要だ。そこで聖徳太子は，**603 年**に**冠位十二階(かんいじゅうにかい)**を定めたんだ。

 「それってどんなしくみですか？」

冠位十二階とは，家柄(いえがら)などに関係なく，才能や功績(こうせき)のある人を役人にとり立てる制度(せいど)だ。そして冠（位冠(いかん)）を授(さず)け，冠の色の違(ちが)いで身分の上下を表したよ。

身分が高い ───────────────→ 身分が低い

	1	2	3	4	5	6	7	8	9	10	11	12
冠名	大徳	小徳	大仁	小仁	大礼	小礼	大信	小信	大義	小義	大智	小智
冠の色	紫		青		赤		黄		白		黒	

▲冠位十二階

「功績次第で身分が上がるわけだから，役人たちは功績を上げようと努力しますよね。」

そうだね。そして，位階は氏（一族）ではなく**個人**に対して与えられ，世襲の対象にならないことが大きなポイントだよ。

続いて聖徳太子は，**604年**に**十七条の憲法（憲法十七条）**を制定したんだ。

十七条の憲法（一部）

一に曰く，和をもって貴しとなし，さからふことなきを宗とせよ。
（第1条　人の和を大切にし，争いをしないようにしなさい。）
二に曰く，あつく三宝を敬へ。三宝とは仏・法・僧なり。
（第2条　仏教を信仰しなさい。）
三に曰く，詔をうけたまはりては必ずつつしめ。
（第3条　天皇の命令には必ず従いなさい。）

憲法といっても，現代の憲法と異なり十七条の憲法は，**朝廷に仕える役人の心がまえ**を示したものなんだ。

第3条の「詔をうけたまはりては必ずつつしめ」というのは，誰に従えということだと思う？

「天皇の命令には必ず従いなさいっていうことですよね。」

そうだね。**天皇中心の国づくり**こそ聖徳太子の理想だったからね。さらに第2条はどんなことをいっているかな？

「仏教を信じなさい，ということですか？」

そうだね。聖徳太子は**仏教を保護**したんだ。

次の写真は，聖徳太子が建てたといわれる**法隆寺**だ。現存する世界最古の木造建築なんだよ。

▲法隆寺

「先生，なぜ聖徳太子は仏教を保護したんですか？」

それまでは各豪族もそれぞれの氏神様を拝んでいる状態だった。

そこで仏教を広めることにより，豪族の心をひとつにし，争いをなくし，天皇中心の国をつくろうとしたのではないかと考えられるよ。

また，中国や朝鮮半島で広まっていた仏教を保護し，広めることで他国に認めてもらおうとしたとも考えられるね。

賭けに出た隋との外交

さぁ，国内の改革が一段落したら，次は国外に目を向けてみよう。聖徳太子が隋（中国）との関係で目指したもの，それは**対等な外交**だ。

「エッ！ それまでは対等じゃなかったんですか？」

そうなんだ。それまでは，中国に**朝貢**していた。朝貢とは貢ぎものを捧げるということだよ。

その見返りとして，中国から**冊封**を受けていたんだ。冊封とは，各国の有力者が中国皇帝から国王として承認を受けるという意味だよ。

朝鮮半島の国々，つまり新羅，百済，高句麗といった国も中国に朝貢し冊封を受けている国，いわば中国を主人とする属国だった。

「もし，日本が隋と対等な関係になったら，日本は朝鮮半島の国々よりも強い立場になれますね。」

うん。そうすれば，朝鮮半島の国々との交渉も優位に進められるのではないかとの考えがあったんだろう。

607年，**小野妹子**をはじめ，留学生や僧を同行させて，**遣隋使**として隋に送り出した。このとき，隋の皇帝**煬帝**に送った国書の文面は次のようなものだった。

「日出づるところの**天子**が，日沈むところの**天子**に手紙を送ります。」

ここで「日出づるところ」は日本のこと，「日沈むところ」は隋のことだ。この国書は聖徳太子の賭けだった。

「この国書のどこが賭けなんですか？」

この国書では日本の天皇も隋の皇帝も同格の「天子」ということばで表現しているよね。それまで属国だと思っていた日本にこんなことをいわれたら，隋の皇帝はとても怒るかもしれないよね。

しかし，当時，隋は高句麗と戦争状態で，日本を敵に回す余裕はない，と聖徳太子は読んでいたと考えられる。案の定日本の国書を見て，煬帝はとても怒った。

しかし，隋は，日本が対等な関係であると思っていることを黙認したんだ。

- 必勝暗記法 2 -	聖徳太子，607年遣隋使派遣＆法隆寺建立

607　　　　　法　隆　寺
無礼な遣隋使，ほりゆうじ
ぶれい

5章 飛鳥時代

✦* Point　聖徳太子の政治

- **冠位十二階**……家柄などに関係なく，才能や功績のある人を役人にとり立てる。
- **十七条の憲法**……朝廷に仕える役人の心がまえを示した。
- **仏教**を保護して，**法隆寺**を建立した。
- **小野妹子**らを**遣隋使**として中国（隋）に派遣し，**対等な外交**を目指した。

飛鳥文化とはどのようなものだったのか？

　飛鳥時代に栄えた文化を**飛鳥文化**というよ。この時代の文化は，聖徳太子が保護した仏教の影響を受けていた。飛鳥文化は**日本最初の仏教文化**なんだ。聖徳太子は，奈良に法隆寺を建てたといわれていたね。次の写真は，法隆寺にある**釈迦三尊像**だよ。

（模写）

▲釈迦三尊像

✦* Point　飛鳥文化

- **飛鳥文化**は，日本最初の**仏教文化**で，**釈迦三尊像**が代表的。

5-2 天智・天武天皇の政治

中国では唐が成立！

7世紀前半，隋が滅び，**唐**が中国を統一した。そして対立する高句麗を攻撃したことで，緊張が高まった。日本は戦争に備えた国づくりを急ぐ必要があったんだ。

7世紀に唐が成立したことは覚えておこうね。

- 必勝暗記法3 - **7世紀，唐が成立**

$\underset{7}{な} \underset{唐}{っとう}$

 「なっとう…（笑）」

 「隋は滅びたんですよね。それじゃ，遣隋使はどうなったんですか？」

遣唐使として引き続き派遣されていたよ。もちろん唐の進んだ政治制度や文化を学ぶためだ。第1回の遣唐使として，**630年**，**犬上御田鍬**らが派遣された。それから**894年**まで続いたよ。これも覚えておこう。

- 必勝暗記法4 - **遣唐使の派遣は630年から894年**

遣唐使，船で$\underset{む}{蒸}$$\underset{630}{され}$て$\underset{は}{吐}$$\underset{894}{くよ}$

天智天皇（中大兄皇子）の政治改革

さて，聖徳太子亡きあと，蘇我氏は天皇をしのぐほどの力を持った。しかし，朝廷内では独裁的な蘇我氏に対する不満が高まっていたんだ。

そこで**645年**，当時の皇極天皇の息子である**中大兄皇子**は**中臣鎌足**らの協力を得て，蘇我蝦夷・入鹿の親子を倒した。ちなみに蝦夷の父は，聖徳太子を助けた蘇我馬子だよ。646年，「改新の詔」が出され，**大化の改新**と呼ばれる政治改革が始まった。

こうして中大兄皇子や中臣鎌足は蘇我氏を倒し，中国の制度を学んで帰国した留学生たちとも協力しながら，新しい国づくりを始めた。中臣鎌足はこの功績によって，亡くなる際に藤原姓を授けられ，のちに繁栄する藤原氏の祖となったんだ。

- 必勝暗記法 5 - **645年，蘇我氏が倒される**

６４５
蘇我氏を蒸し殺し

しかし，改革が十分に進まないうちに朝鮮半島で緊急事態が発生！　日本の友好国である百済が，唐・新羅の連合軍に滅ぼされてしまったんだ。

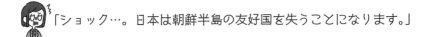「ショック…。日本は朝鮮半島の友好国を失うことになります。」

そして日本は，百済の人々に「百済の復興を手伝ってください。」とお願いされた。

そこで中大兄皇子は，百済を復興させるために出兵することにした。

しかし，663年に日本・百済の連合軍は**白村江の戦い**で，唐・新羅の連合軍に敗れてしまったんだ。

- 必勝暗記法6 - 663年，白村江の戦い

⁶ ⁶ ³
む，無残。白村江で日本軍敗れる

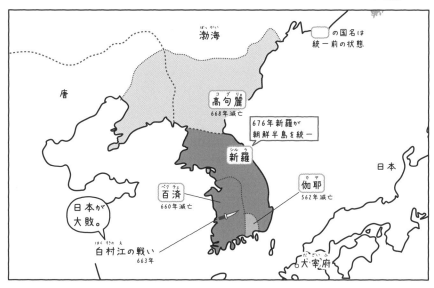

の国名は
統一前の状態

渤海

高句麗
668年滅亡

676年新羅が
朝鮮半島を統一

唐

新羅

日本

百済
660年滅亡

伽耶
562年滅亡

日本が
大敗。

白村江の戦い
663年

大宰府

▲朝鮮半島の興亡

　これで日本は朝鮮半島での影響力を完全に失った。そればかりか，唐と新羅が日本まで攻めてくるかもしれない。そこで中大兄皇子は，九州北部の拠点である大宰府を守るために**水城**を築くなどしたよ。

「博多湾から来る敵から大宰府を守ろうとしたわけですね。」

　そうだ。そして九州北部の防衛のために**防人**と呼ばれる兵士を置いたよ。さらに667年，都を飛鳥から，**大津宮**（滋賀県大津市）に移したんだ。翌年に中大兄皇子は即位し，**天智天皇**となった。

「先生，天皇中心の国づくりはどうなったんですか？」

　もちろん続いているよ。668 年，唐と新羅の連合軍は高句麗を滅ぼし，ついに唐と新羅が朝鮮半島を統一した。唐と新羅は戦争に強かったんだ。なぜなら両国とも**律令**という制度が整えられていたからだ。

「律令ってどんなものですか？」

　律は刑法，令は国の制度や政治の決まりをまとめた法を意味するよ。そして**公地公民制**（すべての土地と人民は王・天皇のものだとする制度）を採用していた。律令は天皇中心の政治ができるしくみなんだ。
　天智天皇は，律令にもとづく政治の準備として，日本で初めての全国的戸籍である庚午年籍をつくった。670 年のことだ。戸籍とは，人の生年月日や，どこでうまれたのか，両親は誰で，兄弟はいるのか，いつ死亡したのかなどがわかるように記録したものだよ。

「先生，戸籍はなぜ必要だったんですか？」

　どんな人がどこに何人住んでいるのかがわからなければ，国家の仕事にも動員できないし，税もとれないよね。
　しかし，天智天皇は律令政治，公地公民制を実現する前に亡くなってしまうんだ。671 年のことだよ。

★Point　天智天皇（中大兄皇子）の政治

- **大化の改新**…**中大兄皇子**は**中臣鎌足**らと協力して，蘇我蝦夷・入鹿の親子を倒す。
- 百済復興のために朝鮮半島に出兵。⇒**白村江の戦い**で敗北。
- 水城を築くなどして，唐・新羅に対する防備を固める。
- 律令にもとづく政治の準備として，庚午年籍という戸籍をつくる。

天武天皇の政治はどのようなものだったの？

さて天智天皇が亡くなる前，とても気にしていたことは，自分の息子である**大友皇子**に天皇の地位が引き継がれるかどうかだった。

天智天皇の弟の**大海人皇子**がそのライバルだ。

そして天智天皇の死後大友皇子と大海人皇子の間で，戦いが起きた。これが**壬申の乱**だ。**672 年**のことだよ。

> - 必勝暗記法7 - **672 年，壬申の乱が起こる**
>
> 67　　2
> **大海人皇子胸毛二本**

大海人皇子は大友皇子を倒し，673 年，**天武天皇**として即位した。そして，都を飛鳥に移したよ。

天武天皇は兄（天智天皇）の子を自害に追いやって政権を奪ったものの，兄の政治を受け継ぎ，**天皇中心の政治**を目指した。この点では天智天皇の路線を受け継いだわけだね。そして，薬師寺を建立するなど**仏教を保護**した。これは聖徳太子と同じだね。

また，天武天皇のときに，日本最古の貨幣である**富本銭**がつくられたといわれるよ。

▲富本銭

「天武天皇はパワーあふれる人物なんですね。」

そうだね。その後，ついに**律令政治**が実現。**701 年**に**大宝律令**が制定された。その内容を見てみよう。

> 1．豪族には天皇から高い身分などが与えられ，貴族と呼ばれる。

律令政治は天皇と有力な豪族とで進められたため，豪族の協力が必要だったから，豪族たちを優遇したんだ。

また，天皇一人で日本全体を治めるのは難しいよね。そこで，今で言えば，「東京都の行政は東京都知事が担う」というように，しっかりした行政区画を決めなければいけなかった。そのため，

> 2．五畿七道（東海道・山陽道・山陰道・北陸道など）66 国という行政区画が決められた。国ごとに中央から貴族が派遣され，国司として行政を担当するようになった。

そして大宝律令の最重要ポイントは次のことだよ。

> 3．公地公民制（土地と人民は天皇のものとする）が実施された。
> ・具体的には，6 年ごとに人口を調査して戸籍をつくり，その戸籍をもとに 6 歳以上の男子・女子，賤民（奴隷のような身分）には口分田という農地が与えられた。
> ・死んだ人の土地は国に返されたので，土地は繰り返し人々に与えられることになる。
> ・土地を勝手に売り買いすることは禁止されていた。
> これを班田収授法という。

「現在の小学 1 年生と同じ歳になると，口分田が借りられたんですね。」

そうだよ。では最後に，税のしくみを見てみよう。

---

4. 税制改革
　①租…口分田の収穫量の約3%の稲を納める。
　②調…地方の特産物を納める。
　③庸…都で10日間の労働をするか，あるいはかわりに布を納める。
　その他に雑徭（1年に60日を限度として，国司のもとで労役に従う）もあった。

ほかにも大宝律令では決められていない人々の負担があるのを知っているかな？

 「先生，もしかして防人ですか？」

そのとおりだね。防人に選ばれた人は，九州北部で唐や新羅の攻撃に備える兵士として働かなければいけなかった。
　この大宝律令は，中臣（藤原）鎌足の子の藤原不比等を中心に唐の律令を参考にしてつくられたんだ。

- 必勝暗記法8 - 701年，藤原不比等らが大宝律令をつくる

　　　　　　　　７０１
藤原不比等，名を一つ残す

 「ついに聖徳太子の理想が実現しましたね。天皇中心の政治が始まりました。」

うん。だけど，律令政治はすぐに崩壊しちゃったんだ。次の章で説明するね。

★ Point　天武天皇の政治

- **大海人王子**は**672年**，**壬申の乱**で勝利し，**天武天皇**となった。
- 薬師寺を建立するなど，**仏教を保護**した。
- 日本最古の貨幣である**富本銭**をつくった。
- **藤原不比等**らに**大宝律令**をつくらせた（**701年**）。
⇒①豪族に高い身分などを与えた。
　②国ごとに中央から**国司**を派遣した。
　③**公地公民制**を実施。**班田収授法**を制定。
　④**租・調・庸**などの税制改革。

☑ CHECK 5　　つまずき度 ❗❗❗🚩🚩　　➡ 解答は別冊 p.022

次の文の（　　）に当てはまる語句を答えなさい。

(1) 聖徳太子は家柄などに関係なく，才能や功績のある人を役人に登用するため，（　　）を制定した。

(2) 聖徳太子は，（　　）を制定し，役人の心構えを示した。

(3) 聖徳太子は（　　）教を保護した。

(4) 607年，聖徳太子は小野妹子を（　　）として派遣し，隋との対等な外交を狙った。

(5) 中大兄皇子と中臣鎌足は，天皇中心の政治を目指すため，蘇我氏を滅ぼし，（　　）と呼ばれる政治改革を始めた。

(6) 大海人皇子は壬申の乱で大友皇子を倒し，（　　）天皇として即位した。

(7) (6)の天皇は，藤原不比等らに（　　）をつくらせた。

(8) (7)では（　　）制（土地と人民は天皇のものとする）を採用した。

6章

奈良時代

　奈良時代の主人公は何といっても聖武天皇だ。

「どんな人なんですか？」

　一言でいうと天災や疫病から人々を守るために，仏教の力に頼ろうとした人ということになるかな。

「へえ！　信心深いお方なんですね。」

　うん。一方で貴族の力に押され，公地公民制などを弱めた人物ともいえる。
　ではさっそく見ていこう！

6-1 平城京遷都
へいじょうきょうせんと

なぜ，平城京に都を移したの？

　実は，昔の日本では，「都」＝「首都」という考え方をしていなかったんだよ。都といっても「天皇が仕事をする場所」ぐらいのイメージだったから，都はころころ変わっていたんだ。しかし，天皇の力を強く示し天皇中心の政治が行われていること，日本は天皇を中心とする中央集権国家であることを，国民や海外からの使節に示す必要があったんだ。そのためにも，長く続く豪華な都があったほうがよいという考えが出てきた。

　そこで，**天武天皇**は新しい都を造り始めたんだけど，亡くなってしまう。あとを継いだ**持統天皇**が**藤原京**を完成させ，都を移した。持統天皇は天武天皇の皇后，つまり妻だった。藤原京は3代の天皇に受け継がれ，**大宝律令**も藤原京の時代にできたものだ。藤原京は，**中国の都**をモデルにした日本初の本格的な都だよ。

　「じゃあ，なぜ藤原京から平城京に都を移したんですか？」

　これについてはいろいろな説があるんだけど，設計ミスもあったといわれているよ。

　そこで，**710年元明天皇**は**平城京**（奈良県奈良市，大和郡山市）に都を移した。元明天皇は女性の天皇で，中国の貨幣をモデルに708年，**和同開珎**という貨幣をつくった人だよ。

　平城京に遷都，つまり都を移した年は覚えておこう。

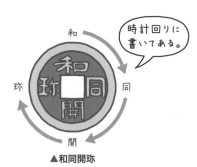

時計回りに書いてある。

▲和同開珎

- 必勝暗記法1 - 710年，平城京遷都

7 10
何 と 立派な平城京

「暗記法のとおり，ほんとに立派だったんですか？」

　平城京は唐の都，**長安**を参考に建設されたといわれているよ。天皇の権力を国内外に強く示すのにはふさわしい都だったといえるだろうね。

　平城京の見取り図を見てみよう。

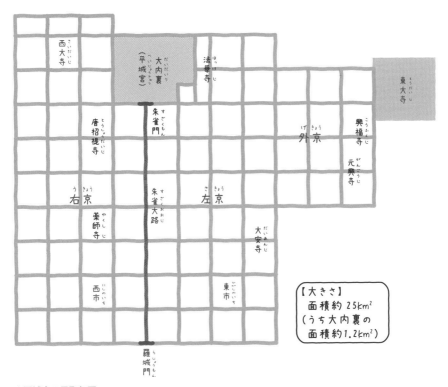

▲平城京の見取り図

　メインストリートの朱雀大路の幅は約70m，長さは約4kmだ。

「おお～，飛行機の滑走路に使えそうですね。」

まさにそうだね（笑）。羅城門から平城京に入る人は必ず天皇がいる平城宮，そしてその中の大極殿（天皇の権威のシンボル）を目にすることになる。朝廷の最高儀式などは大極殿で行われたよ。

羅城門から朱雀大路，大極殿を見たイメージ図がこちら。

大極殿

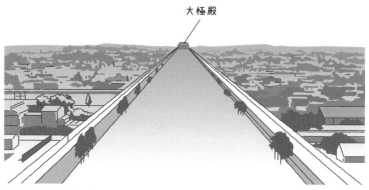

▲羅城門から朱雀大路，大極殿を見たイメージ

「これなら国内外の人に天皇の巨大な力を実感させられますね。」

うん。ところでもう1回，平城京の見取り図を見てみよう。何か気づくことはないかな？

「先生，右京と左京がありますが，右・左が逆じゃないですか。」

そこそこ。そこに気づいてほしかったんだ。右と左はどこから見て決めていると思う？

「えーと平城宮から羅城門のほうを見ると，見取り図の右・左と一致します。」

平城宮は天皇がいたところだよね。

「なるほど。天皇から見て，右・左なんですね。」

　そうなんだ。これも天皇中心の政治，日本は天皇中心の中央集権国家であることを示しているといえるね。

　奈良の都（平城京）はよく栄えて，約10万人の人々が住んでいたといわれているよ。

★．Point　平城京

- **平城京**は，日本が天皇を中心とする中央集権国家であることを国内国外に強く示すためにつくられた（**710年**）。
  ⇒唐の都**長安**が手本。

6-2 聖武天皇の政治

仏教で国を守ろうとした聖武天皇

724年，**聖武天皇**が即位し，政治を始めるよ。聖武天皇の人生を年表にしてみたよ。

701年　文武天皇の子としてうまれる。
720年　九州で反乱が起きる。
724年　天皇の位につく。
725年ごろ　平城京のある奈良周辺で大地震あり。
732〜733年　近畿地方を中心に大干ばつ。
734年　近畿地方（大和・河内）で大地震。
737年　疫病が大流行し，都でも上級貴族など多くの人が死亡。
740年　藤原広嗣の乱が起き，聖武天皇は平城京を離れる。
　　　　（以後，恭仁京，難波宮，紫香楽宮と遷都を繰り返す。）
741年　国分寺，国分尼寺を建てる命令を出す。
743年　墾田永年私財法を出す。
　　　　盧舎那仏（奈良の大仏）を造る命令を出す。
745年　美濃（岐阜県）などで地震。平城京へ戻る。
747年　大仏造りが始まる。
749年　娘の孝謙天皇へ位を譲る。
752年　大仏開眼式を行う。
756年　亡くなる。

▲聖武天皇

どんな人生だといえるかな？

「720年と740年に反乱が起きていますね。」

「732年，733年には干ばつが起きていますね。きっと食料が不足
したでしょうね。725年，734年，745年には地震，737年に
は疫病が流行しています。聖武天皇の時代は天災が続いたんです
ね。」

「当時の人たちは，何が原因だと思っていたんですか？」

怨霊（悪霊），あるいは，正しい政治を行わないための天罰とも考えられ
ていたんだ。だから，さまざまな天災，疫病，反乱を聖武天皇は，自分の
せいだと考えてしまったわけ。

「聖武天皇もつらかったでしょうね。」

このように世の中に不安が広がったので，聖武天皇と妻の光明皇后は仏
教の力でそれらをしずめ，国家を守ろうとしたんだ。

「人々が仏教を信じれば世の中の不安もおさまると考えたんですね。」

そうだね。仏教の教えによって人々の心をまとめ，天皇を中心とした国
づくりを強化しようとも考えていたんだろう。
そこで聖武天皇は，国ごとに**国分寺**と**国分尼寺**をつくり，都には全国の
国分寺の中心となる**東大寺**を建てたよ。

「全国に拠点をつくって仏教を広めようとしたんですね。」

そして東大寺の本尊として，高さ約15mの**大仏**（**盧舎那仏**）を安置した。
大仏造りは，天皇を中心とした国をあげての大事業だったんだ。全ての
国民に協力させることによって，仏教を中心に人々の心をひとつにしよう
としたんだろう。聖武天皇は，社会事業を行い，民衆から信頼が厚かった
行基という僧にも，協力を求めた。

（東大寺）

▲東大寺の大仏

★* Point　聖武天皇の政治①

● 疫病の流行や災害・反乱により，世の中に不安が広がったので，聖武天皇は**仏教**の力でそれらをしずめ，国家を守ろうとした。
　⇒①全国に**国分寺・国分尼寺**を建てた。
　　②都に**東大寺**を建て，**大仏**を安置した。

当時の農民の負担はつらすぎた!?

　奈良時代は，本格的な文献が残され始めた時代なんだ。
　まず挙げておきたい文献は，『**古事記**』（712 年），『**風土記**』（713 年），『**日本書紀**』（720 年）だ。『古事記』と『日本書紀』は日本の歴史書であり，

両方の最後の字をとって「記紀」といわれることがあるよ。

「どちらも奈良時代前半に完成しているんですね。」

うん，年代を覚えておこう。

- 必勝暗記法 **2** - 712 年『古事記』，720 年『日本書紀』成立

７１２ 日本（書紀）７２０
古事記さん，ナイフ二本 で なにを切るの？

『古事記』と『日本書紀』の違いを下の表にまとめたよ。

『古事記』		『日本書紀』
７１２ 年	成立年	７２０ 年
太安万侶（稗田阿礼が暗誦していた内容をまとめる。）	執筆者	舎人親王ら
神話の時代〜推古天皇まで	内容	神話の時代〜持統天皇まで
天皇家の歴史を記録し，天皇が日本を治める正当性を語る。	目的	中国の史書（例えば『魏志』倭人伝）のような歴史書をつくる。

　これに対し，『風土記』は天皇が国司に命じて国ごとに自然，産物，伝説などをまとめさせた書物だ。
　さらに，当時の人々の暮らしがわかる書物として，日本最古の和歌集である『**万葉集**』が挙げられる。『万葉集』には，例えば**山上憶良**の詠んだ「貧窮問答歌」が載っているよ。これを読むと当時の農民の生活は，まさに限界ぎりぎりだったことがわかるんだ。

▲「貧窮問答歌」に詠まれた生活のイメージ

　農民は，税のうち租（国司に納める稲）を除き，調（特産品など）と庸（労役の代わりに布）は都まで運ばなければならなかった。都まで運ぶ負担（運脚）もかなり大きかったんだ。十分な食料を持っていないから，途中で飢え死にしてしまう人も多かったんだよ。

　「調や庸を運ぶだけで命がけだったんですね。」

　さらに，九州北部の防衛にあたった兵士は何といったかな？

　「たしか，**防人**でしたよね。」

　防人が詠んだ歌，いわゆる防人の歌も『万葉集』に載っているよ。

> 唐衣　すそにとりつき　泣く子らを　おきてそきぬや　母なしにして
> （着物のすそにとりついて泣く子どもたちを，家に置いたまま来てしまった。その子の母もいないのに，今どうしているだろうか。）

　このように，防人に指名されたときは，家族を残してでも任地に赴かなければならなかったわけなんだ。そのため，戸籍に登録されている場所（口分田）を離れて，他国に逃亡する人たちが増えた。貴族や寺社の私有民になる人もいた。またこの時代，戸籍の届出は男子より女子のほうが圧倒的に多かった。なぜだと思う？

「まさか女子ばかりがうまれるということはあり得ませんよね。」

　うん。調・庸は成年男子のみにかけられる税で，女子にはかからなかったからなんだ。つまり税の負担を逃れるためだったわけ。また，当時は仏教が優遇されていたから，僧侶は税を負担しなくてよかったので，税の負担を逃れるために，勝手に僧侶になる人が多かったんだ。

「でも，それで税収が減ってしまったら，国はつぶれてしまいますね。」

　僧になるためには，戒律を授けられる儀式（受戒）が必要だ。しかし，当時の日本には，この儀式を行える人がいなかった。そこで聖武天皇は，戒律の専門家である**鑑真**を唐から招いた。鑑真は5回も渡航に失敗したあと，やっと日本に来ることができたが，苦難の中で，失明したといわれている。

▲鑑真

「うわぁ。大変な苦労をしたんですね。」

「日本に戒律を伝えなければ，という情熱があったんでしょうね。」

　来日後，鑑真は**唐招提寺**を建立したよ。そして聖武天皇は，鑑真の指導により僧侶に戒律を授ける制度を整備したんだ。これで国が認める人だけが僧侶になれる制度をつくることができたんだ。
　ちなみに砂糖を日本に伝えたのも，鑑真だといわれているよ。
　さて，このころ，人口が増え，人々に与える口分田が不足してきたんだ。

「このままだと公地公民制や班田収授法を実施できなくなりますね。」

　そうなんだ。だから聖武天皇は，土地を開墾してもらうため，**743年**に**墾田永年私財法**を出した。新しく開墾した土地（墾田）を永久に私有することを認めたものだ。しかしこれにより，私有地が増加して公地公民制が崩れてしまった。

「天皇を中心とする中央集権国家づくりが一歩後退したわけですね。」

　そういえるね。有力な貴族や寺院が私有地を増やしていった。この私有地はのちに**荘園**と呼ばれるようになるよ。しかし，聖武天皇としては土地の私有は認めるものの，そこからきちっと税をとれば，税収が増えてよいのではないかと考えたんだろう。

　743年の墾田永年私財法は覚えておこう。

> ◀ 必勝暗記法3 ▶ **743年，墾田永年私財法が出される**
>
> 　　7　4　3
> **なしさ，**口分田

★｡Point　聖武天皇の政治②

- 「**古事記**」や「**日本書紀**」，「**万葉集**」などがつくられる。
- 戒律の専門家である**鑑真**を唐から招いた。鑑真は**唐招提寺**を建立した。
- 税や防人などの民衆の負担が重すぎたため，口分田から逃亡する人が出た。また，人口が増えて口分田が不足した。
  ⇒**743年，墾田永年私財法**が出される。

6-3 天平文化

国際色が豊かな天平文化

　聖武天皇の時代を中心とする文化を**天平文化**というよ。この文化について勉強していこう。

「先生，天平文化の特徴って何ですか？」

　ローマ，西アジア，インド，中国（唐）など大陸の国々の影響を受け，国際色豊かなところなんだ。なぜ，国際色豊かになったと思う？　中国（唐）の文化を勉強しに行った人たちを何といったかな？

「**遣唐使**ですよね。」

　そうだね。遣唐使は 630 〜 894 年の間，つまり約 265 年の間に全部で 20 回派遣されたといわれているよ。特に 710 年から 794 年の間に 9 回派遣されているんだ。奈良時代は，かなり唐との行き来がさかんだったんだね。航海にはかなりの危険があり，中には**阿倍仲麻呂**のように日本に帰れなかった人もいた。しかし，遣唐使は，シルクロードを通じて唐に集まってきた世界各地の品々を，日本に持ち帰ったんだ。だから，国際色豊かな文化になったんだよ。

　例えば，次ページの写真を見てみよう。

「おお，かっこいいですね！」

（興福寺）

◀阿修羅像

　これは平城京の外京にある興福寺（75ページの地図参照）に所蔵されて
いるんだけど，これは天平文化の代表といえる。なぜなら阿修羅はもとも
とペルシャの神が原型という説もあるんだ。それがインドに伝わり仏教の
神となり，中国を経て日本に伝わったものといわれるよ。

　また，シルクロードはローマから平城京までつながっていた。**正倉院**は，
東大寺の宝物殿だ。**「シルクロードの終着点」**といわれるほどで，中国や朝
鮮半島から伝えられた国際色豊かな宝物が保存されていたよ。

▲正倉院の宝物
ペルシャ風の漆器の水さし（左），五絃の琵琶（中央），瑠璃杯（右）

　聖武天皇が使っていたものや，大仏造りの道具もある。内部の湿度が高
くならないように，**校倉造**でつくられているんだ。

▲校倉造(拡大図)

★*Point　天平文化

- 奈良時代は，**遣唐使**の回数が多く，唐との行き来がさかんだった。
  ⇓
- ローマ，西アジア，インド，中国（唐）など大陸の国々の影響を受けた**国際色豊かな文化**。

☑CHECK 6

つまずき度 ❗❗❗❓❓

➡ 解答は別冊 p.022

次の文の（　　）に当てはまる語句を答えなさい。

(1)（　　）年，元明天皇は藤原京から平城京に都を移した。

(2) 聖武天皇は，相次ぐ伝染病・天災・反乱による社会不安をしずめるため，（　　）教を信仰させることで政治を立て直そうとした。

(3) 聖武天皇は国ごとに（　　）寺・国分尼寺を，奈良の都には東大寺を建て，（　　）を安置した。

(4) 律令制のもとにおける人々の暮らしは厳しいものであった。このことは「（　　）」に載っている防人の歌や，山上憶良作の「（　　）」を読めば明らかである。

(5) 聖武天皇は743年に（　　）を出し，新しく開墾した土地を永久に私有することを認めた。

(6) 聖武天皇の遺品は，校倉造で有名な東大寺の（　　）に保存された。そこは「（　　）の終着点」ともいわれる。

(7) 天平文化は（　　）色豊かな文化である。

平安時代

平安時代は大きく4つに分けると理解し<ruby>理解<rt>り かい</rt></ruby>やすいよ。

「先生，どのように分かれるんですか？」

1つは，「<ruby>桓武天皇<rt>かん む てんのう</rt></ruby>が落ち<ruby>込<rt>こ</rt></ruby>んだ天皇の<ruby>権力<rt>けんりょく</rt></ruby>を高めようとした時代」，2つ目は「<ruby>藤原<rt>ふじわら</rt></ruby>氏が権力を<ruby>握<rt>にぎ</rt></ruby>る<ruby>摂関政治<rt>せっかんせいじ</rt></ruby>の時代」，3つ目は「<ruby>上皇<rt>じょうこう</rt></ruby>が権力を握る院政の時代」，4つ目が「<ruby>平氏<rt>へい し</rt></ruby>が権力を握る<ruby>武士<rt>ぶ し</rt></ruby>の時代」だ。

「天皇→<ruby>貴族<rt>き ぞく</rt></ruby>→上皇→武士とずいぶんと盛りだくさんの時代ですね。楽しみです！」

7-1 桓武天皇の政治

平安京に都を移して政治を立て直す！

桓武天皇は，奈良の**平城京**から**長岡京**（京都南部），そして**794年**に**平安京**（京都）に都を移した。ここから平安時代の始まりだよ。桓武天皇は天皇を中心とする政治を立て直そうとした人物だ。

「桓武天皇は，どうして平安京に都を移したんですか？」

それは，平城京の地図と平安京の地図を比べてみればわかるよ。

「お寺の数がまったく違います。」

「確かに。平安京には東寺と西寺しかないですよ。」

そこが大きなポイント。奈良時代の終わりには，僧が政治に入り込むようになり政治が混乱したんだ。そこで桓武天皇は，政治への影響力を強めた仏教勢力を排除するために，都を移し

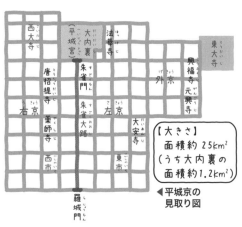

【大きさ】
面積約25km²
（うち大内裏の
面積約1.2km²）

◀平城京の
見取り図

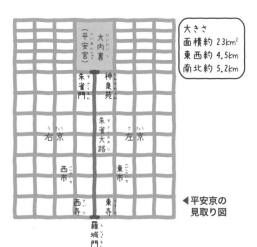

大きさ
面積約23km²
東西約4.5km
南北約5.2km

◀平安京の
見取り図

たんだよ。

- 必勝暗記法1 - 794年，平安京に都を移す

7
9
4

坊さん**なくし**た平安京

「寺や仏教勢力は，奈良に置き去りにしたんですね。」

　そうだね。そして桓武天皇は，遣唐使として唐に渡った僧の**最澄**と**空海**が，帰国したあとに開いた新しい仏教を保護したよ。最澄は**比叡山延暦寺**（滋賀県）を建て，**天台宗**を広めた。空海は**高野山金剛峯（峰）寺**（和歌山県）を建て，**真言宗**を広めた。ちなみに平安京の左京にある東寺は空海の寺だ。

　真言宗と空海，天台宗と最澄はセットで覚えてようね。

- 必勝暗記法2 - 空海が真言宗，最澄が天台宗を開く

しんくうてんさい

真空天最

　さて，2つの仏教の共通点は何かわかるかな？　2つとも当時，最新の仏教だった。桓武天皇は最新の仏教で，古い仏教の力を抑えようとしたんだ。このこと以外にも，天台宗と真言宗には共通点があるんだよ。寺の名前に注目してみよう。

「比叡山，高野山ってどちらのお寺も名前に『山』がつきますね。」

　そこなんだ。桓武天皇は寺を平安京ではなく，山につくらせたんだ。僧侶が都市部にいると，どうしても政治と結びついてしまうから，山に住ん

で修行に専念しなさいということだ。また，平安京はすぐ近くを大きな川が流れていた。生活には水が欠かせないよね。平城京では，水が足りずに困っていたため，平城京から都を移す大きな要因になったといわれているよ。

　あと，90ページの平城京と平安京の地図について，ほかに気づくことはないかな？

「少し平安京のほうが小さい感じがしますね。」

　そうなんだ。平城京は外京を含めると**東西約 5.9 km，南北約 4.8 km**，平安京は**東西約 4.5 km，南北約 5.2 km**。実は平安京のほうが大きくなるはずだったのに，途中で工事が中止になってしまったんだ。

「なぜ，工事を中止したんですか？」

　その理由には，東北地方が関わっている。当時，東北地方は**蝦夷**と呼ばれていた。桓武天皇は東北の豊かな土地を獲得しようとしたんだ。天皇を中心とする律令国家を維持・発展させていくために東北地方が必要と考えたんだね。そこで**坂上田村麻呂**を**征夷大将軍**に任命して東北地方に派遣し，**蝦夷を平定**した。これによって，天皇の力が東北地方にもおよぶようになったんだ。

「征夷大将軍って何ですか？」

「漢字から推測すると，蝦夷を征服する役目を担う将軍ってことですか？」

　そうだね。漢字から考えるのは大事だね。

「征服のために民衆の負担は増えたんじゃないでしょうか？」

　いいところに目をつけたね。そこに平安京が平城京より小さい理由が隠^{かく}されているんだ。

　平安京の建設と蝦夷の征服が民衆の負担になっているという部下の意見を取り入れ，桓武天皇は2つを途中で中止したんだ。そのため，平安京は平城京より小さくなってしまったんだね。

　桓武天皇はそのほかにも，農民から兵士をとらないようにしたり，農民から余分^{よぶん}に税^{ぜい}を取り立てて自分の財産^{ざいさん}を増やそうとしている国司を取り締^とまっ^したりしたよ。

★ Point　桓武天皇の政治

- **桓武天皇**は天皇中心の律令国家の維持・発展を目指した。
- 古い仏教勢力を追い払^{はら}うために，**平安京**へ都を移し，新しい仏教の**天台宗**と**真言宗**を保護した。
- **坂上田村麻呂**を**征夷大将軍**に任命し，**蝦夷を平定**させた。
- 民衆の負担を減らす取り組みを行った。

藤原氏の政治

ふじわら

藤原氏の成功のカギ，摂関政治

せっかん

「桓武天皇が天皇を中心とする政治を立て直そうとしたのはわかったんですけど，効果はあったんですか？」

こうか

あまりなかったといっていいだろうね。

「なぜですか？」

　天皇を中心とする政治の基本は，**公地公民制**，すなわち土地も人民も天皇のものという制度にある。しかし，桓武天皇が即位したころには，**墾田永年私財法**によって新しく開墾した土地の私有が認められていたよね。

きほん　こうちこうみんせい　そくい　こんでんえいねんしざいのほう　かいこん　しゆう　みと

　これにより公地公民制が崩れたことが，天皇を中心とする政治を行えなくなった大きな要因なんだ。

くず

　ブルドーザーやパワーショベルがない時代，新しく土地を開墾するのは大変なことだった。実際に土地を開墾できたのは，たくさんの労働者を動員できる**有力な貴族や寺院・神社**だけだったんだ。新しく開墾したら自分の土地になるわけだから，有力な貴族や寺院・神社はどんどん私有地を増やしていった。これらの私有地を**荘園**というよ。

じっさい　しょうえん

「荘園では，どんな人たちが働いていたんですか？」

　税などの負担を避けるため，口分田（国から支給された田）から逃げてきた人たちなどが働いていたよ。

さ　くぶんでん　しきゅう　に

「確かに全ての土地が天皇のものとはいえなくなりましたけど，田の収穫から税はとれるはずですよね？　荘園が増えれば国の税収も増

たし　しゅうかく　ぜいしゅう

えるから，天皇の力が強くなる面もあったんじゃないですか？」

「僕もそう思います。『租』は収穫量の約3％の稲を国に納める税でしたよね。」

確かに，そのはずだった。しかし，有力な貴族などは「荘園は自分の別荘の庭だ。農地ではないから税金はとれないはずだ。」などと言い張って，税を逃れようとしたんだ。

「でも，荘園は明らかに農地ですよね。」

そのとおりなんだけど，権力を利用して，無理やり意見を通したんだよね。
しかも土地（荘園）の所有者は，貴族・寺院などに荘園を寄進する形にして，その貴族・寺院などに税（租）より安い年貢を払えば，事実上その荘園を支配することができた。

「先生。土地を寄進された貴族などは，年貢がどんどん入ってくることになりますね。」

そしてどうせ寄進するなら，もっとも強大な権力を持つ人に土地を寄進して，仲良くなりたいと思うよね。このころ，もっとも強大な権力を持っていたのは**藤原氏**。
藤原氏は政治の実権を握るために，本気で動きだした。そのためには，まず財力が必要だった。強大な権力を得ていた藤原氏のもとには荘園がどんどん寄進された。そのため所有する多くの荘園から高い収入を得て，藤原氏は財力を蓄えることができたんだ。
さて財力以外に，政権を握るためには何が必要かな？

「ライバルを消すことですかね。」

そのとおり。藤原氏はライバルを次々と消していった。代表的なのは菅

7章　平安時代

原道真だ。彼は頭がよいことで有名で，当時の天皇，宇多天皇の信頼が厚かった。菅原道真は唐の政治や社会が不安定になり，学ぶべきことが少なくなったこと，朝廷の財政が苦しくなったことなどから遣唐使の停止を提案し，その意見は採用された。**894年**のことだよ。

「吐くよ年でしたよね（笑）。」

しかし，「宇多天皇のあとを継いだ**醍醐天皇**に逆らおうとしている」と，藤原氏から嘘の申し立てをされ，**大宰府**（九州の政治・外交などを担った役所）に追放されてしまった。そして，そこで亡くなってしまったんだ。

「政治の世界って怖いですね。」

さて，財力，ライバルを消すことに加えて，政治の実権を握るためには権威が必要だ。

「権威って何ですか？」

つまり，強制的にではなく，人々を自分から従うようにさせる力のことだ。当時，もっとも権威があった人は誰かな？

「天皇ですよね。」

とすれば，天皇と近い親戚になれば人々は藤原氏を尊敬し，従うようになるってことだ。そこで，藤原氏は一族の娘を**天皇の后**にして，うまれた**子を次の天皇**にすることで，**天皇の外戚**（母方の親戚）となって勢力をのばしていったんだ。

「天皇のおじいちゃん，祖父にあたるわけですね。確かに天皇から見れば，自分のおじいちゃんには逆らいにくいなぁ。」

「一族の娘を天皇の后にして，うまれた子どもを次の天皇とすることで，天皇の親戚になってえらくなるやり方は，蘇我氏と同じじゃないですか。」

まさに歴史は繰り返す，だね。天皇が幼いときなどに，天皇の代わりに政治を行う役職を**摂政**，成人した天皇を助けて政治を行う役職を**関白**というよ。藤原氏は摂政や関白として政治の実権を握ったんだ。これを**摂関政治**という。藤原氏は摂政・関白になれる家ということで，**摂関家**ともいわれるようになった。

「藤原氏はこれで思いどおりの政治ができますね。」

最初に摂政になったのが藤原良房で866年，最初に関白になったのが藤原基経で887年。このあたりが摂関政治の始まりだ。摂関政治の全盛期は**11世紀前半の藤原道長・頼通**父子のとき。

右の図を見てみよう。道長は何人の娘を天皇の后にしているかな？

▲藤原氏と皇室

「えっと，4人です。」

「68代後一条天皇，
69代後朱雀天皇，
70代後冷泉天皇の祖父ということになりますね。」

ちなみに図の彰子の家庭教師が，『**源氏物語**』の作者である**紫式部**だ。

藤原氏は娘を天皇の后にするために，最高の先生をつけて，最高の教育をしていたんだ。

藤原道長はこんな歌を詠んでいるよ。

「この世をば　わが世とぞ思ふ　望月の
　　　　　　　　　　欠けたることも　なしと思へば」

意味「この世の中のことを自分の世の中だと思う。満月が欠けるところのないように，自分の望むものでかなわないものは何もないことを思うと。」

「この世に思いどおりにならないものはない！　藤原氏の政権獲得作戦は，大成功をおさめたんですね！　平安時代の権力者の名（迷？）言ですね‼」

藤原氏の摂関政治の全盛期，そして藤原道長・頼通の名前は覚えておこうね。

- 必勝暗記法 3 - **11世紀前半，藤原氏の摂関政治が全盛期**

　　　１１（世紀）
満月，いいな。道長さん。

- 必勝暗記法 4 - **藤原氏の全盛期→藤原道長・藤原頼通**

道　　　長　　　　　頼　通
道が長いなぁ。寄り道しちゃった。

「寄り道」と覚えるけど，実際は「頼通」だから注意してね。

★ Point　藤原氏の政治

- 藤原氏は，多くの**荘園**を寄進され，財力を蓄えた。
- ライバルの**菅原道真**らを追い落とした。
- 藤原氏は一族の娘を天皇の后にし，うまれた子を次の天皇として，天皇の外戚（母方の親戚）となることで，権威を得た。
- 藤原氏は天皇が幼いときなどは**摂政**として，成人してからは**関白**として政治の実権を握る**摂関政治**を行った。
- 摂関政治は**11世紀前半**の**藤原道長・頼通**父子のときに全盛期を迎えた。

上皇が権力を握る院政の時代へ

「藤原氏だけが財や権威を手にして，天皇は税収も入らなかったんじゃないですか？」

　確かにそのとおりだ。そこで白河天皇は幼い息子に天皇の位を譲り，自分は上皇（白河上皇）となって息子（天皇）を監督しながら，政治を行った。上皇の御所を「院」と呼び，上皇による政治を**院政**というよ。「院」は上皇自身を指すこともあるよ。そんなとき，藤原氏のリーダーが急死したため，次第に白河上皇に権力が集まったんだ。

　これにより，これまで政治の実権を握っていた藤原氏に寄進されてきた荘園は，上皇に寄進されるようになった。

「摂関政治は衰えたんですか？」

　そういっても過言ではないだろう。今度は上皇に権力が集中することになったんだ。白河上皇は自分の思いどおりにならないものとして，「**賀茂川の水**（洪水），**双六の賽**（さいころ），**山法師**」といった。「山法師」とは，比叡山延暦寺の**僧兵**のことなんだ。

「出た!! 平安時代の権力者の名（迷？）言シリーズ第2弾，ここに
登場!! 白河上皇の絶大な権力を表していますね。今度は，上皇が
政権を獲得したわけですね。」

- 必勝暗記法 5 - 　1086 年，白河上皇が院政を始める

1　0　8　6

院政開始，どうやろう

しかし，院政にも弱点があった。

そう，天皇対上皇の争いになる可能性があることだ。天皇家が内輪もめ
することになり，天皇家の力・朝廷の力は弱くなるよね。事実，そうなっ
てしまったんだ。

★ Point　院政

- 1086 年，白河天皇は幼い息子に天皇の位を譲り，上皇となっ
て天皇を監督し，政治の実権を握った。これを院政という。

7-3 国風文化

貴族の暮らしはどのようなものだったの？

さて，ここでこの時代の貴族の暮らしを見ていこう。**貴族とは身分の高い人やその一族**と覚えてもらえれば大丈夫だよ。貴族の代表例は，藤原氏や菅原道真だね。日本の当時の人口は約600万人。そのうち貴族は約1500人。つまり，全人口の約0.025％しかいないんだ。

これらの人々に富が集中するいっぽう，庶民の生活は苦しいものだった。

「先生。まず，貴族はどんなところに住んでいたんですか？」

貴族は，**寝殿造**の住居に住んでいたよ。

「庭園に池がありますね。」

そうだね。舟で池に出て，宴をしたんだ。

▲寝殿造

　しかし，庶民の多くは縄文時代と基本的には変わらない竪穴住居に住んでいたようだよ。それに対して，貴族の暮らしは華やかなことばかりだった。次のイラストは，平安時代の貴族の女性が着用した正式な服装で，**十二単**というよ。「十二」というのは「十二分＝たくさん」ということで，12枚服を着るわけではない。とはいえ厚さは10cm以上にもなったんだ。

▲十二単

「かなり動きにくそうですね。」

　うん。だから働く必要のない貴族の女性しか十二単は着られないんだ。いっぽう，庶民は麻などでできた服を着ていたよ。

「先生，当時の食事はどんなものだったんですか？」

　食事も，貴族は米を食べていたけれど，庶民は粟や稗が主食だった。そして節分やひな祭り，七夕など暦で定められた行事に従い，その儀式を行うことが貴族にとって重要だった。貴族は物をつくること，つまり生産とか労働はしていなかったんだ。
　また当時，宗教面では，**末法思想**が広まったよ。

「末法思想って何ですか？」

　仏教を開いたシャカが亡くなってから年月が流れると，仏法が衰えて世の中が乱れてしまう時代，「末法の世」が来るという考えだ。1052年から末法の世に入るといわれていたんだよ。そのため，人々のあいだで不安が高まっていたんだね。

「そんな不安があったんですね。」

　しかし，念仏を唱えて阿弥陀仏にすがれば，死んだあと極楽浄土に行けるという信仰が広まった。これを**浄土信仰（浄土教）**というよ。
　ところで，この建物を知っているかな？

（平等院）

「これって，10円玉にえがかれている建物ですよね。」

　そうそう。**平等院鳳凰堂**（京都府宇治市）だね。この建物は**藤原頼通**が建てたんだ。藤原氏の浄土教への信仰を表す建物なんだよ。ちなみに，世界文化遺産に登録されているよ。

★ Point　平安時代の貴族の暮らし

- 貴族は**寝殿造**の住居に住み，華やかな暮らしをしていた。貴族の女性は，**十二単**という衣装を身につけていた。
- **浄土信仰（浄土教）**が広まった。藤原頼通は**平等院鳳凰堂**を建てた。

国風文化の特徴は？

　それまでの日本の文化は，飛鳥文化にしても天平文化にしても，中国など大陸の影響が強かったよね。ところが，平安時代の文化は純日本風なものだった。なぜだと思う？　ヒントは菅原道真。

「菅原道真といえば，**遣唐使の停止**ですよね。」

　そのとおり。遣唐使が停止されたことで，唐（中国）などの影響が薄れ，唐風の文化をふまえながらも，日本の風土や生活，日本人の感情にあった文化に変わっていったんだ。こうして発達した平安時代の文化を**国風文化**というよ。その例として漢字を変形して，日本語の発音を表すように工夫した**かな文字**が普及した。

ひらがな			カタカナ		ひらがな			カタカナ	
以	以	ゐ	い	イ	伊の へん	部	ち	へ	へ	ヘ	部の 草体
呂	ろ	ろ	ロ	呂の 略	止	上	と	と	ト	止の 略
波	波	は	は	ハ	ハ	知	ち	ち	ち	チ	千
仁	に	に	ニ	ニ	利	わ	わ	り	リ	利の つくり
保	保	ほ	ほ	ホ	保のつく り下部	奴	ぬ	ぬ	ぬ	ヌ	奴の つくり

女性向けの 文字として， 普及した。

▲かな文字の成り立ち

かな文字のもっともよいところがわかるかな？ 漢字と違ってかな文字一字一字には意味がなく，発音どおりに文字を書けるね。

「漢字より画数が少ないのもいいですね。」

そうだね。発音どおりに文字にできることで，より細かな感情表現ができるようになったといわれるよ。だからこそ，『源氏物語』（紫式部），『枕草子』（清少納言），『土佐日記』（紀貫之）などの作品がうまれたんだ。また最初の勅撰和歌集の『古今和歌集』（紀貫之らが編集）がつくられたのもこの時代だ。勅撰和歌集とは，天皇や上皇の命令で編集された和歌集だよ。

また，絵画にも日本独自の大和絵があらわれたよ。

「源氏物語絵巻」は，当時の風俗や人物をやわらかい線ときれいな色でえがいた**大和絵**の代表作だ。

（模写）

▲源氏物語絵巻

★ Point　国風文化の特徴

- 遣唐使の停止により，中国など大陸の影響が少ない日本風の文化が栄えた。これを**国風文化**という。
- **かな文字**が発達し，細かな感情表現ができるようになった。**紫式部**が「源氏物語」，清少納言が「枕草子」を著す。**紀貫之**などによって「**古今和歌集**」が編集される。
- 日本の風俗や人物をえがいた**大和絵**が発達した。

7-4　武士の誕生

武士はどのように誕生し，地位を高めたの？

　このように貴族は華やかで文化的な暮らしをしていたけれど，それはいつまでも続かなかった。**武士**が登場して，貴族にとってかわったんだ。

　「そもそも武士って，いわゆる『侍』ですよね。そのような人々がなぜ誕生したんですか？」

　この時代，自分たちの力で土地を守る必要があった。このようなガードマンが武士のおこりのひとつだといわれているよ。

　ところで，武士は争いに負けないためにも仲間がほしいよね。

　でも，ただ集まっているだけでは本当に強くはならない。本当に強くなるためには，集団のリーダーが必要なんだ。一族でもっとも力のある人や，身分の高い人をリーダーに選ぶ傾向があった。

　そこで，任期が終わっても都に帰らない国司などがリーダーとなった。やがて，リーダーを「**棟梁**」，棟梁の一族を「**家の子**」，その部下たちを「**郎党**」と呼ぶようになった。こうして徐々に**武士団**がつくられたんだ。

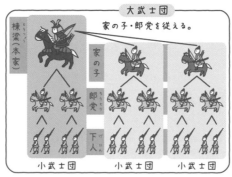

▲大武士団のかたち

　中でも有力だったのは，**平氏**と**源氏**の二大武士団だ。平氏と源氏はどちらも祖先が天皇で，棟梁として強い勢力を持つようになったんだ。

「祖先が天皇ということは強い後ろ盾になったでしょうね。」

　やがて，武士の力を世の中に示す事件が起こる。最初に起こったのは，**935年**の**平将門の乱**だ。

「どんな事件だったんですか？」

　下総（千葉県北部と茨城県の一部）を拠点にしていた武士の棟梁の平将門が，一族の土地争いから発展して関東各地の国司を追い出した。そして天皇に対抗して，自らを「**新皇**」と名乗り，関東の大半を支配していた。また，**939年**には**藤原純友**が瀬戸内地方で反乱を起こした。これは国司だった藤原純友が，任期が終わっても都に帰らず，海賊のリーダーになって，朝廷に対して起こした反乱だ。朝廷は，反乱を抑えるのにとても苦労した。これらの反乱の中心にいたのは，誰かな？

「武士ってことですか？」

　そう。反乱軍の中心は武士だし，反乱軍をしずめたのも武士の力だったんだ。つまり，2つの事件は武士の力を世に示した事件といえるんだね。

- 必勝暗記法6 - 935年，平将門の乱が起こる

　　　　　　　9 3 5
将門の乱，くみこさん

- 必勝暗記法 7 - 939年，藤原純友の乱が起こる

9　3　9

くさくてたまらん，純友さん

　また，当時の東北地方には陸奥の豪族の安倍氏（岩手県が本拠地）と，出羽の清原氏（秋田県が本拠地）という二大勢力があった。国司に対して安倍氏は反乱を起こしたが，**源 頼義・義家**父子が清原氏などの協力を得て，これをしずめた。**1051〜1062年**のことだ。これを**前九年の役**，あるいは前九年合戦ともいうよ。結果，安倍氏は滅亡した。

　さらに，清原氏の内紛に源義家が介入して解決したのが**後三年の役**（後三年合戦），1083〜1087年のこと。このとき，源義家が味方して生き残った**藤原（清原）清衡**は，**平泉**（岩手県）を本拠地として勢力を広げた。そして子の基衡，孫の秀衡と一族は約100年にわたって繁栄したんだ。この一族を**奥州藤原氏**というよ。世界遺産に登録されている**中尊寺金色堂**は藤原清衡が建立したものだよ。

平氏と源氏，勝ったのはどっち？

　さて，東日本では，武士たちが源氏のもとに結集し始めた。

　武士たちが勢力をのばしていく中，朝廷ではついに院政の欠点，つまり天皇と上皇の対立が現実になってしまった。この争いを**保元の乱**という。右の図を見てみよう。

「一族が入り乱れて対立していますね。」

	勝利した側	敗北した側
天皇家	後白河天皇	崇徳上皇 流刑
藤原氏	藤原忠通 （関白）	藤原頼長（左大臣） 傷死
平氏	平清盛	平忠正 死刑
源氏	源義朝	源為義 死刑 源為朝 流刑

▲保元の乱の対立図

うん。崇徳上皇は自分の血筋から天皇を出したいと思った。そのために，ときの天皇で弟でもある後白河天皇をやっつけようとしたわけだ。

「やはり親は自分の子を天皇にしたいんですね。」

そのころ，藤原氏の内部でも藤原頼長，忠通のどちらが一族のリーダーになるかで争っていた。結果，保元の乱では**平清盛**，**源義朝**らを味方につけた後白河天皇側が勝利した。これにより，勝利に貢献した平清盛・源義朝の政治への発言権は大いに増したんだ。もはや，武士の力なしに政治は行えない状況といえるね。

- 必勝暗記法 8 - **1156年，保元の乱が起こる**

1　1　5　6
武士が政権をとってもいいころだ

そして平氏，源氏のどちらが政権を握るのか，その決勝戦といえるのが，1159年に起こった**平治の乱**。源義朝は，保元の乱の恩賞で，平氏よりも下の扱いをされたんだ。これに怒った源義朝は，源氏の政権をつくろうとした。これが平治の乱だ。

結果，平氏側が勝利したんだ。敗北した源氏は衰えてしまった。平氏が政治の実権を握っていったんだ。

	勝利した側	敗北した側
藤原氏	藤原通憲(信西) 殺害	藤原信頼 死刑
平氏	平清盛 平重盛	
源氏		源義朝 敗死 源義平 死刑 源頼朝 流刑

▲平治の乱の対立図

- 必勝暗記法 9 - 1159 年，平治の乱が起こる

1　1　5　9
いい呼吸で平氏勝つ
（こきゅう）

多くの源氏は処刑されたんだけど，源義朝の三男で当時 13 歳だった **源頼朝**や，まだ幼かった九男の **源 義経**は，命まではとられなかった。

★Point　武士の誕生

- 荘園を守るガードマンが武士のおこり。やがて **武士団** が形成されていく。
- **平将門の乱や藤原純友の乱** が起こり，武士の力が世に示される。
- **前九年の役**（前九年合戦）や **後三年の役**（後三年合戦）を **源義家** らがしずめ，源氏が勢力を拡大。
- **1156 年，保元の乱** が起こり，貢献した **平清盛や源義朝**は政界に進出。
- **1159 年，平治の乱** が起こり，平清盛らの平氏側が勝ち，源氏は衰える。

平氏の政治はどのようなものだったの？

平清盛は朝廷の最高職である**太政大臣**となり，武士として初めて政治の実権を握った（**1167 年**）。この年を，古代から中世への転換点と考える説も有力なんだ。この年は覚えておこう。

- 必勝暗記法 10 - 1167 年，平清盛が太政大臣となる

1　1　67
平清盛，いい胸毛
（むなげ）

「胸毛シリーズ，第2弾ですね。胸毛二本の壬申の乱以来ですね。」

さて，平氏の政権はまだ弱いものだった。朝廷や藤原氏の力がまだ強かったんだ。そこで平氏のカリスマ的リーダー平清盛は，安定した政権をつくるための財力・権威を得ようと奮闘した。さて，現在西日本最大の貿易港はどこかな？

「たしか兵庫県にある**神戸港**ですよね。」

そのとおり。神戸港は，もともと平清盛が整備した**大輪田泊**という港だったんだよ。彼はここで当時の中国（**宋**）との貿易に力を入れ，大きな利益を得たんだ。日宋貿易では，多くの**宋銭**や絹織物が輸入され，日本からは硫黄や刀剣などが輸出されたよ。

「平清盛がいなければ，現在の神戸港もなかったかもしれないんですね。」

▲厳島神社

（厳島神社）

そう。世界文化遺産の**厳島神社**（広島県）も平清盛がいなければなかったんだ。彼は日宋貿易の守り神として，厳島神社を敬い，整備したんだ。

次は，権威を得なくてはいけないね。これには藤原氏と同じ方法を使ったよ。ということは…。

「一族の娘を天皇の后とし，うまれた子を次の天皇にして，天皇の外戚（母方の親戚）になるという方法ですね。」

そう。次の図を見てみよう。平清盛がどうやって権威を得たかがわかるかな。

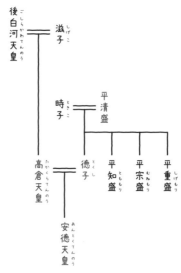

▲平清盛と天皇家

「娘の徳子を高倉天皇の后にし，安徳天皇がうまれていますね。」

「権威奪取作戦も大成功したんだ!!」

　平氏は，日本の60余りの国のうち，30余りの国を支配し，500か所余りの荘園も手に入れた。武力はもちろん，権威や財力も強大なものだったんだ。

「平氏でなければ人でない」という人もいたくらいだよ。

「出ました!! 平安時代の権力者の名（迷？）言シリーズ第3弾です。先生，平氏政権は長く続いたんじゃないですか？ 権威，財力は全盛期の藤原氏も手にしていたけど，平氏政権には武力まであったんですよね。」

　いや，長くは続かなかった。1185年に，平氏は滅亡したんだ。

「エ～～～ッ!?」

　貴族の藤原氏にかわって，平氏は朝廷の重要な地位を独占し，政治を行うようになった。しかし，次第に貴族や諸国の武士たちの間で不満が高まっていったんだ。さらには当時，悪天候などが原因で飢饉が続き，多くの人が餓死した。飢えた人たちは平氏だけが富や権力を独占し，いい暮らしをしていると感じただろうね…。だから，各地で反平氏の動きが起こった。反平氏軍の中でも特に勢力が強かったのは**源頼朝**なんだ。

「源頼朝は，平氏の情けによって命を助けられたんですよね？」

　うん。平清盛は恩を仇で返された形になって，さぞかし無念だっただろうね。このような状況の中，平氏のカリスマ的リーダーである平清盛が亡くなってしまった。

「エ～～～～～ッ!!」

　平氏が政権を握ることができたのには，平清盛の力が大きかったんだ。だから，平清盛の死は平氏にとって大打撃。遺言は「自分の葬儀はしなくていいから，墓前に頼朝の首を供えろ。」だったそうだ。

「よっぽど無念だったんでしょうね…。」

　清盛を失った平氏は，ほぼ連戦連敗。平氏の情けによって命を助けられた**源義経**などを指揮官とする源氏は，平氏を東から西に追い詰めていった。

▲源氏と平氏の戦い

　そして源氏は，**壇ノ浦の戦い**（山口県）でついに平氏を滅ぼしたんだ。これは1185年のことだ。

★ Point　平氏政権

- 平清盛は1167年，武士として初めて**太政大臣**となった。
- **大輪田泊**という港を整備して，**日宋貿易**に力を入れた。
- **源頼朝・義経**らによって平氏は追い詰められ，**壇ノ浦の戦い**で平氏が滅びた。

☑ CHECK 7

つまずき度 ❗❗❗❗❗

➡ 解答は別冊 p.022

次の文の（　　）に当てはまる語句を答えなさい。

(1) （　　）年，（　　）天皇は平安京に都を移した。

(2) 真言宗は（　　）が，（　　）宗は最澄が広めた。

(3) 桓武天皇は（　　）を征夷大将軍に任命し，蝦夷を平定した。

(4) 藤原氏は（　　）政治を行い，11世紀前半，藤原（　　）・頼通父子の時代に全盛期となった。

(5) （　　）上皇は1086年に（　　）政を開始し，藤原氏の力をおさえた。

(6) 遣唐使が停止されたことにより，日本独自の（　　）文化が栄えた。

(7) 1159年に起こった（　　）の乱において，平氏は源氏に勝利した。そして（　　）が太政大臣になり，武士として初めて政権を握った。

(8) 平氏は（　　）の戦いで，源氏に倒され，滅亡した。

鎌倉時代

「平氏が滅亡して，源氏が政権を取り，いよいよ鎌倉時代ですね。」

「まさに武士の時代ですね。」

　そう。武士が国を治めるのは1167〜1867年までの約700年間だ。

「〜67年。胸毛ゴロシリーズで覚えることになりそうですね。」

　そうだね（笑）。これから見ていく鎌倉時代で，武士の政治のやり方の基本が固まったともいえるよ。

8-1 鎌倉幕府の成立

鎌倉幕府はどのように誕生したの？

ライバルの平氏を滅ぼした源頼朝だけど、課題はほかにもたくさんあった。頼朝の勢力は東日本が中心だったし、弟の義経とも対立することとなったんだ。

▲源頼朝

「頼朝は、どのように行動したんですか？」

実は、このピンチを利用して、うまく勢力を拡大したんだ。**1185年**、頼朝は自分に対して反抗していた弟の源義経を捕まえるという名目で、全国各地に**守護・地頭**を置いて、地方の取り締まりにあたらせることを朝廷に認めさせたんだよ。守護や地頭には、有力な御家人（源頼朝と主従関係を結び、忠誠を誓った武士）が任命された。

「先生、その守護・地頭って何ですか？」

守護とは**国ごとに**置かれた役職で、軍事・警察などの仕事や御家人の監督をしたよ。地頭とは**荘園や公領（朝廷が支配する土地）**に置かれ、年貢を集めるなど土地の管理や治安維持の仕事などを行う役職だ。

これにより、源頼朝の権力は強くなったんだ。事実上の源頼朝政権の誕生といえるね。

▶必勝暗記法1◀ 1185年、源頼朝が守護・地頭を設置

　1　1　8　5
いい箱つくろう、頼朝さん
　　はこ

「ところで，追われる身になった源義経はどうなったんですか？」

　義経は，かつて世話になった奥州藤原氏にかくまわれていた。頼朝は，奥州藤原氏に圧力をかけて義経を討たせ，さらに1189年，義経を殺害したぐらいでは義経をかくまった罪は消えないとして，奥州藤原氏を攻め，滅亡させたんだ。

　これにより，東日本は完全に源頼朝の支配下におさめられた。こうして勢力を広げた源頼朝は，**1192年**，朝廷から**征夷大将軍**に任命されたんだ。

「え？ 征夷大将軍って蝦夷を征服するための将軍じゃないんですか？」

　源頼朝の任命以降，征夷大将軍は**武家政権の総大将**という意味に変わったんだ。つまり武士のリーダーだね。そして源頼朝は，鎌倉（現在の神奈川県）で武家政治を行った。この武家の政府を**鎌倉幕府**といい，鎌倉に幕府が置かれた時代を鎌倉時代と呼ぶよ。

「先生，『幕府』って，この時代で初めて出てきましたが，どういう意味ですか？」

　「武士による政権，あるいは武家政治を行う場所」と覚えておけばよいよ。これで形式のうえでも，源頼朝政権がスタートしたといえるね。しかし，源頼朝は1199年に亡くなってしまう。

- 必勝暗記法 2 - **1192年，源頼朝が征夷大将軍に任命される**

```
  1  1  9  2
いいく にっくろう，征夷大将軍の頼朝さん
```

> ## ★ Point　鎌倉幕府の成立
>
> - 平氏を滅ぼしたあと，**1185 年**，源頼朝は**国ごとに守護，荘園や公領ごとに地頭**を置く。⇒事実上の源頼朝政権が誕生した。
> - **1192 年**，源頼朝は**征夷大将軍**に任命される。鎌倉で武家政治を行い，この武家の政府を**鎌倉幕府**という。⇒形式のうえでも，源頼朝政権がスタートした。

どうして鎌倉の地に幕府を置いたの？

「なぜ，天皇のいる京都ではなく，鎌倉に幕府を置いたんですか？」

うん。まず鎌倉の地形図を見てみよう。何か気づくことはないかな？

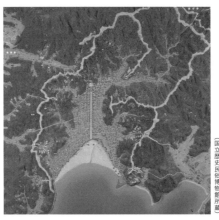

（国立歴史民俗博物館所蔵）

「三方を山に囲まれ，一方は海ですね。」

　大軍が侵入しにくく，とても守りやすい場所といえるね。この地理的条件が鎌倉に幕府を置いた理由のひとつだ。しかも，広い道をつくらず，わざと**切通し**と呼ばれる狭い道をつくり，鎌倉とその外とをつないでいた。これではどんな大軍も一気に侵入することができないから，少数の軍隊で

も守りやすいよね。鎌倉はまさに要塞化されたんだ。

また、鎌倉は**源頼義・源義家**、そして頼朝の父**源義朝**も住んだ源氏ゆかりの地であったことも、ここに幕府が置かれた理由のひとつだよ。

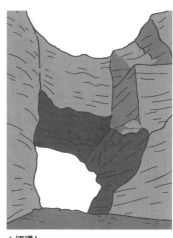
▲切通し

「京都から離れたところに幕府を置いたのには、何か意味があったんですか?」

「京都の朝廷とはまったく異なる、武士のための政治をやる! そのためには京都から離れて、朝廷の影響力が少ないほうがよい」という考えがあったんだろう。

武士のための政治のしくみ

「先生、武士のための政治ってどんなものですか?」

御家人は将軍に忠誠を誓い、戦いのときは出陣し、鎌倉や京都の警備も行った。これを**奉公**というよ。**将軍**は御家人の領地を認め、戦いで手柄をたてたときなどは新しい土地を与えたり、守護・地頭に任命したりした。これを**御恩**という。

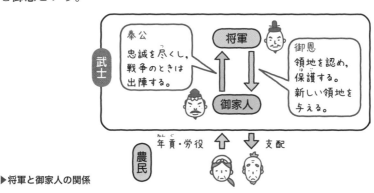
▶将軍と御家人の関係

「まるで『契約』みたいですね。」

確かに契約だよ。「一所懸命奉公したら，御恩があることを保証する」というのが武士の社会の基本。このように，土地をなかだちとして結ばれた主従関係にもとづく社会のしくみを，ちょっと難しいことばで，封建制度っていうんだ。

「わっ，文字どおり，命懸けの絆ですね。」

そう。源頼朝は，奉公に対して御恩で報いることを約束し，しっかり実行したから武士たちの支持を集められたんだ。

また，頼朝は武士による政治を実行するために，鎌倉幕府のしくみを整えたよ。鎌倉幕府のしくみについては，次の図を見てみよう。

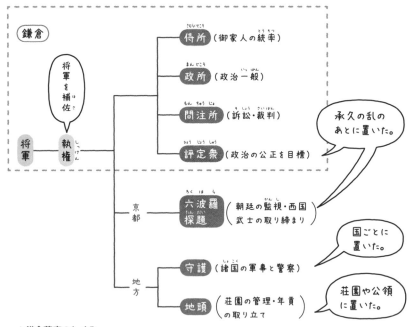

▲鎌倉幕府のしくみ

特に注目してほしいのは**問注所**だ。荘園領主と御家人，あるいは御家人どうしで土地の領有をめぐる争いなどが起きた場合，問注所で裁判をして争いを解決したんだ。

このように幕府が武士のための政治を行ういっぽうで，御家人も奉公の準備を欠かさなかった。御家人は日ごろから「いざ，鎌倉」に備え，武芸に励んでいたよ。屋敷の周りには堀や土塁がめぐらされ，敵の攻撃に備えた。敷地内には，馬も飼育されていたんだ。

 「先生，『いざ，鎌倉』って何ですか？」

鎌倉幕府に何かトラブルがあったら，いち早く駆けつけるってことだよ。右のイラストは，馬を走らせながら，馬上で弓を使って矢を放ち，的を射る**流鏑馬**という武士の訓練だ。これは儀式として行われることもあった。武士が武芸に励んだ例だね。

▲流鏑馬

さて，源頼朝の死後，政治は混乱し，源氏の将軍は3代で途絶え，約30年しか続かなかった。その後は，藤原氏の一族や皇族から将軍が迎えられたよ。そして，御家人間の権力争いに勝利した**北条氏**が**執権**という地位につき，鎌倉幕府の実権を握るようになったんだ。この北条氏による政治を執権政治と呼ぶよ。

★ Point　鎌倉幕府のしくみ

- **将軍**と**御家人**が**御恩**と**奉公**の関係で結ばれる。⇒**封建制度**が確立。
- **奉公**……御家人は将軍に忠誠を誓い，戦いのときは出陣し，鎌倉や京都の警備も行った。
- **御恩**……将軍は御家人の領地を認め，戦いで手柄をたてたときなどは新しい土地を与えたり，守護・地頭に任命したりした。
- 源氏の将軍は3代で途絶え，そのあと**北条氏**が**執権**となって，幕府の実権を握った。

承久の乱とその影響ってどんなもの?

　将軍があいついで暗殺され，御家人の間の権力争いもあり，鎌倉幕府はゴタゴタしていた。朝廷にとっては政権を奪還する絶好のチャンス。

　京都で院政を行っていた**後鳥羽上皇**は，鎌倉幕府を倒そうと考え，全国の武士に当時の執権の**北条義時**を討つように命じたんだ。そして戦いが始まった。これを**承久の乱**というよ。**1221年**のことだ。

「御家人たちは，朝廷と幕府のどちらを支持したんですか?」

　そう。御家人たちは悩んだ。そんなとき，**源頼朝の妻**であった**北条政子**は，次のような演説をしたんだ。北条政子は，夫の源頼朝が亡くなったので，夫を弔うため尼になった。しかし，3代将軍実朝亡きあと，事実上鎌倉幕府のトップで，「尼将軍」と呼ばれていた人物だ。

▲北条政子

北条政子の鎌倉での演説

みなさん，心をひとつにして聞いてください。これは私の最後のことばです。故頼朝公が朝廷の敵（源義仲や平氏のこと）を滅ぼし，鎌倉に武士の政権をつくってから，あなた方の官位は上がり収入もずいぶん増えましたね。平家に仕えていたときにはこきつかわれていただけのあなたたちでしたが，今日では京都へ行って無理な仕事を押しつけられることもなく，幸せな暮らしを送れるようになりましたよね。それもこれもすべては故頼朝公のおかげです。そしてその恩は山より高く，海よりも深いものです。みながそれに報いたいという気持ちは，決して浅いはずがありません。名誉を重んじるものは，朝廷方の逆臣（藤原秀康・三浦胤義。二人とも朝廷側についた有力御家人）らを討ちとり，幕府を守りなさい。もし，この中に朝廷側につこうというものがいるのなら，まずこの私を殺し，鎌倉中を焼きつくしてから京都へ行きなさい。

（『吾妻鏡』）

この演説を聞いて，御家人たちは涙を流して感動し，鎌倉幕府への忠誠を誓い，西に攻め込んだんだ。

まさか武士たちが，鎌倉幕府に従うと思っていなかった朝廷側は，やや不意をつかれた。そして幕府軍は，ほぼ1か月で朝廷軍を破り，京都を占領したんだ。

- 必勝暗記法3 - **1221年，承久の乱が起こる**

1 2 2 1
人に不意をつかれた承久の乱
ひと　　　ふ い

朝廷に勝利した鎌倉幕府は，支配を全国に広げた。承久の乱後の大きな動きは次の4つだ。

まず1つ目。鎌倉幕府は，後鳥羽上皇を**隠岐**（島根県）へ流し，後鳥羽上皇の血筋でない天皇を即位させた。

　２つ目に，朝廷や西国の監視のために京都に役所を置いた。この役所を六波羅探題というよ。つまり，幕府は今後，朝廷の動きを徹底的にチェックし，二度と反乱を起こさせないようにしようとしたわけだ。

　３つ目。承久の乱のあと，承久の乱で朝廷側についた公家や武士の領地を取り上げ，新たに功績のあった東国の御家人を，これらの土地の地頭に任命した。これで，今まで朝廷の力が強かった西国に鎌倉幕府の御家人が進出し，鎌倉幕府は日本のほぼ全域を支配したんだ。

　そして鎌倉幕府の権威が増すとともに，地頭の力も強力になったよ。

　「荘園の領主って朝廷が認めた人ですよね。それに対して地頭は，鎌倉幕府が任命した人です。幕府の力が朝廷を上回ったわけだから，地頭が荘園の領主より権力を持つのは当然ですよね…。」

次のグラフを見てみよう。

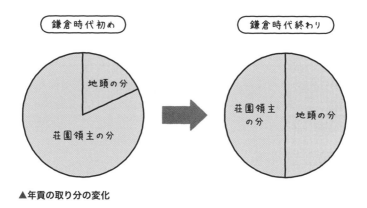

▲年貢の取り分の変化

　「確かに地頭の取り分が増えていますね。」

　地頭の中には，荘園領主に年貢をまったく渡さないものさえ出てきた。だから地頭と，もともと土地を管理していた荘園領主との間で，土地をめぐる争いが増加したんだ。このような争いを解決するために，政治や裁判のよりどころとなる基準を設ける必要が出てきた。

　そこで，4つ目。時の執権・**北条泰時**は，源頼朝以来の幕府の先例や武士のならわしをもとに**御成敗式目（貞永式目）**を定めた。**1232年**のことだ。御成敗式目は，幕府が御家人のためにつくった**最初の武家法**で，その後，武士の法律の手本となったよ。ちなみに朝廷への効力はないよ。

御成敗式目の一部

一、諸国の守護の仕事は，京都の御所や鎌倉を警備するよう御家人に命じることや，謀反や殺人などの犯罪人の取り締まりに限り，そのほかで，国司や地頭の仕事をさまたげてはならない。

一、妻が夫から領地をゆずりうけてから離別されたときは，その理由として妻が重罪をおかしたのでなければ，夫が領地を取り返すことはできない。

「1つ目の決まりは，守護の仕事に関するものですね。」

　そう。朝廷から派遣された役人である「国司」の仕事をさまたげてはならないって書いてあるね。朝廷にも気をつかっているわけなんだ。このほか「地頭」などの仕事内容も明らかになっていて，「領家（荘園領主）の権利をおかしてはダメ。」といった内容があるよ。

「また反乱を起こされたら大変ですもんね。」

　注目すべきは2つ目の決まりだ。妻が夫から領地をゆずりうけることができるとあるよね。そればかりか，武家の女性は結婚後も姓を変えず，鎌倉時代の初めには領地を受け継ぐ権利も持っていた。だから女性の地頭も少なくなかったんだ。

「ある程度，男女平等だったんですね。」

　そう。こうして，鎌倉幕府の権力は朝廷を上回るものとなったよ。

-必勝暗記法 4 -　1232 年，御成敗式目が制定される

1　　　2　　3　　2
御成敗式目を守って **いーにいさん**になろう

★ Point　承久の乱の影響

- **1221年**，**後鳥羽上皇**が**承久の乱**を起こす。⇒**北条政子**のうったえなどにより，幕府軍が勝利。
- **承久の乱**のあと…①後鳥羽上皇は隠岐に流される。
  　　　　　　　　　②朝廷や西国の監視のため，**六波羅探題**を設置。
  　　　　　　　　　③鎌倉幕府の支配が全国に広がる。
  　　　　　　　　　④御家人のために**最初の武家法**である**御成敗式目（貞永式目）**を制定。
  　　　　　　　　　⇒鎌倉幕府の権力が朝廷を上回る。

8-2 元寇と鎌倉幕府の滅亡

強大な元が攻めてきた！

さて，北条氏はライバルの御家人との権力争いに勝ち，安定した政権を築きつつあった。しかし，ここで予想外のことが起こってしまったんだ。

そのころ大陸では，**モンゴル帝国**が中国から西アジア，南ロシアまでの広い範囲に支配を広げていた。モンゴル帝国を築いたのは**チンギス＝ハン**。そして，彼の孫でモンゴル帝国の5代皇帝である**フビライ＝ハン**は，東アジアを本国として，1271年に国号を**元**とした。元は中国（南宋）への侵略を進めるとともに，朝鮮半島の高麗を従え，日本にもたびたび使者を送ってきたよ。

▲フビライ＝ハン

ちなみに，モンゴル人は遊牧民族なんだ。だから馬を扱うのに慣れていて，当時の戦いの主力である騎馬隊が強く，戦争にとても有利だったんだ。だから，次の図のような広大な地域をおさめることができたんだね。

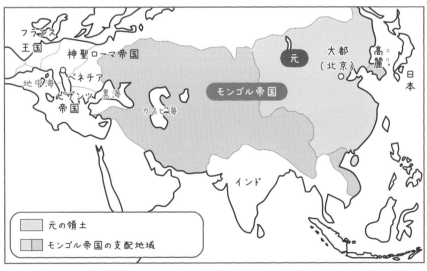

▲モンゴル帝国の支配の広がり

「ユーラシア大陸の大部分を支配している，まさに大帝国ですね。」

　強大な力を持っていた元の皇帝フビライ゠ハンが，日本にメッセージを送ってきた。日本も高麗と同じように元の属国となりなさいということと，元のいうことを聞かなければ，軍隊を送ることになるということ。

　日本はこの手紙を無視したんだ。これを無礼とみなした元は日本に攻めてきた。

「ピンチですね。」

　そこで当時の 8 代執権**北条時宗**は，御家人に号令をかけ，九州北部の守りを固めた。この日本と元との戦いを**元寇（モンゴルの襲来）**というよ。元は 2 度，日本に攻めてきたんだけど，1 回目は **1274 年**のことだ。これを**文永の役**という。元と高麗の連合軍の兵士数は約 3 万人，迎え撃つ日本の兵士数は約 1 万人といわれるよ。

「先生，戦いはどんなふうに展開したんですか？」

　次の絵を見てみよう。九州の御家人である竹崎季長が，自分の功績を鎌倉幕府にアピールするためにえがかせた「蒙古襲来絵詞」という絵だ。元軍と日本軍の戦い方の違いがわかるかな？

（菊池神社）

▲「蒙古襲来絵詞」

「絵の右側は日本の兵士ですよね。日本の御家人が1騎なのに，元軍は3人がかりですね。」

そう。これが元軍の**集団戦法**だ。日本国内の戦いでは，1騎討ちで戦うのが武士らしいとされていた。しかし，1騎討ち戦法では，集団戦法をとる元にはかなわないよね…。

8章

鎌倉時代

「先生。絵の中央部の上で，火薬か何かがさく裂していませんか？」

これは，火器（「**てつはう**」と呼ばれる火薬兵器）だ。大きな音を発して爆発し，御家人たちを驚かせたよ。また，元軍の矢は日本の戦いではあまり使わない毒矢だった。これらの戦法や武器の違いから，日本軍は大苦戦したんだ。

右の図を見てみよう。一時は日本の九州の拠点である大宰府も危なかったといわれているよ。しかし，日本軍もよく戦い，何とか撃退した。文永の役は約2週間で終わったんだ。ひょっとすると単なる偵察だったのかもしれないね。

▲元が日本へ攻めてきたルート

そして，7年後の**1281年**に再び襲来したよ。これを**弘安の役**という。今度は元軍も準備万端で攻めてきたのかもしれないね。元軍の兵士の数は約14万人。これに対して，日本軍は約6万人の兵士で迎え撃ったんだ。

元軍は二手に分かれて襲来したよ。しかし日本軍は，元が再び攻めてくると予想していたので，準備をしていたんだ。**石塁**（防塁）を利用して防戦し，博多への上陸を許さなかった。そして，夜は少人数で元の船に，切り込みをかけた。弘安の役では，日本軍も元軍の戦い方に慣

（学研写真資料）

▲石塁跡

れたこともあり，かなり善戦したようだ。

「石塁ってどんなものなんですか？」

　博多湾岸に，約20kmにわたって築かれていたといわれるよ。高さは約2m。石塁の海側は切り立っていたけど，陸地側はなだらかになっていて，守りやすいつくりになっていたんだ。

　さて，攻防戦は約2か月続いた。

　そのとき，博多湾に台風が来たんだ。この影響で，元軍は大きな被害（ひがい）を受けて，命からがら撤退（てったい）していった。こうして日本は独立（どくりつ）を保（たも）ったんだ。

> - 必勝暗記法5 - 　1274年，文永の役。1281年，弘安の役。
>
> 　　　1　　　274・1281
> ひー，船酔（ふなよ）いに吐（は）いた

★Point　元寇（モンゴルの襲来）

- チンギス＝ハンがモンゴル帝国を築く。⇒広い範囲を支配し，5代皇帝のフビライ＝ハンが国号を元とする。
- 元は2度にわたって，日本に攻めてきた（元寇，モンゴルの襲来）。
  - ①1274年，文永の役…元軍の武器（てつはう・毒矢など）や集団戦法に日本軍は苦戦。
  - ②1281年，弘安の役…日本軍は石塁をいかしたり，切り込みを行ったりした。暴風雨の影響もあり，元軍は撤退。

鎌倉幕府はどうして滅亡（めつぼう）したの？

　さて，元寇のとき，御家人は戦争の費用（ひよう）を負担（ふたん）していた。領地を売ってまで，戦いのためのお金をつくったんだ。なぜだと思う？

「戦争が終わったら，御恩，つまり恩賞をもらえるはずだからですよね。」

そう。恩賞をもらえば，借金だって返せると思ったんだろう。しかし，元寇ではあくまで日本を他国から守っただけで，新しい土地が手に入ったわけではないよね。また，幕府は次の襲来に備えて，お金を使って防備を固めた。だから，鎌倉幕府は財政が苦しくなって，御家人に十分な恩賞を与えることができなかったんだ。結果，領地を失っただけの御家人も数多く出てしまった。

「鎌倉幕府は，御恩と奉公の関係を守れなかったわけですね。」

また，そのころは領地を後継者全員で分ける**分割相続**が行われていて，これも御家人が土地を失う原因だった。次の図を見てみよう。

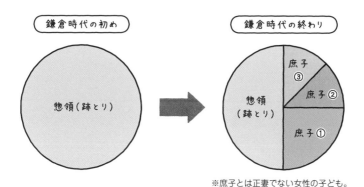

▲領地の相続の変化

※庶子とは正妻でない女性の子ども。

「なるほど。全員で土地を分けるから，一人一人の取り分が減ってしまいます。それに，相続が行われるごとに，一人が持つ土地がどんどん少なくなってしまいますね。」

そう。御家人の生活はとても苦しくなった。
そこで，幕府は**徳政令**を出して，御家人にただで領地を取り戻させたんだ。

8章 鎌倉時代

「うわっ。借金を返せなくても，領地が戻ってきたんですね。御家人たちも喜んだでしょうね。」

　短期的にはね。しかし，その後誰も御家人にお金を貸さなくなっちゃったし，御家人の土地を買わなくなってしまった。

「それはそうですよね。土地を担保にお金を貸したのに，お金を返してもらえないうえに，担保だった土地も得られないとしたら，お金を貸すほうも困りますよね。」

　そのとおり。徳政令によって，御家人の生活はさらに苦しくなったといえるだろう。おまけに次の元の襲来に備えて，西国の御家人には九州の沿岸地域を警備する負担が課せられた。いっぽうで北条氏による権力の独占が進んでいたから，御家人たちは自分たちの生活が苦しいのに，北条氏ばかりが豊かであるように見えただろうね。

「これは朝廷にとって，政権を取り戻すチャンスがきたんじゃないですか。」

　そのとおりだ。**後醍醐天皇**は，楠木正成らを率いて，打倒幕府！ の旗を上げた。悪党（荘園の倉庫を襲ったり年貢を奪ったりする集団）と呼ばれる新興の武士たちが後醍醐天皇に味方したよ。

「鎌倉幕府は後醍醐天皇に対して，兵を送らなかったんですか？」

　もちろん送ったよ。鎌倉幕府は足利尊氏を総大将に京都に兵を送ったけれど，承久の乱のときのようにはいかなかった。足利尊氏は，なんとそのまま反幕府軍の味方になってしまい，鎌倉幕府の西の拠点である京都の六波羅探題を攻め滅ぼしちゃったんだ。

「鎌倉幕府は武士の支持を失っていたんですね。」

　うん。そして，鎌倉には**新田義貞**（にったよしさだ）が攻め入り，鎌倉幕府は滅亡した。**1333年**のことだ。

- 必勝暗記法6 - **1333年，鎌倉幕府が滅亡する**

1 3 3 3
一味散々，鎌倉幕府
いち み さんざん

★Point　鎌倉幕府の滅亡

- 領地の**分割相続**や元寇（モンゴルの襲来）での恩賞が少**なかった。**⇒御家人の生活苦。
- 幕府は**徳政令**を出して御家人を救おうとしたが，かえって御家人の生活は苦しくなった。
- **後醍醐天皇**が楠木正成らと打倒幕府の旗を上げる。**足利尊氏**が京都の**六波羅探題**を攻め落とし，**新田義貞**が鎌倉を攻める。⇒1333年，鎌倉幕府が滅亡。

鎌倉時代の生活・文化

二毛作や定期市がスタート！

　さて，今度は農民の生活に目を向けてみよう。鎌倉時代は農業が発展し，収穫量（しゅうかくりょう）が増えたよ。また，西日本を中心に，米の裏作（うらさく）として麦を育てる**二毛作**が行われ始めた。牛や馬を使って耕作（こうさく）したり，草木の灰（はい）を肥料（ひりょう）として使ったりするようにもなったんだ。鉄製（てっせい）の農具もさらに広まった。

　ところで次の絵を見てみよう。

（清浄光寺（遊行寺）蔵）

▲一遍聖絵

　鎌倉時代には，月に３回，寺社の門前や交通の要地で**定期市**（ていきいち）が開かれるようになったんだ。取り引きには**宋銭**（そうせん）（宋の貨幣（かへい））が使われた。絵には，当時の市のようすがえがかれているよ。何屋さんが見えるかな？

「絵の上のほう，右側に棒（ぼう）のようなものを担（かつ）いだ人が見えます。」

　それは，魚屋さんだね。上のほうの真ん中には，反物（たんもの）を売る店が見えるね。絵の左側で，武士に呼び止められているお坊（ぼう）さんが**一遍**（いっぺん）だ。彼は仏教の**時宗**（じしゅう）を開き，**踊念仏**（おどりねんぶつ）などで念仏を広めたよ。身分の上下や男女の区別なく布教（ふきょう）を進めたんだ。

庶民にもわかりやすい仏教が次々登場！

　時宗だけでなく，ほかにも鎌倉時代は，庶民にもわかりやすい仏教がいくつも誕生した時代だ。そして，貴族だけでなく，武士や民衆にも広まったんだ。

「例えば，どんな仏教ですか？」

　例えば，**法然**が開いた**浄土宗**。阿弥陀仏を信仰し，念仏（「南無阿弥陀仏」）を唱えれば極楽浄土にうまれ変われると説いたよ。新しい仏教の先がけだったんだ。極楽に行くためには，基本的に「南無阿弥陀仏」と唱えれば OK としたわけなんだ。

「シンプルな教えですね。」

　右の人物は，法然の弟子の**親鸞**。彼は**浄土真宗（一向宗）**を開いた。悩みの深い人，すなわち悪人こそが阿弥陀仏の救いの対象であり，人間の弱さを自覚してひたすら念仏を唱えれば救われると説いたよ。

▲親鸞

「悪人さえも『南無阿弥陀仏』と唱えれば，救われるとしたんですね。」

　そうだよ。また，**日蓮**は日蓮宗（法華宗）を開いた。法華経がシャカの正しい教えであるとし，題目（「南無妙法蓮華経」）を唱えることにより，人々は救われると説いたよ。日蓮は元寇を予測し，人々に時代の危機を説いたといわれる人物なんだ。しかし，幕府の怒りをかい，危うく殺されかけたり，島流しにあったりして，かなり苦労したんだよ。
　ほかにも，**栄西**は比叡山で修行したあと，宋に2度渡って**禅宗**を学び，**臨済宗**を開いた。ちなみに，栄西が将軍源実朝に中国伝来の茶をすすめたことがきっかけとなって，鎌倉や京都で茶が広まったんだ。同じ禅宗では，**道元**がただひたすら座禅に打ち込むことを説いて，**曹洞宗**を開いた。

「こっちもシンプルですよね。『座禅を行い，自力で悟(さと)りなさい。』と
いうことですね。」

そうだね。臨済宗の栄西，曹洞宗の道元は混同(こんどう)しやすいから気をつけよう。

- 必勝暗記法 7 -　臨済宗を開いた栄西，曹洞宗を開いた道元

りんざい・えいさい。そうとう・どうげん

「先生，なぜ鎌倉時代に庶民にもわかりやすい仏教が誕生したんです
か？」

　鎌倉時代は，「天皇・公家による政治」から「武士による政治」に移(うつ)る大
きな変化があった時代だった。いくさもたくさんあって，社会不安が広がっ
ていたから，人々は心のよりどころを求めていたんだね。だから，庶民に
もわかりやすい新しい仏教がうまれたと考えられるよ。

▼鎌倉時代の新仏教

宗派	開祖	おもな内容
浄土宗 (じょうどしゅう)	法然 (ほうねん)	・念仏(「南無阿弥陀仏」)を唱えれば極楽浄土にうまれ変われる。
浄土真宗 (一向宗) (じょうどしんしゅう)(いっこうしゅう)	親鸞 (しんらん)	・阿弥陀仏を信じ，自分の罪を自覚した悪人こそが救われる。
時宗 (じしゅう)	一遍 (いっぺん)	・念仏を唱えればすべての人が救われる。 ・踊念仏や念仏の札で布教。
日蓮宗 (にちれんしゅう)	日蓮 (にちれん)	・題目(「南無妙法蓮華経」)を唱えれば，人も国も救われる。
臨済宗 (りんざいしゅう)	栄西 (えいさい)(ようさい)	・座禅により自分の力で悟りを開く。 ・幕府の保護を受ける。
曹洞宗 (そうとうしゅう)	道元 (どうげん)	・ただひたすら座禅に打ち込むことで，自分の力で悟りを開く。

8章 鎌倉時代

鎌倉時代は力強い武家の文化

　また，文学面では軍記物の『**平家物語**』が有名だね。**琵琶法師**によって，武士や庶民に語り継がれた。作者は不明なんだけどね。

　また，鴨長明が，「行く川の流れは絶えずして，しかももとの水にあらず」と著した随筆，『**方丈記**』も有名だね。

　『平家物語』も『方丈記』も「全てははかない」という世界観が基本となっているよ。

「命がけで戦うことが多い，武士の世界観
　にあっているように思えますね。」

　力強く雄大で武士らしいといえば，右の**金剛**
力士像。**運慶**と**快慶**の作品だ。

「迫力がありますね！」

▲金剛力士像

　金剛力士像は，下の**東大寺南大門**にあるよ。これも力強く雄大な建物だ。寺院といえば，円覚寺舎利殿も有名だよ。元寇で亡くなった戦死者を弔うために，北条時宗が建立したんだ。

▲東大寺南大門

▲円覚寺舎利殿

いっぽう，公家の間では，和歌が好まれ，後鳥羽上皇の命により，藤原定家らが『新古今和歌集』を編さんしたよ。

★Point　鎌倉時代の生活・文化

- 西日本を中心に米の裏作として麦を育てる**二毛作**が広まる。
- **定期市**が開かれるようになる。取り引きには宋銭が使われる。
- 庶民にもわかりやすい新しい仏教が誕生。……**浄土宗・法然，浄土真宗（一向宗）・親鸞，時宗・一遍，日蓮宗（法華宗）・日蓮，臨済宗・栄西，曹洞宗・道元**。
- 雄大で力強い武家文化。……**東大寺南大門。運慶・快慶**作の金**剛力士像**。円覚寺舎利殿。

☑CHECK 8

つまずき度 ❗❗❗◯◯◯　　➡ 解答は別冊 p.022

　　次の文の（　　）に当てはまる語句や数字を答えなさい。

(1) 1185年，源頼朝が全国に（　　）・（　　）を設置した。

(2) （　　）年，源頼朝は朝廷から征夷大将軍に任命された。

(3) 御家人と将軍とは（　　）と奉公の関係で結ばれていた。

(4) 1274年と1281年の2度にわたる元の襲来を，（　　）または，
　　（　　）の襲来という。幕府は十分な恩賞（御恩）を御家人に
　　与えることができず，御家人の信用を失った。

(5) 足利尊氏が京都の六波羅探題を攻め落とし，新田義貞が鎌倉
　　に攻め入った。（　　）年，鎌倉幕府は滅亡した。

(6) 鎌倉時代にうまれた新しい仏教に，親鸞が開いた（　　）宗が
　　ある。親鸞は，悪人さえも阿弥陀仏を信仰すれば極楽浄土にう
　　まれ変われると説いた。

9章

室町時代

室町時代を描いた文学に「太平記」というのがあるのを知っているかな?

「『太平』ってどんな意味ですか?」

「平和」という意味だ。

「ってことは,室町時代は平和な時代だったということですね?」

いや,むしろその逆。戦乱が多い時代といえる。「太平」ということばには「平和になってほしい」という願いが込められているといわれているんだ。

「へえ。どのように荒れた時代だったんでしょう,気になります!」

建武の新政と南北朝時代

建武の新政って？

　後醍醐天皇は鎌倉幕府を滅ぼし，**1334年**に建武の新政と呼ばれる天皇中心の政治を始めたよ。後醍醐天皇はかねてから鎌倉幕府を倒そうとしていたけれど，2度失敗。特に2度目は隠岐（島根県）に流されちゃったんだけど，脱出に成功！3度目でようやく鎌倉幕府を滅ぼすことに成功した，執念の人だ。

▲後醍醐天皇

- 必勝暗記法 1 - **1334年，建武の新政が始まる**

　　1　3　　3　4
いざ，刷新！ 建武の新政
　　　さっしん

　「朝廷が政治の中心になるのは久しぶりですね。平清盛が政治の実権を握ってから，ずっと武士中心の政治が続いていたんですから。後醍醐天皇の政治はどのようなものだったんですか？」

　武士の恩賞が少ないなど，公家重視の政策を行ったよ。そのため，多くの武士が反発したんだ。そして源氏の血を引く**足利尊氏**がリーダーとなって，後醍醐天皇に背いた。足利尊氏が後醍醐天皇を支持する新田義貞らに勝ち，1336年に京都を占領すると，後醍醐天皇は吉野（奈良県）に逃れることになってしまった。建武の新政は2年余りで終わり，失敗してしまったんだ。

★. Point　建武の新政

- **後醍醐天皇**が**1334**年から行った天皇中心の新しい政治。
- 公家を重視した政治が行われたため，武士が反発し，建武の新政は失敗 に終わった。

2つの朝廷が対立する南北朝時代

「しかし，先生。このままだと，足利尊氏たちは天皇に対する反逆者(はんぎゃくしゃ) と思われて，世間の支持を得(え)られないんじゃないですか？」

　そうだね。そこで，足利尊氏たちは，新しい天皇を京都で即位(そくい)させたんだ。 吉野に逃れた後醍醐天皇たちの朝廷を**南朝**(なんちょう)と呼び，京都の朝廷を**北朝**(ほくちょう)と呼 ぶよ。この2つの朝廷が対立していた時代を**南北朝時代**というんだ。

◀南朝と北朝

★. Point　南北朝時代

- 二人の天皇（**南朝**と**北朝**）が争う時代。

室町幕府の成立

室町幕府のしくみとは？

「南北朝時代には，日本に天皇が二人いたんですよね。」

　そうなんだよ。北朝側の**足利尊氏**は，光明天皇から**征夷大将軍**に任命され，京都で**室町幕府**を開いた。**1338年**のことだ。これから約240年間を**室町時代**というよ。

> - 必勝暗記法2 -　1338年，足利尊氏が征夷大将軍となり，室町幕府を開く
>
> 　 1 3 　　3 　　　 8
> **瞳，さわやか足利尊氏**
> ひとみ

　足利尊氏は弟や息子と対立し，北朝内部は不安定な状態だったんだ。だから，南朝と北朝の争いは続き，なかなか政治が安定しなかった。
　さて，次ページの図で，室町幕府と鎌倉幕府のしくみを比べてみよう。

「侍所，政所，問注所，守護，地頭が置かれていることは同じですね。」

　そうだね。全体としては同じ武士政権の鎌倉幕府のしくみを受け継いでいるといってよいね。しかし，室町幕府の問注所は鎌倉幕府のものとは役割が異なること，室町幕府の侍所は武士の統制とともに京都の警備・裁判などを行ったことに注意しよう。ほかに何か気づくことはないかな？

「鎌倉府が新しくできていますね。」

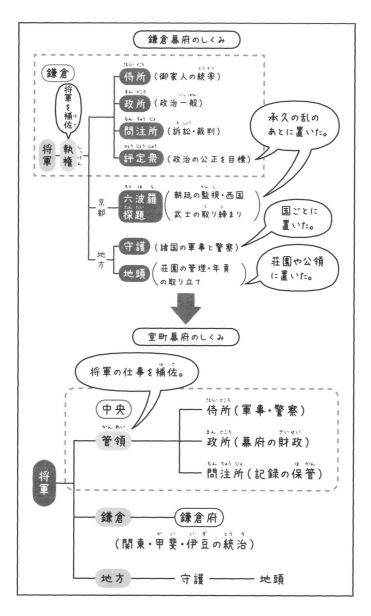

鎌倉幕府のしくみ

鎌倉

将軍を補佐

将軍 ― 執権

侍所（御家人の統率）
政所（政治一般）
問注所（訴訟・裁判）
評定衆（政治の公正を目標）

承久の乱のあとに置いた。

京都

六波羅探題（朝廷の監視・西国武士の取り締まり）

地方

守護（諸国の軍事と警察）

国ごとに置いた。

地頭（荘園の管理・年貢の取り立て）

荘園や公領に置いた。

室町幕府のしくみ

将軍の仕事を補佐。

中央

管領

将軍

侍所（軍事・警察）
政所（幕府の財政）
問注所（記録の保管）

鎌倉 ― 鎌倉府
（関東・甲斐・伊豆の統治）

地方 ― 守護 ― 地頭

　そうだね。武士の力は東日本で強かったため，足利尊氏も本当は鎌倉に幕府を置きたかったんだ。しかし，南朝がいつ北朝を攻めてきてもおかしくない状況だったから，京都に幕府を置くしかなかったわけなんだ。かわりに鎌倉に鎌倉府を置いて，自分の息子を派遣し，関東地方や伊豆を治め

ようとしたよ。ところが，この鎌倉府がのちに室町幕府のいうことをきか
なくなってしまうんだ。

「なるほど〜，政治ってのは難しいものですねぇ。」

「あれ？ 鎌倉幕府では守護と地頭に上下関係はないみたいですけど，
室町幕府では守護の下に地頭が置かれていますね。」

　うん。足利尊氏は守護の権力を大きくして，税（年貢）の半分をとる権
利（半済）を与えるなどした。やがて守護は地頭や武士を家臣として，任
務にあたっていた国を領地化し，一国を支配する「**守護大名**」に成長して
いく。

　足利尊氏は，戦争に勝っても自分はあまり利益を得ようとせず，気前よ
く御恩，（つまり恩賞）を活躍した人に与えたんだ。例えば，山名氏という
一族には日本全国66か国のうち11か国で守護の権限が与えられた。これ
は，自分たちの一族で利益を独占しようとした平氏や北条氏の政治とは大
きく異なるよね。

「ヒェ〜！ 日本の6分の1ということですね…。」

　そこで山名氏には「六分一殿」というあだ名がついたよ。足利尊氏の政
権構想は，幕府に権力を集中させる中央集権的なものではなく，各地の守
護大名との連合政権みたいなイメージだったんだ。

「守護に選ばれた人は喜んだでしょうね。足利尊氏は高い給料をくれ
る社長ってところですね。これなら，武士は足利尊氏を支持します
よ。」

　確かに，初めのうちはよかったのだろうけど，土地をあげすぎて，室町
幕府が直接支配する土地は少なく，財政は豊かとはいえなかった。
　やがて各地の守護はやはり自分たちの利益を優先して，力の弱い室町幕

府をないがしろにするようになってしまった。他にしくみに違いはあるか
な？

「先生。鎌倉幕府の取りまとめ役で，将軍の次に偉いのは『執権』で
したが，室町幕府では『管領』という名前の役職に変わっています
ね。」

そうだね。これについては鎌倉幕府で北条氏が代々「執権」の地位につき，
権力を独占してしまったことの反省をいかしたんだ。室町幕府では，足利
氏の分家である斯波氏・細川氏・畠山氏の３家（三管領）が交代で管領に
就任するしくみをとったよ。

★ Point　室町幕府の成立

- 足利尊氏は1338年に京都で室町幕府を開いたが，後醍醐
天皇の南朝との争いが続き，政権は安定しなかった。

9-3 足利義満の政治
あしかがよしみつ

室町幕府を安定させた足利義満

さて，室町幕府の弱点をなくし，政権を安定させた人物が3代将軍の**足利義満**だ。右のイラストの人物だよ。

▲足利義満

「お坊さんの格好をしていますね。」

そう。彼は歳をとってから出家して，禅宗のお坊さんになっているよ。将軍の座を退いても，亡くなるまで政治の実権は持っていた。さて，次の絵が現在の貨幣価値で約1000億円と推計される彼の建てた**金閣**だ。外国の使節を迎えるためにつくったともいわれている。実は，この金閣は不思議なつくりをしているんだ。

(模写)

▲金閣

「不思議なつくりってどんなつくりですか？」

一階は平安貴族，つまり公家の屋敷のような寝殿造風になっている。二階は，武家の屋敷に見られる様式に近い。そして，三階が禅宗風のつくりなんだ。

「この不思議なつくりにも何か意味があるんですか？」

うん。一説によると，武家風のつくりの下に公家風のつくりがあるということは，武士が公家より地位が高いことを表しているともいわれているよ。

さらに，一番上の禅宗風のつくりは，出家して禅宗の僧になった足利義満自身を表すのではないか，つまり自分が武士と公家の両方を支配していることを示したものといわれている。

もっとも確証はないよ。ただ，義満の政治が武士と公家の両方を支配することを目指したのは間違いないだろう。では，具体的に義満の政治を見ていこう。彼の理想を実現するためには，室町幕府の弱点をなくす必要があるね。

「まず，強くなっていた守護の勢力を弱めなければいけないですよね。」

そのとおり。義満は守護どうしを戦わせたり，守護の一族内で争いを起こさせたり，挑発して反乱を起こさせたうえで討伐したりするやり方で守護の勢力を弱めていった。

「日本の6分の1の国で守護となっていた山名氏も勢力を弱められたんですか？」

もちろん。山名氏は足利義満に挑発されて反乱を起こしたんだけど，討伐されてしまい，大きく勢力を弱められた。山名氏は一族の中で足利義満を支持する人たちと支持しない人たちに分裂させられ，支持しない人たちは滅ぼされた。支持しなかった人たちの土地は没収され，11か国あった山名氏の所領は3か国となったんだ。

「先生。南朝と北朝に分裂してしまっているので争いがたえず，安定
した政治ができていないんですよね。だから，この問題も解決しな
くてはいけませんね。」

　そうだね。有力な守護大名を抑え，室町幕府の権力を確立した足利義満
は南朝との講和をなしとげ，ついに**1392年**に南北朝が統一したんだ。

　- 必勝暗記法3 -　1392年，足利義満が南北朝を統一

　１ ３　92
　いざ，国まとめよう義満さん

「足利義満はすごいですねぇ。」

　うん。例えば，関所をたくさんつくって，通行するときにお金をとった。
さらに，あの強大な元を倒して中国を統一した**明**と貿易することで利益を
あげ，幕府の財政を安定させようとしたんだ。これを**日明貿易**というよ。
日明貿易には２つの条件がついたよ。

「その条件ってなんですか？」

　実はこのころ，**倭寇**と呼ばれる日本人を中心とした集団が中国や朝鮮の
沿岸に出没し，海賊的な行動をとって，人々に恐れられていたんだ。この
倭寇を取り締まることが第１の条件だった。また，日明貿易では倭寇と正
式な貿易船を区別するためにある工夫を行ったよ。

「どんな工夫だったんですか？」

　明から与えられた**勘合（勘合符）**という合い札を使用したんだ。勘合は

次のようなものだ。日本の貿易船に勘合の半分の札を持たせて，明の港で
もう半分の札と照合することで，貿易船であることを確認したんだ。日明
貿易は，**勘合貿易**とも呼ばれるよ。

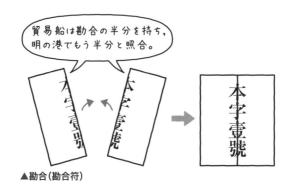

▲勘合（勘合符）

「じゃあ，もうひとつの条件って何ですか？」

　もうひとつは，明に対して**朝貢**という形で貿易すること。朝貢とは，日
本が明の家臣として貢ぎものを差し出し，それに対するお返しとしてお
土産をもらう形式の貿易だよ。明は，商人どうしの自由な貿易を認めなかっ
たんだ。

「日本は明の家臣になったっていうことですか？」

　日本というか，足利義満が明から日本国王に任命され，明に対して家臣
の立場をとったわけだ。

「先生，明と貿易することでどのくらい利益が得られたのですか？」

　朝貢の形をとると，交通費や宿泊費は明が負担してくれる。そのうえで
貢ぎもの，つまり日本から明への輸出品に対して 10 倍返しでお土産，つ
まり輸入品をくれるんだ。貿易船 1 隻あたりの日本側の利益は，現在のお
金の価値で約 30 億円といわれているよ。

「それはやめられませんねぇ（笑）。」

　注意してほしいのは、足利義満が明の家臣となったのであって、日本のトップである天皇は明の家臣になっていないこと。

　日明貿易は、**1404 年**に開始された。明からは**銅銭**（**永楽通宝**など），**絹織物**，**生糸**，陶磁器などが輸入され，日本からは**硫黄**，**銅**，**刀剣**などが輸出されたよ。

-必勝暗記法4- **1404 年，日明貿易が始まる**

　　　　　　　　　　1 4 0 4
日明貿易，もうけが異常よ
　　　　　　　　　　　　　いじょう

「先生，日本は明とだけ貿易していたんですか？」

　いや，高麗を倒した**朝鮮**（**李氏朝鮮**）とも 15 〜 16 世紀にかけて活発に貿易が行われた。もっとも多く輸入されたのは木綿だ。

　ところで，明は自由な貿易を許さず，朝貢だけを認めていたよね。このことから大きな利益を得た国があるよ。それは東アジアと東南アジアの中間に位置する国。

「東アジアと東南アジアの中間というと，沖縄ですか？」

　そうだ。勘合貿易が始まった 15 世紀の初めごろ，沖縄諸島を尚氏が統一し，**琉球王国**を建国したよ。琉球王国は東アジアと東南アジアの中間にある利点をいかして，日本や中国，朝鮮をはじめ，東南アジア各地にも商船を出し，**中継貿易**で栄えたんだ。

「中継貿易って何ですか？」

ある国から輸入したものを，そのまま他国に輸出して利益を得る貿易のこと。次の図を見てみよう。東アジア，東南アジアのものが一度琉球王国に集まり，それが他国に輸出されているようすがわかるね。

▲琉球王国が行っていた貿易

「例えば，生糸が明から琉球王国に移動し，それが日本に来ていますね。」

琉球王国が中継貿易をしてくれるおかげで，日本は日明貿易で輸入できなかったものなどを補うことができた。
ところで，なぜ「室町」幕府と呼ばれるか知っているかな？

「室『町』だから，どこかの地名に由来するんですかね？」

そのとおり。足利義満は，京都の室町に豪華な邸宅を建てた。この邸宅は，「花の御所」と呼ばれて幕府の役所としても使用されたことから，「室町幕府」といわれるようになった。義満は1408年に亡くなったよ。

★＊Point　足利義満の政治

- 1392年，南朝と講和し，**南北朝の統一**をなしとげた。
- **日明貿易**を始めた。倭寇と正式な貿易船を区別するために，**勘合（勘合符）**という合い札を使用した（勘合貿易）。

日明貿易が人々の暮らしに与えた影響って？

さて，日明貿易では明の貨幣の**永楽通宝**が大量に輸入され，日本でも貨幣が流通するようになった。室町時代には貨幣がかなり流通していたと考えられるね。さて，貨幣がたくさん流通すれば，どんなことが起こるかな？

「物々交換より便利なので商業がさかんになったんじゃないですか？」

そのとおり。特に，京都は商業の中心地として栄えた。**定期市**がさかんになり，月に6回開かれるようになったよ（六斎市）。鎌倉時代は月に3回だったよね。さらに，農民は売ることを目的とした作物（商品作物）を多くつくるようになった。例えば，灯明用の油が取れるエゴマ。農民だけでなく，商人や職人も貨幣を得るために特産品をつくるようになった。例えば，現在でも有名な野田（千葉県）の**醤油**などもこのころからつくられ始めたよ。このように各地で商品作物や特産品がつくられるようになったら，その影響でどんな産業がさかんになると思う？

「売るための物をつくったら，それを消費地まで運ばないといけませんよね。」

そうだね。この時代水上交通が発達し，商品を運ぶための船が行き来するようになって，港町が発展した。港町では，**問（問丸）**と呼ばれる倉庫業をかねた運送業者が活躍したよ。いっぽう，陸上では**馬借**と呼ばれる運

送業者が栄えた。年貢や地方の特産物を，馬の背に乗せて運んだよ。

　さて，貨幣が流通したことによって，ほかにも影響は考えられないかな？

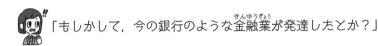「もしかして，今の銀行のような金融業が発達したとか？」

　そのとおり。**土倉**（質屋のこと）や**酒屋**などが高利貸しを営み，庶民の間で金融機関として利用されたよ。

　さて，このころ農村では農業技術に進歩が見られた。米と麦の**二毛作**が各地に広がったんだ。

　二毛作を行うと，土地に肥料をあげて，よく整備しなくてはいけない。また，自分の土地だけでなく，肥料をつくるための山林の管理，かんがい用水の整備など，農民どうしでより協力する必要が出てきた。これによって，農民の団結が強まったんだ。

「土地にも手をかけているわけだから，逃亡して捨てるのが惜しいですよね。」

　そうなんだ。近畿地方や，その周辺の経済が発達した地域では，農民たちは村ごとに**惣**と呼ばれる自治組織をつくった。この村を**惣村**というよ。村の自治を行うにあたり，山林やかんがい用水の管理，年貢の納入や村のおきてなどについては，**寄合**という村人の会議で相談して決めたよ。そして，農民たちは生活を守るために，代表者が領主に年貢の引き下げを交渉したり，武器をとって団結して領主に反抗したりした。これを**土一揆**というよ。例えば，高利貸しによって財産を奪われ，生活に困った近江（滋賀県）の馬借たちが中心となって起こし，農民たちがこれに続いた一揆を**正長の土一揆**という。**1428年**のことだ。彼らは室町幕府に徳政令（借金の取り消し）を要求し，土倉や酒屋などを襲って，借金の証明書を焼いた。

　右は，奈良県にある石碑に彫られていた文字だ。「正長元年よりさきは神戸四か郷に負債あるべからず」とある。「負債」って何のことかわかるかな？

「『借金』のことですか？」

　そう。「正長元年以前にあった，神戸の４つの村での人々の借金は帳消しにする。」ということが書いてあるんだ。

正長元年ヨリ
サキ者カンヘ四カン
カウニヲキメアル
ヘカラス

▲正長の土一揆の徳政の碑文

★*Point　日明貿易の影響

- 日明貿易により，大量の貨幣が輸入され，国内で流通した。
- 商業がさかんになり，**定期市**が月６回になった。運送業が発達し，**問（問丸）**や**馬借**が活躍した。金融業が発達し，**土倉**や**酒屋**が高利貸しを営んだ。
- **惣**という自治組織がつくられ，**惣村**がうまれた。村のおきてなどは**寄合**で決めた。
- 農民は団結して**土一揆**を起こした。

9-4 応仁の乱と戦国時代

全国に広がった応仁の乱

さて，足利義満が亡くなったあと，室町幕府の力は衰えていってしまう。そして，室町幕府の権力をさらに弱める決定的な出来事が起こるんだ。

「ゴクッ…！ その出来事とは…？」

8代将軍**足利義政**の跡継ぎ争いに，管領家の相続をめぐる争いがからんで起こった**応仁の乱**だ。応仁の乱は，京都を主戦場として，**1467年**から11年間も続き，戦いは全国に広がった。

▲足利義政

- 必勝暗記法5 - 1467年，応仁の乱が起こる

$$\underset{\text{むなげ}}{\text{応仁の乱 足利義政，いよ〜胸毛！}}$$

1 4　 67

「胸毛シリーズ第3弾ですね（笑）。11年間も戦いが続いたんですか…。もっと詳しく，応仁の乱の原因を知りたいです。」

OK。足利義政には子どもがいなかったので，弟の義視に跡継ぎになってくれないかと頼んだ。義視もしぶしぶ納得し，跡継ぎに内定したんだ。

「まさか，義視が次の将軍に内定したあと，義政に男の子がうまれたんですか？」

　大正解！ 義政の子は足利義尚という。そこで，後継者争いが起こったん
だ。

　さらに，もともと後継者争いをしていた三管領の斯波氏，畠山氏も義視
派と義尚派に分裂した。室町幕府の最高幹部である三管領まで，後継者争
いにからんできたとなると話はおおごとになる。義視派の東軍は約16万人，
義尚派の西軍は約11万人の軍勢を集めたといわれるよ。応仁の乱で，京
都は焼け野原となってしまった。

★．Point　応仁の乱の原因

- **1467年**，8代将軍**足利義政**の跡継ぎ争いに，管領家の相続をめ
ぐる争いがからんで**応仁の乱**が起こった。有力な守護大名も加わっ
て，戦乱は京都を中心に約11年間続いた。

天下をとりあう戦国時代がスタート！

「ところで，応仁の乱はどっちが勝ったんですか？」

　勝敗はつかなかったよ。両軍は和解した。次の将軍は義尚となったんだ。
　応仁の乱以降，室町幕府の信用は低下し，権力は弱まった。次のページ
の2つの地図を比べてみて。何がわかるかな？

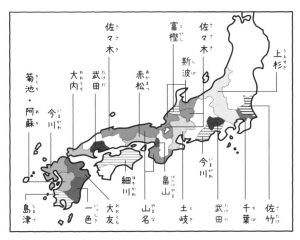

▲主な守護大名が支配した地域（14世紀終わりごろ）

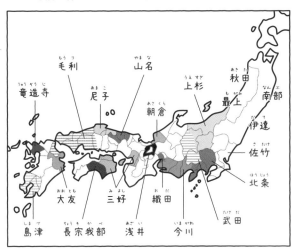

▲主な戦国大名が支配した地域（1560年ごろ）

「先生，守護大名と戦国大名があります。守護大名は，もともと室町幕府が任命した守護が，地頭や武士を家臣として，任国を支配したものでしたよね。戦国大名って何ですか？」

　戦国大名とは室町幕府に指図されることなく，その土地を実力で支配した大名のこと。

　幕府に力がなくなったので，幕府が任命した守護を倒しても問題なかったというわけだ。そこで，守護大名の家臣や，国人（その土地の有力な武士）が守護を倒して支配を固め，戦国大名になっていった。このように下の身分の者が，実力によって上の身分の者を倒す風潮を**下剋上**というよ。

「確かに地図を比べてみると，いなくなった守護大名がたくさんいますね。例えば，斯波氏がいなくなって，朝倉氏になっています。」

　うん。朝倉氏は，もともと斯波氏の家臣だった。しかし，斯波氏を追い出して，越前（福井県）を支配したんだ。織田氏も斯波氏の家臣だったんだよ。

「織田氏って，あの織田信長の先祖ですか？」

　いや。正確にいうと織田信長は，斯波氏の家臣だった織田氏の分家の出身だ。織田信長は，本家を滅ぼして，のし上がったんだ。

「この時代は，日本全国でこんなふうに戦乱が起きていたんですね。」

　そういうこと。応仁の乱のあと，天下とりを狙って戦国大名が争う**戦国時代**が始まった。この戦国時代は，約100年間続くよ。戦国大名は実力がなければ，いつ部下に乗っ取られるかわからないし，ほかの戦国大名に滅ぼされるかもしれない。そこで，自国を厳しく支配し，力をつけることに努めた。例えば，家臣や農民などを統制するために**分国法**（家法）を定めたよ。

> ## 分国法
>
> 「本拠である朝倉館のほか，国内に城をかまえてはならない。」
>
> （朝倉孝景条々）
>
> 「許しを得ないで他国へ手紙を出してはならない。」
>
> （甲州法度之次第）

　上は朝倉氏の領国の分国法だね。下は，どの戦国大名の分国法か，わかるかな？

「『甲州』は，現在の山梨県ですよね。山梨県を領有している戦国大名は，159ページの地図によると『武田氏』ですね。」

「先生，武田氏は守護大名の中にも名前があります。2つの地図を比べると，かなり領土が大きくなっていますね。」

　そうだね。武田氏は守護大名でありながら室町幕府の支配を離れ，領国の支配を固めて戦国大名となったんだ。このように守護大名から戦国大名になったパターンもあった。
　ところで，先ほど話した斯波氏以外に，いなくなった守護大名はいないかな？　もう一度159ページの地図を見てみよう。

「あっ，山城（京都府南部）の畠山氏がいなくなっていますね。」

　よく気づいたね。これは農民や国人が守護大名を倒した例だ。守護大名の畠山氏の跡継ぎ争いで混乱が続き，戦いの度に田畑が荒らされるなどしたため，農民や国人は「いいかげんにしてくれ」という気持ちだった。やがて **1485年**，その怒りが頂点に達し，守護の畠山氏を追い出して，国を乗っ取ってしまった。これを**山城国一揆**というよ。

「室町時代は，民衆の力が強くなった時代といえますね。」

　民衆の力を示したものといえば，まだあるよ。加賀（石川県南部）の富樫氏もいなくなっているね。富樫氏は，浄土真宗（一向宗）を信仰する人々に倒されたんだ。

「浄土真宗はたしか親鸞が開いたんですよね？　鎌倉時代で出てきました。」

　そうだね。当時は，親鸞から数えて8代目の蓮如という人が一向宗のリーダーだった。彼は，人はみな仏の教えを修行する仲間であると強調し，一向宗を大いに広めた。この教えは，重い年貢に苦しんでいた農民などに支持されたよ。一向宗の信者である農民と地元の武士が手を結んで守護を倒し，その後およそ100年間にわたって自治を行ったんだ。これを，**加賀の一向一揆**という。**1488年**のことだ。正長の土一揆，山城国一揆，加賀の一向一揆を室町の三大一揆というよ。

- 必勝暗記法6 - 1428年正長の土一揆，1485年山城国一揆，
1488年加賀の一向一揆

| 1 | 4 | 2 8年(14) | 8 | 5 | 年(14) | 8 | 8年 |

いよ〜, つば, 吐こう, パッパ
は

室町時代は，民衆のパワーが発揮される時代。応仁の乱によって荒れはてた京都を復興させたのも，**町衆**と呼ばれる裕福な商工業者たちだ。この復興の象徴が，祇園祭だ。869 年から続き，応仁の乱により 30 年以上途絶えてしまったけど，復活したよ。右は，室町時代の祇園祭のようすだ。

(ColBase (https://colbase.nich.go.jp/))

▲祇園祭

「祇園祭は今でも有名ですよね。」

そうだね。上の絵にもあるように，山鉾と呼ばれる大型の山車が，京都の中心部を練り歩くのが特徴だ。これは今も変わらないよ。

さて，室町幕府は応仁の乱のあとも細々と続くけれど，1573 年に織田信長によって滅ばされることになる。

★Point 応仁の乱の影響

- 各地で**戦国大名**が成長した。下の身分の者が，実力によって上の身分の者を倒す**下剋上**。
- 戦国大名が天下とりを狙う**戦国時代**に入る。戦国大名は**分国法（家法）**により，領国を支配した。
- 室町の三大一揆……1428 年**正長の土一揆**，1485 年**山城国一揆**，1488 年**加賀の一向一揆**。

9-5 室町時代の文化

現在（げんざい）の日本文化にも通じる室町時代の文化

　室町時代にうまれた文化の多くは，現在も残っているよ。例えば，能（のう）。能とは物語を劇（げき）にして，歌や音楽に合わせて面をつけて舞（ま）うものだ。右の写真が能だね。

（写真提供：国立能楽堂）

「先生，これはテレビでやっているのを見たことがあります。」

▲能

　能は，田楽（でんがく）や猿楽（さるがく）などをもとに大成されたものだ。田楽とは田植えのときに歌い踊（おど）って田の神を祭ったもの，猿楽とはこっけいな劇やものまねだよ。この能（能楽（のうがく））を大成したのが**観阿弥（かんあみ）・世阿弥（ぜあみ）**父子だ。**足利義満**は世阿弥を保護（ほご）し，能を発展させた。能の合間に演じられる**狂言（きょうげん）**もこの時代に完成しているよ。

「日本風のオペラっていう感じですね（笑）。」

　そうだね。ほかにも，**生け花**や**茶の湯**が広まった。水を用いずに，石や砂（すな）などで山水の風景を表現した枯山水（かれさんすい）の庭園なども室町時代につくられたものなんだ。

　しかし，室町時代の文化でもっとも有名なのは金閣と銀閣（ぎんかく）だろう。次の絵を見てみよう。

▲金閣

▲銀閣

　左は鹿苑寺にある**金閣**だよ。3代将軍**足利義満**が建てたものだ。

　右は8代将軍**足利義政**がつくった慈照寺の**銀閣**だ。金閣に代表される足利義満のころの文化を**北山文化**，銀閣に代表される足利義政のころの文化を**東山文化**というよ。

　さて，上の2つの建物を比べてみよう。気づくことはあるかな？

「先生。金閣のほうが派手，銀閣はなんだか地味に見えます。」

　うん。北山文化は豪華で派手で，東山文化は簡素で深みがあるということ。

　この時代の文化は，華やかな公家の文化と強くてたくましい武士の文化，それに禅宗の影響が入り混じった文化といえるね。

　そして，この禅宗の影響がだんだん強まって，東山文化では「**わび**」「**さび**」といわれるものに「美しさ」を見いだす思想がうまれる。これは現在の日本文化にも受け継がれている特徴のひとつだよ。

「先生，『わび』『さび』って何ですか？」

　「わび」は，派手なものより地味なもの，簡素なもののほうが美しいという考え方だ。

　「さび」とは，古くて枯れたものを美しいと評価する考え方だね。

それではここで問題。次の絵は**水墨画**といわれるものだ。墨を使ってえがかれていて，色が白と黒しかないよね。これは北山文化のものだと思う？　それとも東山文化のものだと思う？

「う～ん，私はこの絵に『わび・さび』を感じます。ということは，東山文化ですか？」

▲秋冬山水図

そのとおり。**雪舟**という人がえがいたものだ。彼は，明に渡って絵の修業を重ね，水墨画を大成した人物。

さて，ここからは銀閣を詳しく見ていこう。銀閣のある慈照寺の，**東求堂**という建物の中に**同仁斎**と呼ばれる足利義政の書斎があるよ。この書斎は**書院造**の代表例として有名なんだ。書院造とは，禅宗の寺院の建築様式を武家の住まいに取り入れた建築様式だ。次の絵の下の部分に何が見える？

（模写）

◀書院造
（東求堂同仁斎）

「畳がしきつめられていますね。」

正面や右側には何が見える？

「障子が見えますね。障子を開けると庭園が見えています。正面はテーブルのようになっています。」

そうだね。書院造の「書院」とは，もともと禅宗の僧が勉強する部屋なんだ。正面の机のようなところは，書物などを読むためのもの。写真の左側には，ふすまが見えるよね。ふすまで部屋を仕切り，畳をしきつめ住みやすくしている。障子を使って，昼間は太陽光を室内に入りやすくし，書物などを読みやすくしているわけだ。

正面の左には何が見える？

「棚のようなものが見えますね。」

そうだね。棚には生け花を飾った。

「先生，これは現在の和室とほぼ同じですね。」

そうだよ。室町時代につくられた書院造こそ，現在の和風建築のもとなんだ。

★ Point　室町時代の文化の特徴

- **北山文化**…**足利義満**の時代。公家と武士の文化に禅宗の影響が加わった。**金閣**に見られる豪華なイメージ。
- **東山文化**…**足利義政**の時代。禅宗の影響が強くなる。**銀閣**に見られる質素なイメージ。わび・さびを感じる。
- **観阿弥　世阿弥**父子が**能（能楽）**を大成。生け花や茶の湯が広まる。**雪舟**が**水墨画**を大成。慈照寺の**東求堂同仁斎**は，現在の和風建築のもとになった**書院造**の代表例。

☑CHECK 9   つまずき度 ❗❗❗❗❗   ➡ 解答は別冊 p.023

次の文の（　　）に当てはまる語句を答えなさい。

(1) 1334年，後醍醐天皇は（　　）の新政と呼ばれる天皇中心の新しい政治を始めたが，（　　）をないがしろにしたため，失敗に終わった。

(2) 1338年，（　　）は征夷大将軍となり，（　　）幕府を開いた。

(3) 1392年，（　　）によって，南北朝が統一された。彼は（　　）貿易を始めた。また（　　）閣をつくった。このころ栄えた文化を（　　）文化という。

(4) 1467年，（　　）の乱が起こった。このときの室町幕府の将軍は，足利（　　）である。彼は（　　）閣をつくった。このころ栄えた文化を（　　）文化という。

(5) 室町時代の三大一揆は，1428年の（　　）の土一揆，1485年の山城国一揆，1488年の（　　）の一向一揆である。

(6) 応仁の乱のあと，下の身分の者が，実力によって上の身分の者を倒す風潮が強まった。これを（　　）という。

(7) 慈照寺の東求堂同仁斎は，現在の和風建築のもとになった（　　）造の代表例である。

10章

安土桃山時代

　安土桃山時代は，西洋と日本が出会う時代ともいえる。世界の歴史では，4世紀末にローマ帝国の公認となったキリスト教（カトリック教会）勢力と，7世紀以来拡大したイスラム勢力が，8世紀になって対立していたんだ。

　「8世紀といえば日本では奈良時代などですね。」

　そう。イスラム世界では数学・天文学・地理学など様々な学問が発達していた。これが，ヨーロッパのキリスト世界に大きな影響を与え，やがて日本にも衝撃を与えるんだよ。

　「西洋と日本が，どんなふうに出会うのか楽しみです。」

10-1 大航海時代のヨーロッパ

十字軍の遠征の影響とは？

　安土桃山時代は、ヨーロッパの人々が日本にやってきた時代だよ。まず、世界の動きに目を向けてみよう。11世紀には、イスラム勢力がエルサレムを占領していた。そこで、カトリック教会のトップである**ローマ教皇（法王）**の号令で、11世紀から13世紀にかけて**十字軍**が結成され、聖地エルサレムを取り返そうとした。

「十字軍の遠征は成功したんですか？」

　一時的には聖地エルサレムを取り返すことができたけれど、結局、エルサレムはイスラム勢力に支配されてしまった。

　問題なのは、**十字軍の遠征失敗の影響**だ。どんな影響があったと思う？

「ローマ教皇の指示に従ったのに、十字軍はうまくいかなかったんですよね？」

▲十字軍の進路

　そうなんだ。十字軍の遠征失敗により、カトリック教会およびローマ教皇の権威が低下したんだ。

「十字軍は東のほうに遠征したわけですよね。それじゃあ、東方の文化を知ることができたんじゃないでしょうか。」

するどいね。イスラムの文化がヨーロッパの国々に広まり，古代ギリシャ・ローマの文化が見直されることとなったよ。

★ Point　十字軍の遠征の影響

● **十字軍**の遠征の失敗で，**カトリック教会およびローマ教皇の権威が低下**した。
● イスラムの文化がヨーロッパの国々に広まり，古代ギリシャ・ローマの文化が見直された。

10章 安土桃山時代

世の中を変えたルネサンスの三大発明

　さて，前に話したようにカトリック教会の権威が低下したことで，人々の中には教会のいいなりになるだけではなく，自分の目で見て判断しようとする考えがうまれてきた。そして，もっと自分自身を見つめて，一人一人の個性を尊重し，人間性を大切にする新しい文化の動きがおこった。この動きは14世紀に**イタリア**の各都市からおこり，16世紀にかけて西ヨーロッパでさかんとなった。古代ギリシャ・ローマの文化を学び直すことから始まったので，この動きを**ルネサンス（文芸復興）**と呼ぶよ。

「十字軍の遠征の失敗が，ルネサンスのきっかけとなったんですね。ルネサンスっていうのは，どこの国のことばですか？」

　「再生」「復活」などを意味するフランス語だよ。古代ギリシャ・ローマの文化を復興しようというわけだね。

「先生。ルネサンスは，どうしてイタリアから始まったんですか？」

　それを話すとちょっと長くなるんだけど，当時，手っ取り早くお金持ちになりたいなら，どうすればよかったか知っているかな？

こしょうなどの香辛料を売ればいいんだ。当時のヨーロッパでは、こしょうは同じ重さの金と同じ価値だったといわれているよ。

「なぜこしょうは価値が高かったんですか?」

ヨーロッパの人たちは、肉をたくさん食べるよね。その肉を保存するためには、当時こしょうなどの香辛料がどうしても必要だったんだ。それにこしょうは調味料としても肉のくさみを消して、おいしくしてくれるよね。もし、こしょうなどの香辛料がなかったら、肉の味付けはどうなると思う?

「塩味だけになります。それじゃ、あきちゃいますよね。」

うん。しかし、こしょうなどの香辛料は当時アジアにしかなかったんだ。アジアでつくられたものは、右の地図にある経路でヨーロッパに運ばれた。

▲香辛料などを運んだ経路

「インドやオスマン帝国、イタリアを経てヨーロッパに運ばれていますね。ヨーロッパにとって、イタリアが東西交流の窓口だったっていうことですか?」

そうだよ。東方の文化の窓口であったため、イタリアはルネサンスの中心の国となったわけだ。

また、交易のルート上のイスラムやイタリアの商人はもうかった。イタリアにはたくさんのお金が蓄えられた。これもイタリアがルネサンスの中心となった理由のひとつだ。芸術や科学にはお金がかかるから、芸術家や科学者を援助する人が必要なんだ。イタリアの商人が芸術や科学の援助をしたんだ。ルネサンスにより、科学は大いに発達した。そして、世の中を変えたルネサンスの三大発明がなされるよ。

「先生，何が発明されたんですか？」

火薬，**羅針盤**，**活版印刷**だ。火薬の発明により，強い武器ができた。また，羅針盤により海洋でも方位がわかるようになったため，遠い海まで航海に出られるようになった。さらに活版印刷によって，本の値段が 10 分の 1 になったといわれるよ。これで，庶民でも本が買えるようになったわけだ。

★ Point　ルネサンスの影響

- イタリア商人がこしょうなどを売ることでたくさんのお金を手に入れた。⇒芸術や科学の発展の助けとなって，**ルネサンス（文芸復興）**が起こる。
- ルネサンスの三大発明……①**火薬**により，強い武器ができる。
  ②**羅針盤**によって，遠くまで航海に出られる。
  ③**活版印刷**によって，庶民でも本が買えるようになる。

大航海時代の幕開け！

特に羅針盤の発明は歴史を大きく動かした。スペインやポルトガルは羅針盤を使い，船でアジアの国々へ行って，直接こしょうを買いつけたいと考えるようになったんだ。

「もし，航海の途中で戦いになっても火薬があるから，そう簡単には負けませんよね。」

そうだね。また，当時のヨーロッパの人たちにとって，アジアにはこしょう以外の魅力もあった。イタリアのベネチア出身で，13 世紀に中国を訪れた**マルコ゠ポーロ**は，『**世界の記述（東方見聞録）**』という旅の記録をまとめたんだけど…。そこには次のようなことが書かれていた。彼は当時のアジアのようすをヨーロッパに伝えたんだ。

世界の記述（東方見聞録）

ジパング（日本）の住民は礼儀正しい。彼らが持つ黄金は無限である。国王の宮殿は屋根も広間もみな黄金造りである。フビライはこの島を征服しようとして，大艦隊をこの島に向かわせた。

(一部要約)

もちろん事実ではないよ。

「しかし，これを読んだら，金を求めて日本，アジアに行きたくなりますよね。」

さらに，ローマ教皇もヨーロッパの国々の海外進出を強力に手助けした。**1517年**に**宗教改革**が始まったことが要因だよ。

「宗教改革って何ですか？」

1517年，財政に苦しんでいたカトリック教会は，**免罪符（贖宥状）**を売りに出した。免罪符とは「これを買えば罪が許される，天国に行ける」としたカトリック教会公認の証明書だ。しかし，「教会にお金を出せば罪が許され，天国に行ける」などとは聖書のどこにも書いていないと，ドイツの宗教家の**ルター**は激しく反発し，宗教改革が始まったんだ。ルターらは，信仰のよりどころは聖書であって，教会や教皇ではないとした。

ルターたちは活版印刷の技術を利用して，書物などで自分たちの主張を人々に伝え，たくさんの支持を得たんだ。

「お～‼ ここにもルネサンスの影響があったんですね。」

そうだよ。ルターたちはカトリック教会に対抗して，**プロテスタント教会**をつくった。

- 必勝暗記法 1 - 1517年，宗教改革が始まる

1 5 1 7
一言否とルター言い
ひとこといな

そのため，カトリック教会の勢力はかなり弱まった。そこで，カトリック教会はアジアやアメリカ大陸での布教に力を入れて，プロテスタント教会に対抗しようとしたんだ。例えば，熱心なカトリック教信者のロヨラやフランシスコ＝ザビエルなどは，**イエズス会**を結成した。イエズス会は海外への布教に力を入れて，カトリック教会を立て直すためにつくられた団体だ。こうしてカトリック教会は，カトリック教の信者が多いポルトガルやスペインの海外進出を積極的に支援したわけだ。ここから，いわゆる**大航海時代**が始まったよ。

「先生，当時の航海に危険はなかったんですか？」

当時の航海は，遭難や難破，敵からの襲撃，病気などにより，乗組員の生還率は20％にも満たないほどで，とても危険だったといわれている。

しかし，航海が成功して新航路が開拓され，新しい領土を手に入れられればたくさんの財産が手に入ったわけだ。健康を保ち困難にもめげず，能力があって運にも恵まれれば，貧しい人や地位の低い人でも一夜にして貴族と同じぐらいのお金と名誉を手に入れることができたわけなんだ。

> ### ★ Point　大航海時代となった理由
>
> - ポルトガルやスペインなどは，アジアの国々から直接こしょうなどを買いつけたかった。
> - ルネサンスによる羅針盤の発明も航海を助けた。
> - **「世界の記述（東方見聞録）」（マルコ＝ポーロ）**に「黄金の国ジパング」と記されていた。
> - **1517 年，ルター**などによる**宗教改革**が始まる。
>   ⇒カトリック教会は**プロテスタント教会**に対抗するため，**イエズス会**を結成し，海外への布教に力を入れる。
> - 新航路を開拓すれば，たくさんのお金と名誉が手に入った。

　新航路の開拓はまさに早い者勝ちだったから，ポルトガルやスペインを中心に人々は競うように航海に乗り出し，ヨーロッパに航海ブームが訪れたんだ。

「アジアを目指したんですね。」

　まず**1492 年**，スペイン国王の援助を受けた**コロンブス**が大西洋を横断し，**西インド諸島**に到達した。これがアメリカ大陸発見の糸口となったよ。右の絵の中央の人物がコロンブスだ。

▲コロンブスの西インド諸島への上陸

　また，**1498 年**ポルトガルの**バスコ＝ダ＝ガマ**がアフリカ大陸の喜望峰をまわって，インドに到達し，インド航路を発見した。

　さらに，1519 〜 1522 年にかけて**マゼラン**率いるスペインの船隊が世界一周を達成した。これにより，地球は丸いことが実証されたんだ。

　そして，ポルトガルはアジア貿易を独占し，スペインは南北アメリカ大陸のアステカ帝国，インカ帝国を滅ぼした。両国は過酷な植民地支配を行ったんだ。

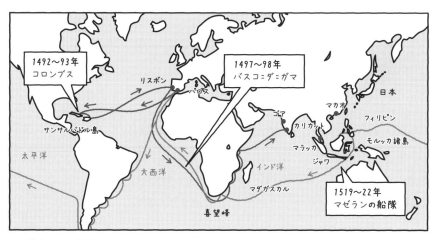

▲大航海時代の新航路

10-2 西洋との出会い

西洋と日本の出会い

　大航海時代のころ，日本では **1543 年，ポルトガル人**を乗せた中国船が難破して，**種子島**（鹿児島県）に流れ着き，**鉄砲**が伝わった。ここで歴史上初めて，日本人はヨーロッパの人と出会ったんだ。

- 必勝暗記法 2 - **1543 年，鉄砲が日本に伝わる**

1　5　4　3
一騎討ちなど，以後よさん
いっき　う　　　　　　いご

　1549 年には，**スペイン**の宣教師で**イエズス会**のフランシスコ゠ザビエルが**鹿児島**に来て，**キリスト教**を伝えた。フランシスコ゠ザビエルは右のイラストの人物だ。

▲フランシスコ゠ザビエル

「お～!! ヨーロッパの人たちが続々と日本に来航したんですね。」

- 必勝暗記法 3 - **1549 年，キリスト教が日本に伝わる**

1　5　4　9
以後よく見かけるキリスト教
いご

　さて，ヨーロッパの人たちが日本に与えた影響を見ていこう。第 1 に大名や商人は，スペインやポルトガルと貿易をしたいと願うようになった。

もうかったからねぇ。だから，スペインやポルトガルとの貿易がさかんになった。当時スペイン人やポルトガル人のことを**南蛮人**と呼んだので，この貿易を**南蛮貿易**というよ。

「先生，南蛮貿易ではどんな商品が取り引きされたんですか？」

ヨーロッパの**鉄砲**や中国産の**生糸**・絹織物などが輸入されたよ。日本からは**銀**などが輸出された。

銀こそ当時の日本の輸出品の中心だったといえるね。当時，最盛期を迎えていたのが島根県の**石見銀山**だ。

「石見銀山は当時の世界の銀流通の拠点だったから，世界遺産に登録されたんですよね。」

うん。ヨーロッパの人たちが日本に与えた影響について話を戻そう。第2は，鉄砲だ。当時の日本はまさに戦国時代。鉄砲が戦い方に与えた影響はとても大きいものだった。一騎討ちから，集団戦法に変わった。鉄砲の威力は絶大なものだったから，戦争の決着が早くつくようになった。

「鉄砲の使い方が上手な武将が天下をとりそうですね。」

右の写真は，江戸時代につくられたときのまま残っている**姫路城**の天守閣だ。天守閣にたくさん窓があるよね？

「はい。」

天守閣に敵が攻めてきたら，あの窓からいっせいに鉄砲を撃つわけなんだ。

(PIXTA)

▲姫路城

「なるほど。天守閣が大きければ，それだけ多く鉄砲での射撃が可能になって，守りが強くなりますね。」

　そうだね。ヨーロッパの人たちが日本に与えた影響の第3は**キリスト教**だ。仏教のほかに，新たな宗教が日本にも持ち込まれたことは大きかっただろうね。貿易の利益を重視した大名の中には，自らキリスト教の信者になる者もいた。彼らを**キリシタン大名**というよ。日本にも熱心なキリスト教信者がいることを知らせるために，使節をローマ教皇の下に派遣する大名（**有馬晴信・大友宗麟〔義鎮〕・大村純忠**）もいた。織田信長が死んだ年でもある1582年に派遣されたこの使節を，**天正遣欧少年使節**というよ。

★Point　西洋との出会いと影響

● スペインやポルトガルとの貿易（**南蛮貿易**）がさかんになった。
● 1543年，種子島に**鉄砲**伝来。⇒戦い方が集団戦法に変わった。
● 1549年，**フランシスコ＝ザビエル**が鹿児島で**キリスト教**を伝えた。

「先生。大航海時代を迎えたヨーロッパの人たちが日本に**南蛮貿易**，**鉄砲**，**キリスト教**という影響を与えたことがよくわかりました。当時はまさに戦国時代ですよね。この新しい動きを早く取り入れた人物が全国統一をなしとげるんじゃないですか？」

　そうだよ。南蛮貿易，鉄砲，キリスト教をうまく取り入れて利用した人物…，それが**織田信長**だ。

10-3 織田信長の政治

織田信長の政治はどのようなものだったの?

　1560年，駿河（静岡県）の大名の**今川義元**は，織田信長の領地の尾張（愛知県）に侵攻を開始した。これは京の都に上り，天下を取るためだったともいわれている。今川家といえば，室町幕府の守護だった名門だ。

　しかし，織田信長はこの**桶狭間の戦い**で今川義元を破った。これにより織田信長の名は天下に広まったよ。

▲織田信長

- 必勝暗記法 4 - 1560年，桶狭間の戦いで織田信長が
　　　　　　今川義元を破る

以後群れつくる織田信長
　い　ご　む

1　5　6　0

　次に，織田信長の視線は斎藤氏が支配する美濃（岐阜県）に向いていた。広く豊かな濃尾平野を支配して大きな利益を得るためだ。織田信長は斎藤氏を破り，濃尾平野を手に入れた。

　そして斎藤氏を滅ぼし，濃尾平野の支配に成功したことで，織田信長の力はかなり強大なものになった。

　1568年，織田信長は，自分を頼ってきた**足利義昭**を室町幕府の将軍にするという名目でついに京都に上った。そして足利義昭を室町幕府の15代将軍にしたんだ。このとき，足利義昭から**堺**（大阪府）の支配を許可された。

当時，堺は日明貿易や南蛮貿易で栄えた港だったんだ。また，**鉄砲の生産拠点**でもあったよ。堺は室町幕府から自治を認められていて，周りには敵の侵略を防ぐための堀があった。しかし，織田信長により自治権を奪われ，織田信長が堺を治めるようになった。これにより，織田信長は何を得たと思う？

「貿易の利益を握りましたね。」

「**鉄砲**もですね。」

そうだね。さて，京都を支配した織田信長だけど，周囲は敵ばかり。

近江（滋賀県）の浅井長政，越前（福井県）の朝倉義景，甲斐（山梨県）などの武田信玄，安芸（広島県）などの毛利輝元，そして仏教勢力の比叡山延暦寺（滋賀県），石山本願寺（大阪府）などが，特に織田信長に敵対したよ。

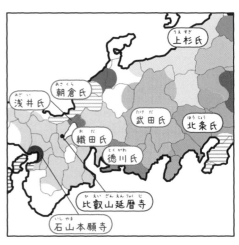

▲ 1570 年ころの大名勢力図

そこで織田信長は，**1571 年**自分のいうことを聞かず，浅井氏や朝倉氏に味方する比叡山延暦寺を焼き討ちにしたんだ。

- 必勝暗記法 5 - 　1571 年，織田信長が延暦寺を焼き討ちにする

1 5 7 1
以後ない延暦寺
い　ご

さらに 1570 〜 1580 年にかけて，織田信長は自分に抵抗した**一向宗**

（**浄土真宗**）の勢力と各地で戦い, 約 10 年かけてその中心の**石山本願寺**（大阪府）を降伏させた。

　また, このような仏教勢力に対抗するため織田信長はキリスト教を保護したんだ。さて, 浅井氏や朝倉氏を滅ぼし, 勢力を強めた織田信長は, **1573 年**自分に敵対した将軍の**足利義昭**を追放する。室町幕府は滅んだんだ。

- 必勝暗記法 6 - **1573 年, 室町幕府が滅びる**

1 5 7 3
以後なみだの室町幕府

　ところが, 1575 年武田氏が織田氏の同盟国の徳川氏の領土に侵入してきた。そこで, 織田・徳川連合軍はこれを迎え撃ち, 現在の愛知県にある長篠というところで決戦が行われた。これを**長篠の戦い**と呼ぶよ。当時, 武田氏の騎馬隊は最強といわれたけれど, 織田・徳川連合軍は, それに対してどう対抗したのだろう？　次の絵を見てみよう。

（徳川美術館所蔵
©徳川美術館イメージアーカイブ/DNPartcom）

▲長篠の戦い

　まずどちらが織田・徳川連合軍かな？　右側？　左側？

「騎馬隊は右側です。だから，右側が武田軍ですね。鉄砲をいっせい
に撃つ織田・徳川連合軍の前に，武田氏の騎馬隊は折り重なって戦
死しているみたいですね。」

そうだね。織田信長は鉄砲を大量に使用する新しい戦術で，戦国最強と
いわれた武田氏の軍勢を打ち破ったんだ。

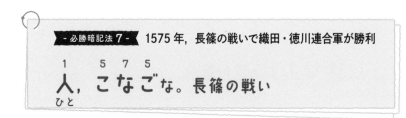

長篠の戦いで有力な家臣の大多数が戦死した武田氏は衰え，織田・徳川
連合軍に攻められ，ついには 1582 年に滅亡する。

「最強の敵に勝って，織田信長の前にはほとんど敵がいないんじゃな
いですか？」

うん。長篠の戦いの翌年，織田信長は琵琶湖（滋賀県）のほとりに壮大
な天守閣をもつ**安土城**を築き，自らの大きな力を示した。安土には自分の
家臣たちも移住させたよ。そして自らが支配する城下町の安土で，革新的
な政治を行う。

織田信長は市についての税をなくしたり，座の特権を廃止したりしたよ。
この政策を**楽市・楽座**という。また，信長は関所も廃止した。関所は，寺
社や公家に通行税を支払う場所だよ。通行税を支払わなければ道を通れな
かったんだ。当時は関所がとても多く，例えば淀川は滋賀から京都，そし
て大阪に流れる川だけど，川沿いの関所の数はなんと約 400 か所もあった
んだ。

「400か所もあるんじゃ，お金も時間もすごくかかりますね。こういうものを信長は廃止したんですね。えらいと思います。」

信長が楽市・楽座を認めたり，関所を廃止したりしたのはなぜだと思う？

「楽市・楽座により誰でも自由に商売ができますよね。それに関所が廃止されたら，ものの輸送がさかんになります。」

そうだね。どんどんお金と商品が循環して，経済が発展していく。これは織田信長が人々をより豊かにすることで，支持を集めようとしたものだと考えられるよ。安定した政治のためには，民衆の支持が不可欠だからね。ほかにも目的はなかっただろうか？ 楽市・楽座，あるいは関所の廃止で損をする人のことを考えてみてごらん。

「損をするのは市や座，関所からお金が入ってこなくなった公家や寺社ですよね。」

「わかりました。織田信長は楽市・楽座，関所の廃止により，公家や寺社の勢力を弱めようとしたのではないですか？」

そうだね。公家や寺社は信長にいつ反抗するかわからないからね。つまり，信長は武士だけによる日本の支配を目指したのだろう。
　さて，強大な力をつけた信長の敵は，中国地方を支配していた毛利氏などわずかになっていた。
　そして中国地方に向かうため，**京都**の**本能寺**でわずかなボディーガードとともに宿をとった。このとき，信長の家臣であった**明智光秀**の裏切りにより，信長は自害に追い込まれる。ときに1582年のことだ。この事件を**本能寺の変**というよ。
　織田信長は全国統一を果たせずに，亡くなってしまう。信長の政治は，

後継者の豊臣秀吉に受け継がれることになるよ。

★ Point　織田信長の政治

- 桶狭間の戦いや長篠の戦いで勝利。**室町幕府を滅ぼす。**
- 堺（大阪府）を支配し，南蛮貿易の利益と**鉄砲**を手に入れる。
- 安土で**楽市・楽座**を行う。商工業の発展を目指す。
- **関所を廃止する。**商工業を保護する。
- 仏教勢力に対抗するために，**キリスト教を保護する。**

10-4 とよとみひでよし 豊臣秀吉の政治

全国統一をなしとげた豊臣秀吉

さて，主君の織田信長のかたきである明智光秀を討ったのが**羽柴秀吉**，のちの**豊臣秀吉**だった。右の人物だ。

彼は低い身分の出身だった。しかし織田信長にその才能を見いだされ，ついには織田家の重臣，つまり最高幹部の一人になったんだ。

▲豊臣秀吉

「身分にとらわれない人材の登用も織田信長のすごいところですね。」

そうだね。秀吉は明智光秀を討ち，信長のかたきをとることに成功した。

また，**賤ヶ岳の戦い**（滋賀県）において，織田家の家老で一番えらかった柴田勝家に勝ち，滅ぼした。これにより，秀吉は信長の後継者としての地位を確立し，**大阪城**を本拠地に全国統一に乗り出すよ。

さて，彼の全国統一の最強の敵は**徳川家康**だった。

しかし，小牧・長久手の戦いの後，家康は次男を人質として秀吉に差し出し，秀吉に従った。

そして，家康を従えた効果は大きかったんだ。

その実力を天皇も認め，秀吉は1585年，天皇の代理で政治を行う**関白**，そして1586年には，最高の位である**太政大臣**に任じられた。さらに天皇から「豊臣」という姓をもらい，**豊臣秀吉**と名乗るようになったんだ。

「これをもって，豊臣政権が成立したといってもいいんですかね？」

そうだね。

「天皇の権威を押し出して，全国統一を目指すのが秀吉の作戦だったということですね。」

　うん。そして豊臣秀吉は **1590 年**，小田原の北条氏を攻めた。また，同じ年に伊達氏など奥州の大名らを降伏させ，**全国統一をなしとげたんだ。**

- 必勝暗記法 8 - **1590 年，豊臣秀吉が全国統一をなしとげる**

１５９０
豊臣秀吉，戦国王
せんごくおう

　次に，秀吉の政治を見ていこう。全国の土地と農民を支配し，年貢を確実に納めさせるためには，耕作している農民の名前，田畑の面積や土地のよしあし，米の取れ高（**石高**）をはかる必要があるよね。1582 年以来，豊臣秀吉は検地を**全国共通の基準**で行った。**太閤検地**ともいうよ。これにもとづいて，武士が土地と人民を直接支配するようになったので，公家や寺社の土地，つまり荘園は無くなったわけだ。

「耕作している農民の名前を調べたということは，農民は石高に応じて絶対に年貢を納めなければならない立場に追いやられたっていうことじゃないですか。名前がわかっている以上，逃げることはできないですよね。」

　そういうことだね。しかし，言い換えれば，検地で記録された農民にはその土地の耕作権（農民がその土地を耕作する権利）も保証されたということだ。検地は農民にとってよい面とよくない面があったといえるだろう。**1588 年**に秀吉は**刀狩令**を出したよ。

　刀狩の目的は農民に武器を捨てさせることで農業に専念させ，一揆を起こさせないようにすることにあった。農民には取り上げた武器からくぎなどをつくり，大仏をつくるのに使うと説明した。だから，武器を差し出せ

ば極楽にいけるというわけだ。

- 必勝暗記法 9 - 1588 年，豊臣秀吉が刀狩令を出す

1 5 8 8
以後は刀物を禁止する
いご　　　はもの　　きんし

検地と刀狩によって，農民の立場はどのようなものになったかな？

「検地で農民は耕作権を保証されたかわりに，その土地から離れられ
なくなったわけですよね，武士に対して決められた年貢をしっかり
納めなければいけなくなります。」

「そして刀狩で農民は武器を奪われ，一揆を起こすことができなく
なったんですよね。」

　そうだね。つまり農民と武士は身分が違い，農民は武士に支配される存
在であることをはっきりさせたんだ。これを**兵農分離**というよ。兵農分離
は歴史のターニングポイントとされている。朝廷・公家・寺社に土地を支
配させず，武士の政権だけが土地を支配したことをもって，時代区分のう
えで**中世**が終わり，**近世**が始まったとされるよ。織田信長の理想は，豊臣
秀吉が実現したんだ。

「先生。豊臣秀吉が織田信長の理想を実現したことがよくわかりまし
た。宗教の面でも，秀吉はやはり信長と同じようにキリスト教を保
護したんですか？」

　初めのうちは信長の政策を引き継ぎ，キリスト教の布教を認めていた。
しかし 1587 年に，**宣教師追放令（バテレン追放令）**を出して，キリスト
教の布教を禁止したよ。

「なぜ，突然政策を変えたんですか？」

　実は1586年に，秀吉は天下統一の敵対勢力を倒すために九州に向かったんだけど，キリスト教の勢いがとても強いことを知ったんだ。そこから，キリスト教の信者が団結して一揆を起こしたら大変だと考えたのかもしれないね。しかし，南蛮貿易の利益は得たかったので貿易は進めたわけだ。

「でも，それじゃあ，貿易のための船に宣教師が忍び込むこともできただろうから，あまり意味がないんじゃないですか。」

　そうだね。だから，キリスト教の布教の禁止は徹底できなかった。
　さて，秀吉は日本を統一しただけでは満足せず，中国（明）のことも支配したいと考えた。そこで，朝鮮（李氏朝鮮）に中国に攻め入る際に日本軍を先導するように要求した。中国を支配することは織田信長の考えだったらしいよ。秀吉は，ここでも信長の理想を実現しようとしたのかもしれないね。

「朝鮮にとってはまさに話が急すぎて，よくわからないといったところでしょうね。」

　当然，朝鮮は先導を断った。そこで豊臣秀吉は名護屋（佐賀県）を拠点として，二度にわたり朝鮮に大軍を送ったんだ。1回目は**1592年**のことで，これを**文禄の役**というよ。2回目は**1597年**のことで，これを**慶長の役**という。

- 必勝暗記法10 - 　1592年，豊臣秀吉が朝鮮出兵（文禄の役）

１５９２
異国に侵入，文禄の役
い こく

「朝鮮侵略は成功したんですか？」

　明と朝鮮の連合軍の激しい抵抗を受け，朝鮮侵略は失敗に終わった。このとき，朝鮮に渡った各大名は朝鮮から陶工（とうこう）を日本に連れて帰ったんだ。陶工とは，陶器をつくる人のこと。これにより，有田焼（ありたやき）・伊万里焼（いまりやき）などが日本でつくられるようになった。また儒学者（じゅがくしゃ）も連れ帰り，日本で儒学が広まったよ。

「朝鮮の進んだ文化が日本に入ってきたんですね。」

　そうだね。しかし，1598年に秀吉が亡くなると朝鮮出兵は中止され，日本軍は朝鮮から引き上げたよ。

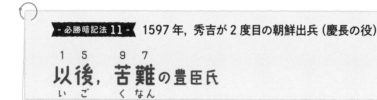

- 必勝暗記法 **11** - 1597年，秀吉が2度目の朝鮮出兵（慶長の役）

1　　5　　9　7
以後，苦難の豊臣氏
い　ご　　く　なん

　文禄の役・慶長の役に出兵した大名たちは，苦しい戦いをしたにもかかわらず得るものがなかったので，豊臣家は支持を失ったといえるだろう。

「秀吉が亡くなったあとは，誰が豊臣氏を継いだんですか？」

　息子の豊臣秀頼（ひでより）だよ。しかし当時，豊臣秀頼は5歳（さい）だった。秀吉は秀頼の後見人として，徳川家康を指名して亡くなったのだけど，家康は次第に豊臣家をないがしろにして，自分が天下をとる姿勢（しせい）を示した。

「家康としては，すごくチャンスですよね。豊臣秀頼は幼い（おさな）ですし，朝鮮出兵の影響で豊臣家は各大名からの信用をなくしているわけですよね。」

　そのとおり。豊臣家をないがしろにする家康の姿勢に激しく反発したのが，**石田三成**という豊臣家の家臣だ。

　そして，**1600 年**，関ヶ原（岐阜県）で，豊臣氏を守ろうとする**石田三成**を中心とした**西国**の大名の軍勢と，**徳川家康**を中心とした**東国**の大名の軍勢との間で，**関ヶ原の戦い**が起こった。東軍約 10 万人，西軍約 8 万人の兵士が激突する戦いで，「**天下分け目の戦い**」といわれたよ。

　そして，東軍が大勝したんだ。

　「ということは，以後，徳川家康が全国を支配することになるんですね？」

　そうだね。武士だけによる土地の支配，武士だけによる政治を実現した豊臣秀吉だけど，その体制は息子の豊臣秀頼ではなく徳川家康が引き継ぐことになったんだ。そして，この情勢を次のように記した人もいたらしい。19 世紀半ばの落首（落書き）だよ。

---

19 世紀半ばの落首

織田がつき羽柴がこねし天下餅　すわりしままに食うは徳川

　「どういう意味ですか？」

　（織田）信長が苦労して戦乱の世を終わらせようと，全国統一事業を進めた。それを受け継いだ（羽柴）秀吉がやっと全国統一（天下餅）をなしとげたが，（徳川）家康が何の苦労もなくそれを引き継いだと詠んだものだ。信長や秀吉が苦労して築いたものを，家康がいとも簡単に手に入れたといっているわけだね。

★ Point　豊臣秀吉の政治

- 天皇に認められ，**関白・太政大臣**となり，**豊臣**の姓をもらった。
- **1590 年**，北条氏を倒すなどして，全国統一をなしとげる。
- **検地（太閤検地）**にもとづいて，武士が土地と人民を直接支配する。
- **刀狩令**を出して，農民から武器を取り上げ，一揆を防ぐ。
- 検地と刀狩により，**兵農分離**を実現する。
- 2 度の朝鮮侵略……1592 年の**文禄の役**，1597 年の**慶長の役**。
- キリスト教を初めは保護したが，のちに**宣教師追放令（バテレン追放令）**で布教を禁止。しかし，南蛮貿易は進め，布教の禁止は徹底できなかった。

10-5 安土桃山時代の文化
あづちももやま

壮大で豪華な桃山文化

　さて，ここで安土桃山時代の文化について勉強しよう。安土桃山時代に栄えた文化を**桃山文化**というよ。桃山文化は，壮大で豪華なイメージが特徴だ。桃山文化を代表するのが次の**狩野永徳**の**「唐獅子図屏風」**だ。

（宮内庁三の丸尚蔵館）

▲唐獅子図屏風（狩野永徳画）

「力強いですね。豪華な感じがします。」

　うん。**障壁画**と呼ばれる豪華な絵が多くえがかれたよ。芸能でも，**出雲の阿国**は出雲（島根県）から京都などに行き，派手な男の格好をして踊って，人気を集めた。この踊りを阿国歌舞伎（歌舞伎踊り）というよ。のちに**歌舞伎**へと発展した。

「先生。桃山文化では，室町時代の『銀閣』に代表されるような質素な『わび・さび』の文化は流行しなかったんですか？」

いやいや。「わび・さび」を感じられる文化もあったよ。このころ，堺の大商人の家にうまれた**千利休**は豊臣秀吉に仕え，**茶道**を大成させた。彼の理想が「わび茶」だよ。

★ Point　安土桃山時代の文化の特徴

- 壮大で**豪華な桃山文化**が栄える。
- **狩野永徳**がえがいた**「唐獅子図屏風」**などの**障壁画**。
- **出雲の阿国**が始めた**阿国歌舞伎（歌舞伎踊り）**。
- **千利休**が茶道を大成する。

☑ CHECK 10　（つまずき度 !!!! ）　➡ 解答は別冊 p.023

次の文の（　）に当てはまる語句を答えなさい。

(1) （　）軍の遠征の失敗で，カトリック教会およびローマ教皇の権威が低下した。しかし，古代ギリシャ・ローマの文化が見直され，（　）教の影響を受けた文化がヨーロッパに入ってきた。

(2) ルネサンスの影響や，ルターなどが中心となって1517年から始まった（　）の影響を受けて，ヨーロッパは（　）時代を迎えた。

(3) 1543年，ポルトガル人が種子島（鹿児島県）に漂着し，（　）を伝えた。

(4) 1549年，スペイン人のフランシスコ＝（　）が鹿児島に上陸し，（　）教を伝えた。

(5) 織田信長は安土で（　）・（　）を行い，公家や寺社の特権を奪うとともに，安土の経済を発展させようとした。

(6) 織田信長のあとを継いだ豊臣秀吉は，土地と人民を直接支配するため，（　）を行った。また，農民が一揆を起こさないように（　）令を出した。これで武士と農民の身分をはっきり区別する兵農分離が進んだ。

(7) 1600年，徳川家康率いる東軍が石田三成を中心とする西軍を破り，徳川家康が政権を獲得した。これを（　）の戦いという。

江戸時代

　耐えに耐えてようやく政権を手に入れた
徳川家康。彼は徳川永久政権をつくろうと
したといわれているよ。そのために数々の
しくみをつくったんだ。

「江戸時代は，1603年から1867
年までの，約260年間なんですね。
確かに長いです！ でも，さすがに
永久というわけにはいきませんよ
ね。」

　そうだね。それは，家康がつくった「数々
のしくみ」のせいでもあるんだ。

「それってつまり，時代の流れに取
り残されたということ…!? しくみ
の中身を早く知りたいですね。」

11-1 徳川長期安定政権のために

どうやって「邪魔もの」を排除したの？

　関ヶ原の戦いで勝利した**徳川家康**は，1603年，朝廷から征夷大将軍に任命された。ついに，朝廷からも武士のリーダーとして認められたんだ。そして**江戸幕府**をつくった。右が徳川家康だよ。

▲徳川家康

- 必勝暗記法 1 - 1603年，徳川家康が征夷大将軍となる

ヒーロー，おっさん 徳川家康

　家康は，幼いときは今川義元の人質として過ごし，織田氏・豊臣氏に仕えてきて，江戸幕府をつくるまで苦労に苦労を重ねてきた。

　しかし，ついに政権を取ったんだ。以後，1867年まで徳川氏による政権が続くことになる。この時代を，江戸に幕府があったため江戸時代と呼ぶよ。

　江戸幕府が長期政権だったことがわかるよね。

　さて，家康は，徳川長期安定政権をつくろうとした。そのための第1の障害となったものは何だと思う？

「やはり**豊臣氏**ですか。」

　そのとおり。家康は形式上はまだ，豊臣氏の家来だった。当時，豊臣秀

吉の息子の豊臣秀頼は，東洋一の要塞ともいわれた大阪城にいた。秀吉に世話になってきて，いまだに豊臣家を大切に思う大名もたくさんいたんだ。徳川長期安定政権のためには，豊臣氏をなんとかしなくてはいけなかった。

　そこで，1614年の**大阪冬の陣**，1615年の**大阪夏の陣**という2度にわたる戦いにより，徳川家康は豊臣氏を滅ぼした。

★Point　江戸幕府の成立

- 1603年，徳川家康が**征夷大将軍**となる。
  ⇒**江戸幕府**がスタート。
- 1614年の大阪冬の陣，1615年の大阪夏の陣で**豊臣氏**を滅ぼす。

　さて，徳川長期安定政権のために，ほかにもどういう人たちを抑えなくてはいけなかったと思う？　これまで武士政権が滅びてしまった原因を考えれば，答えがわかるんじゃないかな。

「平氏の政権も鎌倉幕府も，天皇の号令のもと立ち上がった武士によって滅ぼされていますよね。」

「室町幕府の権力が衰えたのは，各地の大名が室町幕府に従わなくなっていったのが原因でした。」

「ということは，**武士・大名や朝廷の統制**が重要ですよね。」

　そのとおり。ほかにも抑えておきたいことはないかな？　武士の富はどこからうまれるかを考えてみて。

「税を武士に納めるのは，農民です。だから，**農民の統制**も大事だと思います。」

徳川長期安定政権のために，何をすべきかがだんだん見えてきたね。ほかにもすべきことはないかな？　例えば，織田信長を苦しめたものに心あたりはない？

「そうか!!　一向宗です。**宗教をどう扱うか**も課題ですね。」

「足利義満が日明貿易で大もうけしたように，貿易のしくみも整えたいところですよね。」

「**交通網が整備されること**で，人々は移動しやすくなるし，物資も運びやすくなりますよね。そうすれば経済も発展すると思います。それに，幕府に反抗する者が出たとき，すぐに制圧する軍勢を送ることもできます。」

そうだね。徳川氏は，それまでの武士政権のよい点，悪い点を徹底的に分析して，江戸幕府のしくみをつくっていった。

それでは江戸幕府のしくみを勉強していこう。

どうやって大名や武士を支配したの？

まず，大名や武士の統制について見てみよう。次のページの地図を見てごらん。気がついたことを自由に言ってみて。

「次のページの地図で，**御三家・親藩・譜代大名・外様大名**って書いてありますけど，それぞれどういう人たちなんですか？」

次の地図で，まず**大名**とは，将軍に従った１万石以上の領地を持つ武士のことだね。各大名は，領地の統制・政治を行う責任を負った。大名の領地とその領地を治めるしくみを**藩**と呼んだ。例えば，島津氏は薩摩（鹿児島県）などを支配していて，島津氏の支配する領域を薩摩藩と呼んだ。

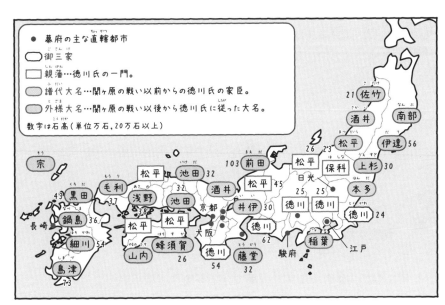

▲1664年ごろの大名配置

「江戸幕府の体制は，日本を各藩に分けて統治するものだったんですね。」

　そう。幕府は，各藩に領国の自治を広く認めていた。このように幕府と藩が土地や人々を統括する政治を**幕藩体制**と呼ぶんだ。

　次に，**親藩**とは徳川氏一族の大名のことだよ。親藩の中でも，紀州徳川家，尾張徳川家，水戸徳川家は**御三家**といわれ，最高の家格とされた。江戸の徳川本家が絶えた場合，御三家から次の将軍を出すことになっていたんだ。

「つまり，将軍家の予備ですね。」

　そういうこと。**譜代大名**は，関ヶ原の戦い以前から徳川氏の家臣だった大名だね。**外様大名**は，関ヶ原の戦いのあとに徳川氏に従った大名のこと。譜代大名は，家康が苦労していたときからの味方だから，幕府も信用できただろう。

「もし，江戸幕府に反抗する人たちが出てきた場合，譜代大名は江戸幕府の味方になる可能性が高いわけですね。」

　そう。これに対して，外様大名は徳川氏との縁が浅く，あまり信用できない。

　このことをふまえたうえで，もう一度前ページの地図を見てみよう。気づくことはないかな？

「江戸の近くに親藩・譜代大名が，江戸から遠いところに外様大名が配置されていますね。」

　そうなんだ。幕府に忠実で信用できる親藩や譜代大名を江戸の近くに置いた。外様大名が幕府に反抗して，江戸に攻め入ろうとしても，まず江戸周辺や各地の要所に置かれた親藩・譜代大名の防衛線を突破しなければならないということだね。

「東北地方や中国・四国地方に置かれている親藩・譜代大名もいるみたいですけど，これはなぜですか？」

　外様大名を監視するためだよ。そのために，あえて江戸から遠いところに置かれた親藩・譜代大名もいたんだ。

　ところで，幕府が直接支配した地域（直轄領）もあった。これを**幕領**と呼ぶよ。17世紀末〜18世紀初めに幕領は約400万石，全国のおよそ25％にもなったんだ。

「前ページの地図を見ると，幕領に親藩と譜代大名の領地も加えれば，外様大名が束になってかかっても江戸幕府にはかなわない感じですね。」

そうだね。201 ページの地図で，江戸幕府が直接支配する都市には，どんなところがあるかな？

「江戸・京都・大阪・長崎などの重要な都市が直轄都市ですね。」

江戸・京都・大阪は三都と呼ばれ，政治・経済・文化の中心地だった。そのほか，幕府は佐渡金山（新潟県）や石見銀山（島根県），生野銀山（兵庫県）や足尾銅山（栃木県）なども直轄としたんだ。

「幕府はやはり**鉱産資源**を押さえたかったんですね。」

そういうことだね。幕領には，**旗本**や**御家人**という直接の家臣を配置した。旗本は領地が 1 万石未満で将軍に正式に会える者，御家人は領地が 1 万石未満で将軍に会えない者をいうよ。

次にこれを見てみよう。

「**武家諸法度**」（一部要約）※1635 年に徳川家光が出したもの。

一、新しく城を築いてはならない。石垣などの修理は奉行所に届け出ること。

一、大名は幕府の許可なく，かってに結婚してはならない。

一、米 500 石を積むことができる船を建造してはならない。

一、大名は領地と江戸に交代で住み，毎年 4 月中に参勤せよ。

上は大名を統制するための決まりである**武家諸法度**の一部だよ。武家諸法度は，最初に 2 代将軍徳川秀忠の名前で出された。その後，3 代将軍**徳川家光**のときに，下の 2 つの決まりが加えられた。武家諸法度に違反した大名は改易（領地を没収し，藩をとりつぶす）したり，領地を替えたりして，厳しく罰したんだ。それぞれの決まりには，どんな狙いがあったと思う？ まず，1 つ目の「新しく城を～」について考えてみよう。

「城は大名が自分の藩を守るために必要ですから，城の工事は戦いに備えている可能性がありますよね。だから城を修理するときは幕府に届け出させることにしたんですね。」

　うん。2つ目の「大名は幕府の許可なく，かってに結婚してはならない。」という決まりはどうかな？

「大名どうしで結婚したら，夫と妻の家が親戚になって，両者が団結して幕府に反抗する可能性が出てくるからではないですか？」

　そのとおり。次に3つ目の「米500石を積むことができる船を建造してはならない。」という決まりの狙いは何だと思う？

「えーと…，船で大軍を送れないようにするためかなぁ？」

　それもあるね。ほかにも理由があるよ。大きな船があれば，外国に行って貿易ができただろうね。貿易ができるのは，江戸幕府だけにしたかったわけだ。

「なるほど。貿易の利益を幕府が独占するためですね。」

　そう。最後の「大名は領地と江戸に交代で住み，毎年4月中に参勤せよ。」はどうかな？　この制度を**参勤交代**というんだ。参勤交代は2つのことを義務づけていたよ。1つ目が大名の妻子は江戸に住むこと，2つ目が大名は1年おきに江戸と領地を往復することだね。大名の妻子を江戸に住まわせた理由は何かな？

「江戸にいれば，いつも幕府に監視されていることになりますね。」

　うん。つまり人質だったんだ。もし江戸幕府に反抗したら，妻子の命は

なかったわけだね。2つ目の「大名は1年おきに江戸と領地を往復すること」の狙いは何だと思う？ ヒントは交通費だよ。

「大名にお金を使わせたかったんですかね？」

そのとおり。大名にお金を使わせ，経済力を弱め，幕府に反抗できないようにするのが狙いだったんだ。下に秋田藩佐竹氏の参勤交代についてのデータを示しておくよ。

秋田藩佐竹氏の参勤交代に関するデータ

（1642年／現在のお金の価値）

人数…約1350人　馬…54頭　一晩の宿代…900万円

秋田から江戸までかかった日数…約12日間

片道の費用…1億円以上（川越代・予約金・土産代なども含む）

1日で進む距離…40km以上（徒歩）

「費用は片道1億円以上もかかったんですか!? 各大名にとっては，いたい出費だったでしょうね…。」

そうだね。ほかにも，江戸城を整備するときなどには全国の大名に人手や資金を分担させたんだ。

参勤交代の影響はこれ以外にもあったよ。参勤交代では，各大名が宿代として大金を支払っていたことがわかったよね。このおかげで宿場町が栄え，また交通網の整備にもつながったんだよ。

さて，ここからは幕府内部のしくみについて見ていこう。江戸幕府とその家来は御恩と奉公の関係で結ばれていた。これは鎌倉幕府以来の武士による政治の共通点だね。次ページの図を見てごらん。

「大老，老中，若年寄，江戸の行政や警察の役目を担う町奉行，幕府

の財政などを担当する**勘定奉行**などの役職があることがわかります。」

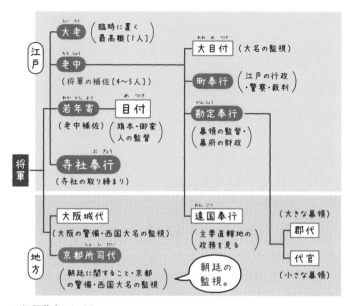

▲江戸幕府のしくみ

　うん。基本的にそのような役職は譜代大名や旗本などから選ばれ，外様大名から選ばれることはなかったんだ。しかし，外様大名は領地が広い者が多く，これでバランスをとっていた。さて，江戸幕府の中で実際に中心となって政治を行った役職は何かな？

「**老中**じゃないですか？　将軍の補佐をすると書いてあるので。」

　そうだね。江戸幕府は，ひとつの役職に2人以上を任命して交代で仕事をさせた。これは室町幕府と同じしくみだね。なぜだと思う？

「一人の人間に権力を集中させないためですか？」

　正解！

> **★.Point　江戸幕府による大名や武士の統制**
>
> - **外様大名**は江戸から遠いところに配置する，**親藩・譜代大名**に外様大名を監視させる，などたくみな大名配置を行った。
> - **幕領**（幕府の直轄領）を多くつくった。⇒全国のおよそ25％。
> - 佐渡金山や石見銀山などの**鉱産資源**を押さえた。
> - 大名を統制するための決まりである**武家諸法度**を出した。
>   ⇒3代将軍**徳川家光**が**参勤交代**の制度を義務化。
>   ⇒大名にとって大きな財政負担となった。
> - 将軍のもとに**老中**，若年寄，町奉行，勘定奉行などを置いた。

朝廷から口出しされないための策

さて，前ページの江戸幕府のしくみの図で，鎌倉幕府から学んだものはないかな？

「うーんと，**京都所司代**じゃないですか？　これって鎌倉幕府の**六波羅探題**と同じ役目ってことですかね。」

正解だね。江戸幕府は朝廷の動きにかなり注意を払っていた。京都に京都所司代を置き，朝廷や西国大名を監視したんだ。これに加えて，**禁中並公家諸法度**という決まりをつくって，天皇や公家の行動を制限し，朝廷が政治に口出しすることを禁じた。禁中とは，天皇の住む宮中のことだよ。

> **★.Point　江戸幕府の朝廷の統制**
>
> - 京都に**京都所司代**を置いて，朝廷や西国大名を監視。
> - **禁中並公家諸法度**を出して，天皇や公家の行動を制限。

どうやって農民を支配したの？

　次にどうやって農民を統制したのか見ていこう。次の江戸時代の身分別人口のグラフを見てみて。何か気づくことはないかな？

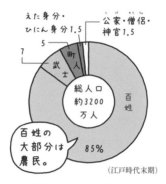

▲江戸時代の身分別人口

　「**百姓**が圧倒的に多いですね。」

　そう。百姓の多くは農民だね。農民が団結したら，武士も倒されるかもしれないよね。また，武士は農民からの年貢によって生活していたわけだから，安定して年貢をとれるようなしくみをつくらなければならない。

　そのために，幕府は身分制度を整え，人々を**武士・百姓・町人**に区別したんだ。そして武士を支配階級とする社会をつくった。武士は支配者として名字・帯刀を許された。武士は城下町に住み，物の生産・加工にかかわる職人や商人も町人として城下町に集まった。百姓の大部分は農民だったんだけど，漁業・林業などに従事する人もいたよ。また，百姓・町人とは別に，えた・ひにんという身分もあった。彼らは農業のほか，死んだ牛馬の処理，皮革製品づくり，罪人の世話などに従事することが認められていたよ。でも，いっぽうで住む場所や服装が制限されていたんだ。

　「身分が変わることはなかったんですか？」

　うん。身分は基本的に受け継がれていったよ。身分や家柄によって暮ら

しも違い，結婚も同じ身分どうしの者でなければならないという決まりがあったんだ。

　また，幕府は農民を取り締まるため，**五人組**という制度をつくった。これは農家5戸を1組として，年貢の納入や犯罪について，連帯責任を負わせるしくみなんだ。

「これじゃあ，負担がきついからといって自分だけ逃げるわけにはいきませんね。自分が逃げたら，ほかの人にも迷惑がかかりますもん。」

　そうだね。そして，百姓は自分の土地を持つ本百姓と，土地を持たない水のみ百姓に分かれていた。

　有力な本百姓は，庄屋（名主）や組頭，百姓代などの村役人になり，村の自治を行っていたんだよ。

★ Point　江戸幕府による農民の統制

- 江戸幕府は身分制度を整え，人々を**武士・百姓・町人**に分けた。
- **五人組**をつくり，年貢の納入などに連帯責任を負わせるなどして，農民を支配した。

江戸幕府の貿易・外交

どのような貿易・外交を行ったの？

次に貿易や宗教の統制について見ていこう。

家康は貿易をさかんにしようと，**朱印状**という渡航許可証を発行した。朱印状を与えられた貿易船を**朱印船**というんだ。関西の大商人や九州の大名が朱印船を派遣していたよ。家康は朱印船貿易を積極的に進めたんだ。

「家康が貿易に積極的だったのは，やはりもうかるからですか？」

そのとおり。朱印船貿易によって，多くの朱印船が東南アジアに派遣され，移住した人々によって各地に**日本町**が形成されたんだ。中でも，**山田長政**はシャム（現在のタイ）のアユタヤで活躍し，国王の信頼を得て，リゴール地方の太守（長官）にまでなったんだ。

「おお!! 日本人が海外に進出して，活躍していたんですね。」

そう。各地の日本町には合わせて 7000 人くらいが住んでいたといわれるけど，やがて衰えてしまう。なぜなら，**1635 年**に**日本人の海外渡航と帰国が完全に禁止**されたからなんだ。参勤交代の制度が定められた年と同じ年だね。合わせて覚えておこう。

- 必勝暗記法 2 - **1635年，参勤交代と海外渡航・帰国の禁止**

1 6 3 5
参勤交代, ヒロミ・ゴー

初代将軍の家康は貿易に熱心だったけど，キリスト教は禁止していた。キリスト教では，信者が将軍より神を敬うから，幕府による支配体制にそぐわなかったんだ。また，信者が団結して一揆を起こす可能性もある。さらに，オランダは日本との貿易で先行するスペイン・ポルトガルの足を引っ張るため，「スペイン・ポルトガルの日本来航は，キリスト教の布教と植民地化を目的にしている。」と江戸幕府に訴えたんだよ。

「本当にそうだったんですか？」

例えば，南アメリカなどではキリスト教の宣教師がキリスト教を広めたあと，スペインによる侵略が進み，多くの国が植民地化されたことを思い出してみて。

そこで幕府は1624年，スペイン船の来航を禁止した。さらに貿易の利益を独占するために，1635年，日本人の海外渡航と帰国を禁止することになったんだ。

「なるほど～。かってに貿易で海外へ行けないように，日本人が海外へ渡ること，そして日本に帰ってくることを禁止したんですね。」

さらに**1637年**，キリスト教徒への迫害や，領主の厳しい政治に苦しんでいた九州の島原・天草地方（長崎県・熊本県）のキリスト教徒を中心とする百姓たちが，**島原・天草一揆（島原の乱）**を起こしたんだ。

- 必勝暗記法3 - 1637年，島原・天草一揆が起こる

1 6 3 7
ヒロミ，悩んだ島原・天草一揆

　江戸幕府はなんとか島原・天草一揆を鎮圧した。しかし，キリスト教徒が団結したときの怖さを痛感した江戸幕府は，キリスト教の禁止を徹底したんだ。そこで**1639年**，ポルトガル船の来航を禁止したよ。

　幕府のとった外交姿勢は，特定の国以外と関係を持たないというものだった。これを**鎖国**というんだ。世界に対して完全に門を閉ざしたわけではないよ。次の地図を見てみよう。

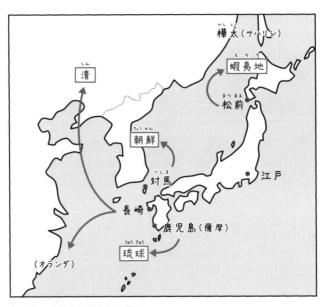

▲鎖国中の日本で開かれた窓口

「特定の国と関係を持つために4つの窓口があったんですね。」

　そうだね。まず，ヨーロッパの国で日本と関係を持った国はどこかな？

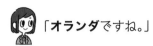「**オランダ**ですね。」

そう。ヨーロッパの国の中でも，キリスト教を広める心配のないオランダとだけ交流したんだ。1641年にオランダ商館は長崎の平戸から，同じく長崎の**出島**という人工島に移された。これをもって鎖国が完成したという考えもあるよ。次の絵の中央が出島だね。

（長崎歴史文化博物館）

▲出島

「橋一本でつながっているんですね。」

そうだね。オランダ人と日本人の自由な交流は禁止され，江戸幕府の役人の長崎奉行が厳しく監視したんだよ。オランダ商館長は，毎年世界のできごとを「**オランダ風説書**」という報告書にまとめ，幕府に提出していたんだよ。

「海外の貴重な情報を幕府に教えてくれたんですね。」

そう。長崎では，もう1国と交流があるよね。どこの国かな？

「え〜っと，**清**です。」

そうだね。清は1644年，それまでの明にかわって，中国を支配した王

朝だよ。清との貿易も長崎で行われた。長崎に**唐人屋敷**と呼ばれる中国人居住区をつくって，そこで貿易を行った。日本は清から**生糸**などを輸入していたんだ。

「212ページの地図では，**朝鮮**とも交流がありますね。」

うん。朝鮮とは一時，国交が途絶えていた。なぜだかわかる？ 1592年と1597年に何かが起こったよね？

「文禄の役と慶長の役ですよね。豊臣秀吉が朝鮮に攻め込みました。」

そのとおりだね。しかし，東アジアの国々との交易を積極的に進めようとしていた徳川家康は，対馬藩の宗氏を通じて朝鮮と交渉を行い，国交の回復に成功した。朝鮮との交易は，**対馬藩**が担当したんだ。

朝鮮は江戸幕府の将軍が代わるたびに，お祝いのため，**朝鮮通信使**という使節を日本に派遣していたよ。

「212ページの地図を見ると，**琉球**とも交流していたようですね。」

そうなんだ。1609年，**琉球王国**（沖縄県）は島津氏の治める**薩摩藩**に征服されたけど，王国は存続した。しかし，貿易を行うには薩摩藩の許可が必要で，中国との貿易の利益のほとんどを取られる状態になった。琉球王国も，江戸幕府の将軍や琉球王国の国王が代わるたびに慶賀使・謝恩使という使節を幕府に派遣したんだよ。

「松前藩を窓口に，**蝦夷地**の人々とも交流していたんですね。」

うん。蝦夷地は当時米がとれなかった。蝦夷ヶ島とも呼ばれていたよ。今は何と呼ばれているかな？

「**北海道**です。」

　そうだね。蝦夷地の支配を認められていた松前藩は，蝦夷地に住むアイヌの人々との交易をひとり占めして，大きな利益を得ていた。アイヌの人々からは，さけやにしん，こんぶなどを得ていたよ。いっぽう的に利益を得ようとする松前藩に対して不満を持ったアイヌの人々は，首長**シャクシャイン**を指導者として松前藩に戦いを挑んだんだけど，鎮圧されたんだ。

　鎖国により幕府の封建体制が整い，ひとまず国内平和が保たれたといえるね。また，外国の影響を受けない日本独自の文化や産業が発達したんだ。

★ Point　江戸幕府の貿易・外交

- 徳川家康は**朱印状**を発行して，**朱印船貿易**を積極的に進めた。
  ⇒東南アジア各地に**日本町**ができる。
- 1637年に**島原・天草一揆（島原の乱）**が起こる。
  ⇒キリスト教の禁止を徹底。
  ⇒1639年，ポルトガル船の来航を禁止。**鎖国**が完成。
- 長崎の**出島**で**オランダ**と，長崎の**唐人屋敷**で**清**と交流した。
- 朝鮮との交流は対馬藩が担当。**朝鮮通信使**を幕府に派遣。

キリスト教を禁止した江戸幕府

　さて島原・天草一揆のあと，キリスト教の禁止をさらに徹底するために，**宗門改（寺請制度）**と呼ばれるものが始まった。

「どんな制度なんですか？」

　これは全ての人を必ずどこかの寺院に属させ，キリスト教徒でないことを証明させる制度だよ。宗門改により，寺院が人々を支配・管理する役割

11章　江戸時代

を担うようになったんだ。

「キリスト教を弾圧（だんあつ）するいっぽう，仏教（ぶっきょう）を優遇（ゆうぐう）したんですね。」

そうだね。

また幕府は，キリスト教の信者を見つけるために，イエス・キリストや聖母マリアの像を踏（ふ）ませて，キリスト教徒かどうかを調べる**絵踏（えぶみ）**を行った。

(ColBase (https://colbase.nich.go.jp/))

▲絵踏で使われた踏絵

★Point　宗教はどのように扱ったのか？

● キリスト教の禁止を徹底。⇒**宗門改（寺請制度）**や**絵踏**を行う。
● 仏教は優遇。

11-3 江戸の交通網

陸上交通や航路が整備された！

　最後に交通網の整備を見ていこう。まずは陸上交通について。下の地図は**五街道**と呼ばれるものだよ。

▲五街道の整備

　五街道とは**東海道**・**奥州道中（街道）**・**日光道中（街道）**・**中山道**・**甲州道中（街道）**の５つのこと。幕府は，五街道以外にも多くの道路，交通網を整備したんだ。

　五街道の起点は同じなんだけど，どこかな？

「あっ，江戸から道が延びていますね。」

　そうだね。江戸の**日本橋**が起点となっているんだ。日本橋は江戸の中心だったんだよ。東海道はどんなところを通っているかな？

「太平洋側から，名古屋を通っていますね。」

　そうだね。地図帳などに載っている旧国名の地図などとも見比べながら確認してみてね。甲州道中は，江戸から**武蔵**（東京都）→**相模**（神奈川県）→**甲斐**（山梨県）→**信濃**（長野県）の順に通っているよ。217ページの地図では甲州道中と中山道はどこで合流しているかな？

「**下諏訪**（長野県）で合流しています。」

　そう。中山道はどこで東海道と合流してる？

「**草津**（滋賀県）です。」

　そのとおり。

「道路を整備するのはよいことだと思いますけど，逆に反抗する人たちが出てきたときにも幕府を攻めやすくなりませんか。」

　そうだね。しかし，幕府はしっかりと手を打っているよ。217ページの地図をよく見てみて。江戸の周りに何か設けられていないかな？

「**関所**ですか？」

　そう，関所だね。関所はどんなところにあるかわかる？

「217ページの地図を見ると，箱根（神奈川県）や新居（静岡県）などに関所がありますね。」

　そうだね。関所では「入鉄砲と出女」，つまり江戸に入る鉄砲と，江戸から出る武家の女子が厳しくチェックされていたんだ。なぜ江戸に入る鉄砲が厳しくチェックされたと思う？

「江戸を攻めるのに使われる可能性があるからじゃないですか？」

　そのとおり。では，江戸を出る武家の女子が厳しくチェックされたのはなぜだと思う？

「江戸から出る武家の女子は，もしかしたら各大名が江戸に人質として置いている大名の妻の可能性があるからですか？」

　正解。大名が反乱を起こす場合，まず江戸で人質となっている妻子を取り返そうとするだろうね。反乱を起こせば，江戸の妻子は殺されてしまうからね。そこで幕府は，江戸を出る武家の女子を厳しくチェックしたわけだね。

　また，幕府は大きな川に橋をかけず，渡しを置いた。大井川（静岡県）に橋がなかったことは有名だよ。

　次に海上交通を見ていこう。江戸時代は自動車や鉄道，もちろん飛行機もない時代だから，海上交通は極めて重要だったんだよ。次のページの地図を見てみて。どんな航路があるかな？

▲江戸時代の主な航路

「**東廻り航路，西廻り航路**とありますね。」

　うん。東北地方の日本海側・太平洋側と江戸を結ぶ**東廻り航路**や，北陸地方・中国地方の日本海側・瀬戸内海沿岸などと大阪を結ぶ**西廻り航路**があるね。両航路のスタートは酒田（山形県）だよ。西廻り航路のゴールはどこかな？

「大阪です。」

　そうだね。東廻り航路のゴールはどこだろう？

「江戸です。」

正解。それでは江戸と大阪を結ぶ**江戸・上方航路**（**南海路**）の貨物船を何といったかな？　地図に書いてあるよ。

「**菱垣廻船・樽廻船**とあります。」

そうだね。定期的に大阪と江戸の間を往復していたんだ。

「菱垣廻船と樽廻船はどこが違うんですか？」

　菱垣廻船と樽廻船の違いは積荷だね。菱垣廻船は普通の貨物船で，樽廻船は日本酒専用の貨物船だったんだ。

　さて，次の地図を見てみよう。北海道や東北地方の産物を，日本海回りで大阪に運んだ船を**北前船**というよ。この船は東廻り航路を使っているかな？　西廻り航路を使っているかな？

北前船の航路 ▶

「日本海回りだから，西廻り航路ですよね。」

そうだね。今度は次の絵を見てみて。

（大阪市立中央図書館）

▲菱垣廻船の出航

　菱垣廻船が大阪の港から出航するようすがえがかれているよ。絵には船だけでなく，家紋のついた建物がたくさん見えるね。

「倉庫のように見えます。」

　そう。この建物を**蔵屋敷**というよ。大阪には幕府や各藩の蔵屋敷が置かれた。蔵屋敷には各藩の年貢米や特産物などが集められ，保管されていたんだ。これは多くの商人が集まり，商業の中心地であった大阪で，商人に米や特産物を売ることを目的としていた。このように蔵屋敷が建ち並び，各地から集められた商品が取り引きされたことから，大阪は**「天下の台所」**と呼ばれたんだよ。

「それじゃあ，江戸は何と呼ばれていたんですか？」

　江戸にもニックネームがあったよ。将軍がいて，政治の中心地であるこ

とから，江戸は**「将軍のおひざもと」**と呼ばれていたんだ。

「大名・武士・朝廷・農民・貿易・宗教への統制は見事ですねぇ。だからこそ約260年間も続いたんじゃないですか？」

　そうかもしれないね。**日光東照宮**は徳川家康を神として祭っているよ。そこの陽明門は徳川家の富と権力を誇るように，今なおきらびやかなものだね。

★ Point　江戸時代の交通網

- 陸上交通……**五街道（東海道・奥州道中（街道）・日光道中（街道）・中山道・甲州道中（街道））。関所**を置いて，厳しくチェックした。
- 海上交通……**東廻り航路・西廻り航路**。江戸・上方航路では**菱垣廻船・樽廻船**が活躍。
- 大阪には幕府や各藩の**蔵屋敷**が置かれる。大阪は商業がさかんで「**天下の台所**」と呼ばれた。

☑CHECK 11

つまずき度 ❗❗❗❗❗

➡ 解答は別冊 p.023

次の文の（　　）に当てはまる語句を答えなさい。

(1) 徳川氏一族の大名を（　　），関ヶ原の戦い以前から徳川氏の家臣だった大名を（　　）大名，関ヶ原の戦いのあとに徳川氏に従った大名を（　　）大名という。

(2) 幕府は大名の配置を工夫するとともに，大名が守るべき決まりを示した（　　）を制定し，これに違反した大名を改易したり，領地を替えたりして，厳しく罰した。

(3) (2)の決まりの中に「大名は領地と江戸に交代で住み，毎年4月中に参勤せよ。」という項目がある。この制度を（　　）という。

(4) 徳川家康は（　　）という渡航許可証を発行して，東南アジアの国々と積極的に貿易を行った。

(5) 江戸幕府が進めたキリスト教の禁止，貿易の統制，外交を独占する政治体制を（　　）という。

(6) (5)の中，オランダとは長崎の（　　）という人工島で，清とは長崎の（　　）で交流した。

(7) 幕府は陸上交通として，日本橋（江戸）を起点とする（　　）を整備した。また海上交通として，東北地方の日本海側・太平洋側と江戸を結ぶ（　　）り航路，北陸地方・中国地方の日本海側・瀬戸内海沿岸などと大阪を結ぶ（　　）り航路を整備した。（　　）と大阪を結ぶ南海路では，菱垣廻船・樽廻船が定期的に往復した。

(8) 大阪は商業の中心地で（　　）と呼ばれた。

11-4 武断政治から文治政治へ

武断政治から文治政治にどうして変わったの？

　下の史料を見てみて。左が将軍の名前，真ん中が改易した大名家の数，右が没収した領地を表しているよ。改易とは領地を替えたり，減らしたりすることだよ。家康・秀忠・家光と家綱とでは違いがあるよね？

> ### 江戸幕府の各将軍が改易した大名家の数と没収した領地
>
> 初代／徳川家康　41家　約360万石
> 2代／徳川秀忠　38家　約360万石
> 3代／徳川家光　47家　約360万石
> 4代／徳川家綱　29家　約75万石

「改易した大名家の数も，没収した領地の石高も4代将軍家綱のころには激減していますね。」

　そうだね。家綱の時代から，領地を没収して力を示すような**武断政治**をやめて，**文治政治**を行うようになったんだ。文治政治は，思いやりの心で政治を行えば，国をよく治めることができるとし，儒学（君臣関係や親子の関係をわきまえる），その中でも朱子学を学問の中心にすえて行う政治のことだよ。

★Point　文治政治への転換

● **文治政治**とは儒学，その中でも朱子学の教えにもとづいた，君臣関係や親子関係，思いやりの心を重視する政治。

▼徳川氏の歴代将軍

代	将軍	在職期間	政治などのできごと
1	徳川家康	1603〜1605(慶長8〜10)年	・武断政治が始まる
2	徳川秀忠	1605〜1623(慶長10〜元和9)年	
3	徳川家光	1623〜1651(元和9〜慶安4)年	
4	徳川家綱	1651〜1680(慶安4〜延宝8)年	・文治政治が始まる
5	徳川綱吉	1680〜1709(延宝8〜宝永6)年	・元禄文化が栄える
6	徳川家宣	1709〜1712(宝永6〜正徳2)年	・家宣,家継の時代は新井白石が政治のリーダー(正徳の治)
7	徳川家継	1713〜1716(正徳3〜享保元)年	
8	徳川吉宗	1716〜1745(享保元〜延享2)年	・享保の改革
9	徳川家重	1745〜1760(延享2〜宝暦10)年	
10	徳川家治	1760〜1786(宝暦10〜天明6)年	・老中は田沼意次 ・鈴木春信が錦絵を始める ・『解体新書』,エレキテル
11	徳川家斉	1787〜1837(天明7〜天保8)年	・松平定信による寛政の改革 ・化政文化が栄える
12	徳川家慶	1837〜1853(天保8〜嘉永6)年	・老中水野忠邦による天保の改革 ・ペリー来航
13	徳川家定	1853〜1858(嘉永6〜安政5)年	・開国
14	徳川家茂	1858〜1866(安政5〜慶応2)年	・桜田門外の変 ・薩長同盟
15	徳川慶喜	1866〜1867(慶応2〜慶応3)年	・大政奉還

さて，ここで，徳川氏の歴代将軍とその在職期間，政治などの出来事を前ページの表にまとめてみたよ。この先の学習でも必要に応じて振り返るようにしよう。

「さすが，江戸時代は長いんですね！」

なぜ元禄文化が栄えたの？

さて，17世紀末から18世紀初めの5代将軍綱吉の時代には，上方（京都や大阪）を中心に明るく活気のある庶民中心の文化である**元禄文化**が栄えたんだ。

例えば右の絵を見てごらん。**菱川師宣**の「**見返り美人図**」だよ。彼は本などの挿絵でしか見られなかった**浮世絵**の水準を引き上げ，絵だけで鑑賞する価値があるものにしたんだ。菱川師宣は「**浮世絵の祖**」といわれているよ。

(ColBase (https://colbase.nich.go.jp/))

「先生，浮世絵ってどういう意味なんですか？」

浮世絵の「浮世」には，現世という意味があるんだ。つまり，浮世絵とは**その当時の風俗**をえがいたものということだね。

今度は本を紹介しよう。**井原西鶴**の

▲見返り美人図（菱川師宣画）

『**好色一代男**』は重要だよ。上方を中心に町人の生活や気持ちをえがいた小説を**浮世草子**というんだけど，『好色一代男』はその代表だね。井原西鶴の代表作には，『**日本永代蔵**』や『**世間胸算用**』もあるよ。

さて，当時，大都市の人々の大きな楽しみのひとつは，元禄時代に大成された**歌舞伎**を見ることだった。

「歌舞伎は今でも人々の楽しみのひとつですね。」

　そうだね。このころは特に，町人をえがいた**近松門左衛門**の作品が人気だった。彼は義理や人情をテーマにした**人形浄瑠璃**の脚本も書いたんだ。人形浄瑠璃は，三味線の伴奏による人形劇だね。三味線は，貿易を通して伝わった三線をもとに，堺（大阪府）でつくられた楽器だよ。
　ほかにも**松尾芭蕉**は，**俳諧（俳句）**を芸術にまで高めた。紀行文の『**奥の細道**』が有名だね。ちなみに「奥」とは**東北地方**という意味だよ。では，なぜ綱吉の時代に元禄文化が栄えたんだと思う？

「やはり**朱子学にもとづいた文治政治**のおかげですか？　だって，『逆らったらつぶす。』という武断政治より，思いやりの心をもった文治政治のほうが，人々の心にゆとりがうまれるじゃないですか。」

　それもあるだろうね。5代将軍綱吉のころ，幕府はいっそう朱子学を奨励したんだ。綱吉は自身が家臣を相手に講義するほど，朱子学を勉強した人物だよ。幕府が学問を奨励したことで，各藩も**藩校**と呼ばれる学校をつくり，藩内の武士の教育にあたるようになったんだ。武士の教育水準が上がったことも元禄文化が栄えた要因のひとつなんだ。

「各藩の教育も基本的には朱子学にもとづいていたんですか？」

　うん。朱子学は君臣関係を重視するんだ。つまり「臣（臣下）」たる家臣は，幕府や大名などの「君（主君）」に逆らわず，忠義を尽くすことが大切だと説くものだね。この教えは，幕府や大名にとって都合のよいものだったんだ。

「つまり『逆らうのは悪いことだ。』と，武士や人々にすり込ませるのに役立ったわけですね。」

「江戸幕府が長期政権となった要因のひとつには，この**朱子学の奨励**もあったのかもしれませんね。」

そうだね。また，幕府や諸藩が学問を奨励したことで，庶民も教育熱心になっていった。町人や百姓の子どもに「**読み・書き・そろばん**」などの実用的な知識を教える**寺子屋**も，このころ多くつくられたんだよ。

寺子屋の教育により，文字を読むことができる人の割合が増えた。幕末になると，全国の男性の 49 〜 54％，女性の 19 〜 21％，江戸に限れば 70 〜 80％の人が文字を読むことができたといわれているよ。

ちなみに，18 世紀のロンドン（イギリス）の識字率は 30％，パリ（フランス）の識字率は 10％だったそうだよ。

「当時の日本は，庶民の教育水準もかなり高かったんですね。庶民の教育水準が高いことも，文化が栄える要因なんですか？」

そうだと思うよ。ただ綱吉には，朱子学の「思いやりの政治」をやりすぎてしまう面もあった。次の史料を見てみて。

これは綱吉が出した法令だよ。犬を傷つけた橋本権之助はどうなったかな？

『**仰出しの留**』（一部要約）

世の人みなさんに，仁愛の心を持ってもらいたいと，常々思っています。そこで，生類憐み（全ての命を大切にしよう）ということを，度々伝えてきたところです。それなのに，このたび，橋本権之助というものが，犬を傷つけたのは，不届きなことであり，死刑にするところです。みなさんが，仁愛の心を持つことができるように，全ての人がこの生類憐みのルールを必ず守ってください。

「死刑ですね。これはひどすぎますよ…。」

　綱吉が出したこれらの法令が，**生類憐みの令**といわれるものだね。生類
憐みの令はひとつの法令ではなく，たくさんの法令からなっていたんだ。

- 必勝暗記法 4 - 1685年，生類憐みの令が出される

1　　　　　　　　　6 8 　　5
犬をいじめると，**牢屋**に**GO**！

「綱吉はどうしてこんな命令を出したんですか？」

　「仁愛の心」や「思いやりの心」こそ，朱子学の教えで重視されているも
のだね。綱吉はこれを庶民にも徹底しようとしたんだ。

「しかし，決まりを守らなかったら『死刑』にするなんてやりすぎで
　　すよね。」

　そう，刑罰が重すぎたんだ。庶民の生活は混乱したことだろうね。だか
ら綱吉には，「犬公方」というあだ名がついてしまった。「公方」は「将軍」
という意味だよ。

農業・商業はどう発展したの？

　また，このころになると，農業が大いに発
達した。その要因として農具の改良があるよ。
右の絵は，**備中ぐわ**だね。

「先生，備中ぐわが優れているのはど
　　んなところなんですか？」

▶備中ぐわ

鉄製だから，それまでの道具より土を深く耕せるところ，また，先が3本に分かれているので，土がつきにくいところなどだね。脱穀用にも革新的な道具が開発されたんだ。それが**千歯こき**だよ。脱穀とは稲からもみを外すこと。右の絵が千歯こきだよ。

▲千歯こき

「どうして革新的なんですか？」

千歯こきが開発されるまでは，手に持ったこきばしという大型の箸状の道具で，穂を挟んでもみをしごき取っていたんだ。右がそのイメージだよ。ところが千歯こきは，束のまま一気に脱穀することができるんだ。これによって脱穀にかかる時間が大きく短縮された。さらによい肥料もできたよ。

▲こきばし

「どんな肥料ですか？」

いわしを干して固めたもので，ほしかといわれるものだよ。

「え〜!? いわしを肥料にしてしまうんですか？ 僕はいわしが大好きなのに。」

現在，いわしはそこそこの値段の魚だけど，当時はいくらでも獲れる魚で，貧しい人間の食べる魚と考えられていたんだ。九十九里浜などではいわし漁がさかんだった。現在もさかんだよね。ところで，武士たちは給料をどのようなものでもらっていたかな？

「米ですよね。」

　そうだね。米の単位は石だった。一石は，大人一人が1年間に食べる米の量で，約150kgだね。幕府や大名の収入の大部分は農民から集めた年貢，つまり米だった。武士たちは，この米を商人に売ってお金に換えて生活していたんだね。当時の年貢は，平均的には四公六民，つまり収穫の4割を納めることになっていたようだ。

「どんなに収穫しても4割は納めなきゃいけないんですね。」

　ということは，収穫量が増えれば増えるほど，幕府や大名に入る年貢は増えることになるよね。そこで，幕府や大名は**新田開発**に力を入れたんだ。新田開発とは，検地を行っていない土地にも田畑を広げること。右のグラフを見てみて。江戸時代初めの1600年と江戸時代後半の1800年を比べると，耕地の面積はおよそ何倍になっているかな？

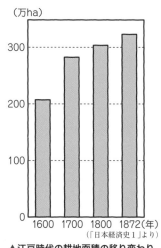

▲江戸時代の耕地面積の移り変わり
（「日本経済史1」より）

「1600年は約200万ha，1800年は約300万haだから，およそ1.5倍に増えていますね。」

　江戸時代を通して，耕地の面積がかなり増えたことがわかるよね。もっとも増えているのは，何年から何年にかけてかな？

「1600年から1700年にかけてです。」

　そうだね。1700年は元禄時代，綱吉が政治をしていた時代だね。さらに次ページのグラフを見てごらん。実収石高の移り変わり，つまり実際に米がとれた量はどのように変化してる？　1600年と1800年を比べてみて。

「1600年は2000万石，1800年は3700万石くらいです。こちらはおよそ2倍になったといえますね。江戸時代は食料の供給が安定してきた時代といえるんですか？」

　うん。もちろんききんなどで人が亡くなることも多かったけど，それまでの時代と比べると，食料の供給は安定してきたといえるね。さて次のグラフで，江戸時代の中でも，特に実収石高が増えているのは，何年から何年の間だろうか？　グラフの傾きに注目して答えてね。傾きが急であれば，それだけ実収石高もたくさん増えているということだよ。

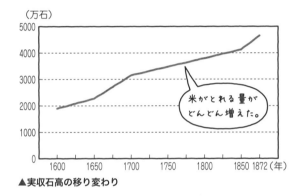

▲実収石高の移り変わり

「1650年から1700年の間，そして1850年から1872年の間は，グラフの傾きが特に急ですね。」

　1700年といえば，元禄時代だったね。

「なるほど。米の供給が安定したのも元禄文化が栄えた要因なんじゃないですか。」

　そのとおり。
　さて，元禄文化の中心は上方，つまり大阪などの商人たちだった。なぜ，元禄文化は上方中心だったんだろうね？

「大阪は経済の中心地で，全国の米が集まって『天下の台所』といわれていたわけですよね。ということは町人が富を得て力を持っていたからでしょうか。」

　そのとおりだよ。商業と，売るための製品をつくる工業がさかんになったことも元禄文化が栄える要因だったことがわかるよね。問屋商人（とんや）らが農民や職人（しょくにん）に，資金・原料・道具を貸（か）して製品をつくらせ，それらの製品を買い取る**問屋制家内工業**（といや）のしくみがうまれたことも，工業の発達を表しているよ。

「それまでの工業はどんなしくみだったんですか？」

　それまでのしくみは**家内制手工業**（かないせい）といわれているものだよ。つまり家の中で自分たちだけで製品をつくっていたんだ。問屋制家内工業がうまれたことによって工程ごとの分業が可能になり，生産効率（こうりつ）が上がった。冬の間に農家が副業としてつくった織物（おりもの）などの中には，現在にも受け継がれている特産品があるよ。例えば，小千谷市（新潟県）（おぢや）（にいがた）の**小千谷ちぢみ**，銚子市（ちょうし）（ちば）（千葉県）の**しょうゆ**の生産は有名だね。また，その後19世紀にかけて発達したのが，**工場制手工業（マニュファクチュア）**だ。工場制手工業とは，どのようなものだろう？　漢字をヒントに考えてみて。

「うーん，工場で生産するけど，生産に機械は使わないということでしょうか？」

　そう。工場制手工業の次の段階（だんかい）は工場制機械工業で，現在も工場制機械工業が行われているよね。

「江戸時代には，現在の一歩手前の段階まで来ていたってことですね。」

そうなんだ。商工業の発達により，商人・職人の生活にも余裕ができた。また，商工業の発達は農村の生活も変えたんだよ。例えば，山形では売るための作物（商品作物）として紅花を栽培して商人に売り，現金で収入を得る農民が出てきた。山形の紅花は現在も有名だね。この現金で得た収入は，年貢として納める必要はなかったんだ。

「商工業の発達により，農民も利益を得るようになったんですね。」

そういうこと。さて，次の人口の移り変わりのグラフを見て。注目してほしいのは江戸時代の部分だよ。どのように変化しているかな？

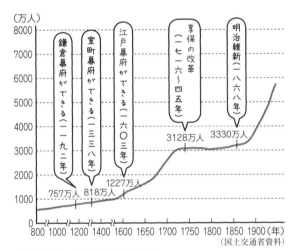

▲明治維新までの人口の移り変わり

「1603年から1716年にかけて，人口が3倍近く増えていますね。」

人口が大きく増えた期間は綱吉の時代，すなわち，1680〜1709年とも重なっているよね。人口が増えたということは，それだけの人口を養っていける豊かな社会になったことを示しているんだ。豊かな社会になった背景には，ここまで述べてきた文治政治，農業・工業・商業の発達，文化の発展などが要因として考えられるけど，もっと根本的な要因はどこにあったと思う？

11章 江戸時代

「やはり，平和な時代になったということですかね。」

　そう。それまでの時代に比べると目立った戦乱（せんらん）が無いわけだね。豊かな社会の条件（じょうけん）として平和なことはとても重要だよ。

★Point　元禄文化が栄えた要因

- **元禄文化**……浮世絵の**菱川師宣**。浮世草子の井原西鶴。人形浄瑠璃の近松門左衛門。俳諧（俳句）の松尾芭蕉。
- 元禄文化が栄えた要因……①朱子学にもとづいた**文治政治**。
  - ②武士の教育水準が上がったこと。
  - ③**寺子屋**などによって，庶民の教育水準が上がったこと。
  - ④農具の改良や**新田開発**によって，食料の供給が安定したこと。
  - ⑤商業，売るための製品をつくる工業がさかんになったこと。
  - ⑥平和になったこと。

米が中心の経済で，武士がピンチに⁉

　綱吉の時代に，江戸幕府の財政は赤字になってきた。

　平和な時代が続き，庶民の生活水準が上がってくると，さまざまな商品が開発され，需要（じゅよう）が増えた。需要とは，「人々がある商品を買いたいと思う量」のことだよ。ある商品の需要が増えると，その商品の値段はどうなると思う？

「それは高くなりますよね。逆に，人気が無い売れない商品の値段は安くなると思います。」

そう。需要が多い商品の値段は高く，需要が少ない商品の値段は安くなるね。さらに供給についても考えてみよう。供給とは「売る人が売りたいと思う量」のこと。供給が多い商品の値段はどうなるかな？

「レアな商品のほうが，値段が高くなりますよね。つまり供給が増えればレアでなくなるので値段が下がり，供給が減ればレアになるので値段は上がります。」

そういうことになるよね。ところで先ほども少し話したように，当時，年貢は米で納められ，武士に対する給料も米で支払われていた。幕府・大名・武士は，この米を商人に売って，お金に換えて生活していたわけだね。

「ということは，米の値段が安いと，武士たちは生活に困りますね。」

そのとおり。米は食べものだから，基本的には需要に大きな変化はないよね。しかし，新田開発や農業技術の進歩によって，米の生産量が増え，供給が増えた。そのため，米の値段は上がるはずがない。ところが米以外の商品の値段は，上がるものが多かったんだ。だから，武士たちの給料は，実質的にはどんどん下がることになった。結果的に武士たちの生活は苦しくなっていったんだ。

「幕府の収入も主に米でしたよね。」

この「米は値上がりしないが，米以外の商品は値上がりする→米による収入は上がらず，出費は増える→財政が赤字になり，武士の生活が苦しくなる」という構造的な問題が幕府を悩ませることになるんだ。この問題は幕府だけでなく，各藩にもあてはまるものだった。この構造は，「米中心の経済 vs 貨幣経済」といいかえることもできるね。

「武士は米中心の経済の中で生きているわけだから，米中心の経済が成り立たなくなったとき，武士の生活も成り立たなくなったといえ

るんじゃないですか？」

　そうだね。その見方は正しいと思うよ。そこで，綱吉は，金・銀が含まれている率の低い，質の悪い貨幣を大量に発行して，歳入の増加をはかったんだ。つまり，それまでに発行された金・銀が含まれている率の高い貨幣を回収して，金・銀が含まれている率の低い貨幣と交換すれば，それだけで幕府はもうかるからね。

「なるほど。つまり，１両を回収してその分で２両のお金をつくるとすると，ういた１両分が幕府の収入になるわけですね。」

　貨幣の改鋳により幕府が得た利益は約1000万両，現在の貨幣価値に直すと，およそ２兆円といわれているよ。

「ものすごい利益ですね。でも，世の中に出回るお金の量が増えるわけですよね？　そうすると，お金の価値が下がってしまうんじゃないですか？」

　うん，鋭い指摘だね。例えば，団子１個の価値がそれまでは100円だったとしよう。お金の価値が下がるということは，同じ団子を買うのに，100円以上を支払わなければならないことになるよね。ということは，それまで100円で買えたものが，100円では買えなくなる。つまり，「お金の価値が下がる＝商品の値段が上がる」ということになるね。
　商品の値段が上がり，貨幣の価値が下がることを**インフレーション**というんだ。略して**インフレ**だね。綱吉の貨幣の質を落とす政策は，一時的には幕府に利益をもたらしたんだけど，同時に物価が上がってインフレーションをまねいてしまった。

「これじゃあ一時的に幕府がもうかっても，インフレのせいで商品の値段も上がるから，幕府や武士の出費も増えますよね。長期的にはあまり意味がなかったんじゃないですか？」

そのとおり。しかし，幕府は財政が苦しいときに，しばしばこの貨幣の改鋳を行ったんだ。

さて，226ページの表に戻（もど）ってみよう。綱吉のあとには，誰（だれ）が将軍になっているかな？

「6代将軍は徳川家宣（いえのぶ）です。7代将軍は徳川家継（いえつぐ）ですね。」

政治の実質的リーダーは誰かな？

「えーと，**新井白石**ですね。」

そうだね。新井白石は，6代将軍家宣と7代将軍家継に仕えた朱子学者だよ。彼は，生類憐みの令を廃止（はいし）したんだ。

「人々は喜んだでしょうね。」

また，貨幣の質をよくして物価の安定をはかるなど，政治の改革を行った。

さらに長崎貿易による金・銀の流出を防（ふせ）ぐため，幕府は貿易を制限したんだ。

★ Point　綱吉～新井白石のころの経済政策

- 幕府の財政は**赤字**になった。
- 「米は値上がりしないが，米以外の商品は値上がりする → 米による収入は上がらず，出費は増える → 財政が赤字になり，武士の生活が苦しくなる」という構造的な問題がうきぼりになる。
- 綱吉は貨幣の質を落とし，一時的に幕府は収入を得た。
- **新井白石**は貨幣の質をよくし，また，**長崎貿易を制限した。**

江戸幕府のさまざまな改革

享保の改革とはどのような改革だったの？

　さて第8代将軍として，御三家のひとつである紀伊藩の藩主だった**徳川吉宗**がまねかれたんだ。右の人物だよ。

　彼が第1に考えたのは，庶民の幸せより，江戸幕府の存続だった。このままでは，江戸幕府は財政赤字でつぶれてしまう。そこで吉宗は，江戸幕府の政治の改革を行ったんだ。これを**享保の改革**というよ。

▲徳川吉宗

- 必勝暗記法5 - 1716年，徳川吉宗による享保の改革が始まる

　　1　7　1　6
非難いろいろ，享保の改革

　さて，幕府の財政を立て直すためには，何をすべきだろうか？

「まずは収入を増やすことじゃないですか？」

「出費も抑えないといけないですよね。」

　二人とも正しいね。財政を立て直すためには，基本的には収入を増やし，出費を抑えればいいわけだね。

　まずは収入を増やす工夫を見ていこう。何度も言うけど，幕府の収入の大部分は農民からの年貢だから，まずは年貢をたくさん取ろうとした。そのためには，田んぼを増やさなくてはいけないよね。そこで**新田開発**に力

を入れたんだ。しかし，幕府にはお金がないから，商人にお金を出させて
新田開発をさせたんだ。

「でも開発を行って米の生産量が増えると，供給が増えますよね，そ
うすると米の値段が下がって，幕府の収入も増えなかったんじゃな
いですか？」

　そうなんだ。新田開発では期待したほど，幕府の税収が増えなかったと
いわれているよ。また吉宗は，年貢を四公六民から，五公五民に引き上げ
る**増税**も行った。「享保の改革」は，百姓にとっては「恐怖の改革」だった
といえるだろうね。ここで，下のグラフを見てみよう。黒は百姓が農村で
年貢の引き下げなどを求めて，領主に直訴したり役所などを襲ったりする
「**百姓一揆（一揆）**」の件数を，赤は都市の住民が商店などを襲う「**打ちこ
わし**」の件数を表しているよ。

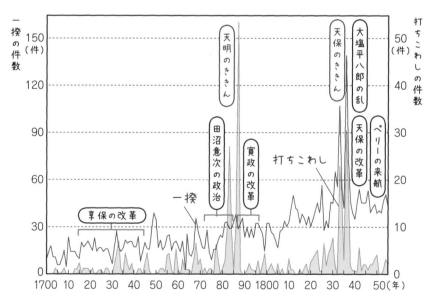

▲百姓一揆と打ちこわしの件数の移り変わり

　次のページの絵を見てごらん。これは一揆，それとも打ちこわしかな？

（東京国立博物館蔵／Image：TNM Image Archives）

▲米屋を襲う人々

「人々が米屋を襲っているように見えますね。左側の人たちが，店を壊（こわ）しているようです。」

「中央から右側の人は逃（に）げる店の人ですか？」

「これは人々が商店（米屋）を襲っているので**打ちこわし**ですね。」

　正解。さて，もう一度前のページのグラフを見てみよう。享保の改革の前と享保の改革が行われてからを比べて，気づいたことはないかな？

「享保の改革が行われてから，百姓一揆の件数も打ちこわしの件数も増えていますね。1700年から1710年代前半までは打ちこわしが起きなかった年もあるのに…。」

「特に1730〜1735年あたりから百姓一揆の件数，打ちこわしの件数ともに増えていますね。何かあったんですか？」

　このころ，梅雨（ばいう）（つゆ）が長引き，ウンカやバッタが大量発生して西日本を中心に凶作（きょうさく）となった。その結果，**享保のききん**と呼ばれる大きなききんが起こった。食べものに困（こま）った人が増え，百姓一揆や打ちこわしが激増したんだ。3200件起こったといわれる江戸時代の百姓一揆の中で，大規模（だいきぼ）な百姓一

揆のときには，次のような**からかさ連判状**がつくられたんだよ。

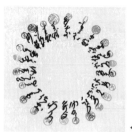

◀からかさ連判状

「確かにかさを開いたように，円形に署名をつらねていますね。」

　なぜ，このような形式にしたと思う？　ヒントを出そうか。百姓が一揆を起こすのには，それなりの理由があった。多くはその要求が認められたけど，代償として，指導者は死刑になることが多かったそうだよ。

「あ，わかりました。円形に署名することで，誰が一揆の指導者かわからないようにしたのではないですか？」

　そのとおり。さて，吉宗は幕府の収入を増やすため，さらなる政策を行った。大名から1万石につき100石の米を献上させるかわりに，参勤交代での江戸の滞在期間を半年に短縮する**上米の制**をとった。これが，幕府の財政赤字の解消に成果をあげたんだ。
　次に，出費を抑える政策について見ていこう。第1に，人々に質素・倹約をすすめる**倹約令**を出したんだ。

「幕府の財政赤字を解消したいなら，幕府の人々や役人だけに倹約をすすめればいいんじゃないですか？　なぜ，庶民にも倹約をすすめたんですか？」

　現在の常識から考えると謎だよね…（笑）。庶民がお金を使わなくなれば，不景気になってしまうのにね。

　さて，出費を抑えるための第2の政策として，新しい知識を取り入れるために，キリスト教に関係のない漢訳洋書の輸入を許可したんだ。

「先生。漢訳洋書の輸入を許可することと，出費を抑えることとはどんな関係があるんですか？」

　当時，長崎で行われていた貿易は完全に日本の輸入超過で，金・銀の流出が問題となっていた。新井白石はこれを制限したよね。吉宗も輸入を抑えようとした。そこで，海外から新しい知識を学び，日本でつくれるものはつくって，輸入しなくてもすむようにしようと考えたんだ。また，実際に役に立つ学問を奨励した。

　出費を抑えるための第3の政策として，火事対策があった。江戸は人々が密集して住んでいたからね。

「家は和風建築，つまり基本的には木と紙でできていたわけですよね。」

　そうなんだ。一度火事が起こると，火はすぐに広がり，恐ろしい被害が出た。例えば，1657年に起きた明暦の大火は，江戸をほぼ焼き尽くし，約10万人が焼死したといわれているよ。江戸城も，天守閣をはじめ，一部が焼けてしまったんだ。

　火事が起こるたびに町を再建したり，江戸城を直したりしていると，出費がかさんでしまうよね。そこで，火事の被害を抑えるために，吉宗は**町火消し**のしくみを整えたんだよ。

「現在の消防署とか消防団ですね。」

　このように，吉宗の政治は倹約令，増税などで庶民に負担を課すいっぽう，庶民の生活向上もかなり意識していたということだね。

　実際に，吉宗は庶民の生活向上のために具体的な政策を行った。第1に，庶民の意見を政治に取り入れるため，**目安箱**を設置した。これは有名だね。

目安箱は，庶民の意見を投書させるための箱のことだよ。投書は吉宗自身も読んだんだ。

吉宗は投書の意見にこたえ，**小石川養生所**を開設した。小石川養生所は，お金がない人でも医療を受けられる施設だよ。

第2の政策として，ききんが起こった場合，人々の食料を少しでも補うために，**さつまいも**の栽培・研究を**青木昆陽**に指示したんだ。

「さつまいもが日本に広まったのは，吉宗の功績なのですね。」

さつまいもの栽培の奨励は，享保のききんのときに米の値段が上がったことが原因で，幕府が置かれた江戸でも初めて打ちこわしが起きたことの反省にもとづいているよ。

第3の政策として，**公事方御定書**が制定された。公事方御定書は裁判の基準を定めて，裁判を公正なものにした。それまでの裁判は裁判官によって判決が違ったんだ。これでは庶民は安心して暮らせないよね。

そこで過去の裁判例をまとめさせ，裁判や刑の基準の統一をはかったのが公事方御定書なんだ。また，裁判を早く終わらせるために，効率アップも狙っていたんだよ。

そして，ここまで見てきた政策を確実に実施するために，吉宗は優秀な人材も登用した。例えば，江戸町奉行に抜てきした**大岡忠相**は有名だよ。

そうして，米の値段の安定に努めたんだ。例えば，米の値段が下がったら米を買い占めたり，米の値段が上がったら売りに出したりして，米相場を管理しようとした。そこでついたあだ名が「**米将軍**」。

吉宗の改革により，江戸幕府の財政赤字は一時的に解消されたよ。しかし，すぐ赤字に戻ってしまった。「米は値上がりしないが，米以外の商品は値上がりする→米による収入は上がらず，出費は増える→財政が赤字になり，武士の生活が苦しくなる」という構造に基本的には変化がなかったからなんだ。

★ Point　享保の改革

- ● 8代将軍**徳川吉宗**が**享保の改革**を行う（1716〜1745年）。
- ● 主に収入を増やす政策
  ⇒①**新田開発**。②**増税**（年貢の引き上げ）。③米を献上させるかわりに，参勤交代での江戸の滞在期間を半年に短縮する**上米の制**。
- ● 主に出費を抑える政策
  ⇒①**倹約令**。②キリスト教に関係のない漢訳洋書の輸入を許可。③**町火消し**のしくみを整える。
- ● 主に人々の生活を向上させるための政策
  ⇒①**目安箱**の設置。②ききん対策として，さつまいもの栽培を始める。③裁判の公正をはかるため，**公事方御定書**を制定。
- ● 享保のききんが起こり，**百姓一揆**や**打ちこわし**が増加。

田沼意次はどのような政治を行ったの？

　ここまで見てきたように，米をいかに集めるか，いかに売るかといった米中心の経済の中での改革には限界があることを鋭く見抜いていたのが，**田沼意次**という人物だよ。

「米以外の経済，すなわち貨幣経済に注目したわけですね？」

　そういうことだね。18世紀後半に登場した田沼意次は9代将軍家重，10代将軍家治に仕え，幕府の財政を立て直そうとしたんだ。

- 必勝暗記法6 - 　1772年，田沼意次が老中となり改革を始める

1　　7 7 2
いいな何より金もうけ

　財政再建のためには何をすべきだろうか？　享保の改革のときにも聞いたけど，もう一度確認しておこうか。

「はい。収入を増やして，出費を抑えることです。」

　田沼はもうかっている商人から収入を得られないかと考えたわけなんだ。つまり，「米は値上がりしないが，米以外の商品は値上がりする→米による収入は上がらず，出費は増える→財政が赤字になり，武士の生活が苦しくなる」という構造自体にメスを入れようとしたわけだね。そこで，吉宗が認めた**株仲間**という制度に目をつけたんだ。

「株仲間ってどんな制度ですか？」

　同じ商売をする商工業者に同業者組合（株仲間）を結成させるんだよ。幕府は，株仲間に営業の独占など，さまざまな特権を認めるかわりに，幕府に税金を納めさせたんだ。
　さらに，長崎貿易をさかんにし，ほしあわびやこんぶなどの俵物や，銅の輸出を増加させ，それまでは外国への流出が激しかった金・銀の輸入を推し進めた。つまり，新井白石や徳川吉宗のように貿易を制限するのではなく，積極的に進めて利益を得ようとしたわけだね。さらに，俵物をたくさんとり，米の収穫を増やすために，蝦夷地（北海道）の開発を計画し，調査を進めたんだよ。

「北海道で米をつくることができれば，幕府の収入が一気に増えるでしょうね。」

　そうだね。田沼意次の改革により，幕府の貨幣収入は過去最高を記録した。そして，景気もよくなったんだよ。

✦∗Point　田沼意次の政治

- ● 1772 年，田沼意次が老中となって，改革を始める。
- ● 株仲間の結成を奨励。経済力をつけた商人から税金をとる。
- ● 長崎貿易をさかんにする。蝦夷地（北海道）を調査する。

文化が栄えるも…天災で大ピンチに!?

　さて，もう一度 226 ページの表を見てみよう。田沼意次が活躍したころ，文化は栄えているかな？

「鈴木春信が活躍しています。」

　鈴木春信は肉筆の作品が少なく，当時開発された多色刷りの木版画による錦絵の作品が多い人物だよ。木版画は，同じ絵柄のものをたくさん刷り上げることができ，値段が安かったため，江戸時代の庶民も比較的手に入れやすかったようだね。

「表には『解体新書』も入っていますね。」

　そうだね。蘭学者の杉田玄白や前野良沢らは，解剖を見学したときに，オランダ語の解剖書『ターヘル＝アナトミア』の正確さにおどろき，その翻訳を行った。それが 1774 年，『解体新書』として出版され，日本の医学，科学の発展に大きく貢献したんだよ。

「エレキテルって書いてありますけど，これは何ですか？」

　摩擦により電気を起こす道具だよ。平賀源内という人が，日本で最初にエレキテルをつくったのがこのころだね。

ところが，改革は続かなかった。天災が起こってしまったんだ。天災により，田沼意次は失脚したといってよいだろうね。1783年，浅間山が噴火した。さらにアイスランドの火山の大噴火も影響して，火山灰が空中を覆い，夏に気温が上がらなかった。これにより，東北地方を中心に大きなききん（**天明のききん**）が起こったんだ。一説によると約100万人が餓死したともいわれている。241ページのグラフを見てみて。天明のききんが起こったころ，百姓一揆と打ちこわしの件数はどうなっているかな？

「うわっ!? 百姓一揆と打ちこわしの件数が激増していますね。」

実は先ほど話した火山の大噴火により，地球規模で異常気象が起こっていたんだ。1789年のフランス革命の原因になったともいわれているよ。

さて，当時は天災が起こると，悪い政治が原因ではないかと考えられていた。つまり，人々は田沼意次の政治が悪いから，天災が起きたと考えたわけなんだ。

また，田沼意次の政策には，幕府の保守派からの反発があった。田沼意次がイメージした幕府は，商人に支えられる幕府だったんだ。

「それまでの幕府は，農民に支えられる幕府でしたよね。米中心の経済を重視していました。」

そう。徳川家康の時代からずっと続いてきた形だよね。幕府の保守派の人たちには，「このままでは今までとまったく別の幕府になってしまう。それでよいのだろうか？」という不安が強かったんだろうね。また当時，支配的な学問であった儒教では，商業を差別する思想が強かったんだ。

そこで，後ろだてだった10代将軍家治が亡くなると，天明のききんに伴う社会の混乱の責任をとらされ，失脚したんだ。

「田沼意次はわいろを持ってきた人を優遇する政治を行ったので，失脚したっていう話を聞いたことがあるんですが…。」

どうだろうね…。田沼意次がわいろを持ってきた人を優遇する政治を行っ
たというのは，反対勢力が，田沼意次を失脚させるために流したうそのう
わさだったとする説が，最近では有力なようだよ。

★ Point　田沼意次の時期の文化

- 杉田玄白や前野良沢らが，オランダ語の解剖書を翻訳し，『**解体新書**』として出版した。
- 平賀源内が，摩擦により電気を起こす**エレキテル**をつくった。
- **天明のききん**の影響などにより，田沼意次は失脚した。

寛政の改革とはどのような改革だったの？

　田沼意次が失脚すると，白河藩の藩主だった**松平定信**が11代将軍家斉
に仕え，幕府政治の改革に乗り出した。これを**寛政の改革**というよ。松平
定信は8代将軍吉宗の孫にあたり，田沼意次と違って，家柄は最高格だっ
たんだ。

「将軍になってもおかしくなかったわけです
ね。」

　そうだね。松平定信の政策は江戸幕府伝統の農業重
視の政策で，「享保の改革に学べ」をスローガンとし
ていたんだ。田沼意次の政治とはまったく違うよね。

▲松平定信

- 必勝暗記法 7 -　1787年松平定信が老中となり寛政の改革を行う

1　7　8　7
非難はなぃか？　**寛政の改革**

さて，財政を立て直すためには，基本的には収入を増やし，出費を抑えることが大切なんだ。

そのために，松平定信がとった収入を増やす政策を見ていこう。松平定信は農村を立て直すため，旧里帰農令を出して，江戸に出かせぎに来ていた百姓が，農村に帰ることを奨励した。当時，貨幣経済が発展し商業は栄えたんだけど，農業は利益がそれほどあがらないため，農業をやめて，江戸に出かせぎに行く人が多かったんだ。

「農業をさかんにして，年貢をたくさん取ろうとする作戦ですね。」

そう。しかし，特に米は増産しすぎて，余るほどだった。いっぽう出費を抑える政策は，享保の改革のときと同じ**倹約令**が中心だった。色鮮やかな染め物や絹織物を着ることを制限したんだ。武士たちだけでなく，庶民にも強制していたよ。

「みんながお金を使わなくなると，景気が悪くなってしまいますよね。」

そうだね。さらに幕府は，思想の面から人々の心を引き締める政策をとった。幕府直営の教育機関の**昌平坂学問所**では，朱子学以外の講義を禁止したんだ。これを**寛政異学の禁**と呼ぶよ。そして**文武両道**を武士たちにすすめ，武芸の訓練も奨励したんだ。

そして，当時，多くの武士は借金まみれだった。そこで旗本・御家人を生活苦から救うために，**棄捐令**を出して，商人からの借金を帳消しにしたんだよ。

一時的に御家人などの借金は無くなったものの，その後御家人はお金を貸してもらえなくなり，かえって生活に困ってしまったんだ。

松平定信は，凶作やききんに備えて，大名に米をたくわえさせる**囲米の制**をとるなどのよい施策も行ったよ。

> ### ✦ Point 寛政の改革
>
> ● **1787 年, 松平定信が老中となり, 寛政の改革を行う。**
> ● 旧里帰農令を出して, 百姓を農村に帰す。倹約令を出す。
> ● **寛政異学の禁**…昌平坂学問所での**朱子学以外の講義を禁止**した。
> ● **棄捐令**を出して, 旗本・御家人の借金を帳消しに。⇒混乱をまねく。
> ● 凶作やききんに備えて, **囲米の制**。

　しかし, 商工業が発展する中で, それを抑えつけ, 農業を重視する政策はうまくいかなかった。そこで, 次のような狂歌がつくられたんだよ。

> 「白河の　清きに魚の　すみかねて　もとのにごりの　田沼恋しき」

　上の歌の「白河」は, 元白河藩主の松平定信を指しているんだ。では,「魚」と「田沼」は, 何を指していると思う?

 「『魚』は, 庶民ですかね。あ, 『田沼』は, 田沼意次の政治を指しているんじゃないですか?」

 「そうすると『清き』は厳しすぎる松平定信の寛政の改革を,『にごり』はわいろなどを受け取った田沼意次の政治を指しているわけですか?」

　つまり「松平定信の厳しすぎる寛政の改革は嫌だ。わいろ政治など問題点はあったけれど, 田沼意次の政治のほうがよかった。」という意味だね。
　松平定信はやがて, 「改革が厳しすぎる」と人々から非難をあびることになってしまったんだ。1793 年, 松平定信は 11 代将軍家斉により老中を解任されたよ。

徳川家斉はどのような政治を行ったのか?

その後，1817年まで松平定信派による政治が続き，厳しい改革は緩められたんだ。それ以降は，徳川家斉自らが政治を始めた。家斉には徳川将軍15代の中で，ナンバーワンだったことが3つあるんだよ。1つ目は，将軍在位期間が50年で，もっとも長かったこと。2つ目は，側室の数が40人で，これはダントツだった。3つ目は，子どもの数が55人で，もっとも多かった。

「サッカーチームが5チームできますよ!!」

そして厳しい改革の反動からか，ぜいたくな暮らしを始めたんだ。それにより将軍がいる江戸は「将軍のおひざもと」と呼ばれ，経済も大きく発展した。このとき，江戸を中心に栄えた町人文化を**化政文化**というよ。化政文化の特徴は，権力をもつ幕府や武士などを，皮肉やしゃれで風刺したことだね。前ページで紹介した狂歌もそうだよね。

また，浮世絵もレベルアップしたんだ。**東洲斎写楽**は，1794〜1795年の1年間だけ活躍したよ。彼はどこで生まれて，どこで亡くなったかもわかっておらず，正体不明なんだ。

さて，**歌川（安藤）広重**の「**東海道五十三次**」（1833年完成）は当時，のべ2万枚以上印刷された大ヒット作品だった。

「たくさんの人が『東海道五十三次』を買ったわけですね。」

そうだね。歌川広重は，風景画をえがくのが得意だった。同じく風景画を得意としていたのが，**葛飾北斎**だよ。「**富嶽三十六景**」（1835年完成）が有名だね。次のページの絵は「富嶽三十六景」の一部。富嶽とは，富士山のことだよ。

(ColBase（https://colbase.nich.go.jp/）)

◀「富嶽三十六景」神奈川沖
浪裏（葛飾北斎画）

また，次の2つの絵を見比べてみよう。

(ColBase（https://colbase.nich.go.jp/）)

▲「名所江戸百景」
　大はしあたけの夕立
　（歌川広重画）

(提供：アフロ)

▲「日本趣味：雨の大橋
　大はしあたけの夕立」
　（ゴッホ画）

「とてもよく似ていますね。」

　左の絵が，歌川広重の「名所江戸百景」の一部だよ。右の絵が，オランダの画家ゴッホの作品なんだ。

「すごい!! ゴッホは，歌川広重の影響を強く受けていたんですね。」

　そう。浮世絵は海外にも出回っていたんだ。ゴッホは，この絵以外にも

浮世絵の構図や色使いをまねた絵を残しているよ。

「当時の日本文化のレベルは，とても高かったんですね。」

　誇らしいことだよね。さて，絵はこのくらいにして文学を見ていこう。
十返舎一九が書いた『**東海道中膝栗毛**』（1814 年完成）を覚えておいてね。
『東海道中膝栗毛』は，東海道を旅するユーモアあふれる話だよ。この作品
の流行以降，寺社への参拝や観光を目的とした庶民の旅がさかんになった
というのもうなずけるね。
　次に，**本居宣長**の『**古事記伝**』（1798 年完成）を紹介しよう。以前，勉
強した『古事記』は覚えているかな？

「たしか，日本最古の歴史書でしたよね。」

　そのとおり。本居宣長は，儒教や仏教が伝わる前の日本について，さら
に日本人の本質について知るために，『古事記』の研究を進めたんだ。そして，
35 年の歳月をかけて『古事記伝』を完成させた。このように，儒教や仏教
が伝わる前の日本人の考え方を研究する学問を**国学**というんだ。

「国学を大成した人物が，本居宣長というわけですね。」

　うん。本居宣長は伊勢（三重県）出身の医者だったけれど，国学を研究
するうちに，社会や政治にまで目を向けるようになり，やがては政治を行
う人の心構えを説くようになった。本居宣長の研究は，幕末の尊王攘夷運
動に影響を与えたんだ。いっぽうで**蘭学**も発達し，ドイツ人のシーボルト
が長崎に鳴滝塾という塾を開いて，医学や西洋の学問を広めたんだよ。
　そんな中，1833 〜 1837 年ごろの冷害の影響で，**天保のききん**が起こっ
た。大阪では毎日 150 〜 200 人の餓死者が出たそうだよ。
　241 ページのグラフに戻ってみて。このころの百姓一揆と打ちこわしの
件数はどうなっているかな？

11章　江戸時代

「天明のききんのときと同じくらい多くなっていますね。」

「百姓一揆の件数は，天明のききんのときより多いくらいです。」

　さらに，幕府にとって衝撃的なことが起こった。なんと幕府のもと役人が，幕府に反逆したんだ。**1837年**，もと大阪町奉行所の役人の**大塩平八郎**は，天保のききんの影響で生活に行きづまっていた人々を救うために，門弟らを率いて，大阪で**大塩平八郎の乱**を起こし，大商人たちを襲ったんだ。

- 必勝暗記法8 - 1837年，大塩平八郎の乱が起こる

```
  1  8        3  7
イ ヤン！ 見 な いで！　大塩平八郎の乱
```

「『門弟らを率いて』ってことは，大塩平八郎は何かの先生だったんですか？」

　うん。儒学の先生だったんだ。儒学といっても幕府がすすめた朱子学ではなく，**陽明学**と呼ばれたものだよ。

　幕府はこの乱を鎮圧したんだけど，各地で大塩平八郎の門弟を名乗る人々が一揆や打ちこわしを起こすなど大きな影響を与えた。さらに衝撃的な事件は続くよ。このころ，外国船の来航がさかんになってきたんだ。

「なぜ，外国船がさかんに日本へ来るようになったんですか？」

　少し解説が長くなるよ。1769年，イギリス人のワットが，**蒸気機関を改良**した。蒸気機関のエネルギーを円運動に変換することに成功したんだ。これにより，蒸気機関を利用したさまざまな機械をつくることができるようになった。そして蒸気機関を利用して，紡績などの生産用機械がつくられたんだ。生産用機械の発明・改良により，工場制手工業から工場制機械

工業に転換した。これがいわゆる**産業革命**だね。産業革命はイギリスから
ヨーロッパ各国や，アメリカに広がっていった。工場制手工業と工場制機
械工業は，何が違うと思う？

「機械で製品をつくるわけだから，大量生産が可能になりますよね。」

「製品をたくさんつくるには，原材料もたくさん必要になりますね。」

　そのとおり。産業革命をなしとげた国は，原料や製品市場を求めて，日
本を含むアジアなどに進出したんだ。1792 年，ロシアの使節**ラクスマン**
が根室（北海道）にやって来て，日本に通商を求めたんだよ。

「日本に最初に開国を要求したのはロシアだったんですね。」

　そう。ラクスマンの来航で，日本沿岸を防備する必要性を痛感した幕府は，
日本沿岸の地図をつくろうと考えた。そこで，地図の作成を願い出ていた
伊能忠敬に許可を与え，彼は地図をつくり始めるんだ。
　この地図は 1821 年に完成した。これはその一部だよ。「大日本沿海輿地
全図」というんだ。

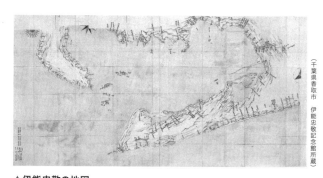

（千葉県香取市　伊能忠敬記念館所蔵）

▲伊能忠敬の地図

「すごい！　今の地図とほとんど変わらない精密さですね。」

そうだね。非常に精度が高いよね。

さて，その後も外国船の来航が相次ぎ，1804年には，ロシアのレザノフが長崎に来航した。そして，1808年には，イギリスの軍艦フェートン号が長崎に不法侵入し，オランダ人を人質にとったうえで，水・食料・燃料などを強要する事件が起こったんだ。日本側は何も抵抗できなかった。これを**フェートン号事件**というよ。

「産業革命が起こって，ヨーロッパ諸国がアジアに進出し始めたことで，日本は安心していられなくなったわけですね。」

しかし，幕府は鎖国を続けようとして，1825年，**異国船打払令**を出したんだ。「外国船は見つけ次第砲撃し，追い返せ。また，上陸した外国人については逮捕せよ。」と命じたわけだね。

- 必勝暗記法9 - **1825年，異国船打払令が出される**

1 8 2　　5
外国船に 一発，GO!!

ところが，この異国船打払令によって思わぬ事件が起きたんだ。1837年，アメリカ船のモリソン号が，日本人漂流民をわざわざ日本まで運んできてくれたんだけど…。普通ならどう対応するだろう？

「船が難破して漂流していたところを救出し，わざわざ日本まで運んできてくれたわけだから，お礼を言うべきですよね。」

そうだよね。ところがこのとき，日本は異国船打払令にもとづき，モリソン号を砲撃してしまったんだ。これを**モリソン号事件**と呼ぶよ。渡辺崋山や高野長英らは，幕府のこのような対外政策を厳しく批判した。これに対し，幕府は2人を捕まえて処罰したんだ。**蛮社の獄**と呼ばれている。

1839年のことだよ。

✦ Point　徳川家斉の政治

- ● 徳川家斉はぜいたくな暮らしを始めた。⇒江戸の経済が発展。
- ● **化政文化**……江戸を中心に栄える。権力をもつ幕府や武士などを，皮肉やしゃれで風刺。
  ⇒歌川（安藤）広重の「**東海道五十三次**」，葛飾北斎の「**富嶽三十六景**」，十返舎一九の「**東海道中膝栗毛**」。
- ● 本居宣長の『**古事記伝**』。**蘭学**の発達。
- ● 1837年，**大塩平八郎の乱**が起こる。⇒幕府に衝撃。
- ● 外国船の来航が増える。⇒**伊能忠敬**に日本沿岸の地図をつくらせる。
  1825年，**異国船打払令**。⇒モリソン号事件。⇒**蛮社の獄**。

天保の改革とはどのような改革だったの？

　そんな中，12代将軍家慶のもとで，老中の**水野忠邦**は，外国船の来航や百姓一揆・打ちこわしが増加する状況を打開するために，**天保の改革**を行ったんだ。スローガンは「享保の改革・寛政の改革に学べ。」だったんだよ。

> - 必勝暗記法 10 - 1841年水野忠邦が老中となり天保の
> 　　　　改革を行う
>
> 　1　8　4　1
> ## 人はよいが，改革は厳しい水野さん

「幕府はあいかわらず発展する商工業を軽くみて，再び農業重視の改革を始めようとしたんですか!?」

「うまくいかない予感がしますね…。」

そうだね。水野忠邦は，まず物価高を何とかしたいと考えたんだ。

「幕府や武士の出費を抑えるためですね。」

そのとおり。享保の改革や寛政の改革と同じように，**倹約令**を出した。そして，水野忠邦は株仲間を解散させ，自由な売買を可能にし，売り手どうしで競争させることで，物価を下げようと考えたんだ。

しかし，商品の流通が大混乱して，かえって物価が上がったり，株仲間が納めていた税金が幕府に入ってこなくなったりして，政策はうまくいかなかったんだ。

また当時，百姓が利益の出ない農業をやめて，商工業に携わろうと，江戸に集まっていた。そこで人返し令を出して，江戸に出ていた百姓を強制的に農村へ帰したんだ。

しかし，この政策もうまくいかなかった。もはや商工業の発展を止めることはできなかったんだね。

「誰でももうからない仕事より，もうかる仕事がしたいですよね。」

さらに，幕府は**上知（地）令**を出した。これは，全国に広がる幕府の幕領，つまり直轄地を，江戸や大阪の周辺に集中させて，財政収入を増やし，支配を強化することが目的だったんだ。そこで，江戸や大阪周辺に領地を持つ大名・旗本から，土地を幕府に差し出させるかわりに，地方の土地を与えようとした。しかし，大名・旗本の猛反発を受け，実現できなかった。水野忠邦はこれらの失敗により，1843年に失脚してしまったんだ。

「諸大名は幕府の言うことをきかなくなってしまいましたね。幕府の権力に衰えを感じます。」

★ Point　天保の改革

- 1841年，**水野忠邦**が**老中**となり，**天保の改革**を行う。
- **株仲間の解散**……競争させ，物価を下げようとする。⇒失敗。
- **人返し令**……江戸に出ていた百姓を農村へ帰す。
- **上知(地)令**……幕府の直轄地を江戸や大阪周辺に集中させようとする。
  ⇒大名・旗本の猛反発を受けて失敗。

11-6 黒船来航と開国

江戸幕府はなぜ開国したの？

そんなとき，またも幕府を驚かせるニュースがまい込んでくる。**1840年**に，イギリスと清（中国）との間で起きた**アヘン戦争**で，清が負けたんだ。

- 必勝暗記法 11 - 1840年，アヘン戦争が起こる

```
1   8   4   0
イヤよ～，アヘンなんか
```

「アヘン戦争はどんな戦争だったんですか？」

すでに少し話したけど，イギリスはほかの国と同じように，原料や製品市場を求めて，アジアへ進出していた。しかし，清との貿易では赤字となっていたため，イギリスからインドに工業製品を，インドから清にアヘンをひそかに輸出する**三角貿易**を行って，赤字対策としたんだ。その後，清の役人がアヘンを没収したことが原因で，アヘン戦争が起こり，イギリスは清を武力で屈服させたんだよ。

▲三角貿易のしくみ

「アヘンって麻薬ですよね？　簡単に言えば，イギリスが武力を使って，清に強制的に麻薬を買わせたわけですか？」

そういうことだね。次の絵は，清の海軍がイギリスの海軍に撃破されているところだよ。

（公益財団法人東洋文庫所蔵）

◀アヘン戦争

「手前が清の海軍，右奥がイギリスの海軍ですね。船がまったく違います。」

「清の海軍は帆船，イギリスの海軍は蒸気船のようですね。」

アヘン戦争で，清は敗れてしまった。**1842年**，清とイギリスとの間で**南京条約**（ナンキン）が結ばれ，日本と同じように鎖国していた清は，上海（シャンハイ）など5港を開くことになった。また，**香港**（ホンコン）をイギリスに譲（ゆず）った。さらに，多額の賠償（ばいしょう）金を支払うことになったんだ。

「清にとっては，踏（ふ）んだり蹴（け）ったりだったわけですね。」

賠償金を支払うために重い税を課せられた清の農民たちは怒った。そして，1851年に，洪秀全（ホンシュウチュワン）に率いられた農民が太平天国の乱（たいへいてんごく）を起こすなど，清では混乱が続くことになるよ。

そしてアヘン戦争の結果を知った幕府は，異国船打払令を見直したんだ。外国船に燃料・水・食料の補給（ほきゅう）を許（ゆる）した。なぜ幕府は方針をかえたのだと思う？

「外国船を砲撃すれば，戦争になってしまいますよね。そうなると日

本も清と同じ道をたどってしまうと考えたからじゃないですか？」

「つまり，当時の日本では外国に勝てないと悟ったわけですね。」

　そう。日本から見て清（中国）は超大国であり，日本は中国から学んだ儒学にもとづいて政治を行ってきた。その清でさえ，イギリスに勝てなかったんだ。ましてや日本はとても勝てないだろうと考えたんだね。しかし，何もしなかったわけではなく，江戸の防衛強化を行ったよ。

「なぜ清はイギリスに勝てなかったんですか？」

　簡単にいえば，イギリスは**近代国家**で，清は**封建国家**だったからだろうね。ちなみに江戸時代の日本も封建国家だったよ。

「近代国家と封建国家の違いを教えてください。」

　近代国家の条件として，主に次の5つが挙げられるよ。

近代国家の主な条件

①憲法にもとづいた立憲政治を行う。
②身分制度がなく，その国の全ての人々，すなわち国民が政治に参加する。
③国民には納税の義務がある。男子は兵役の義務を果たす。
④国民が愛国心を持つ。（「国民」という意識をもつ。）
⑤産業革命を経る。

　これに対して，封建国家は，臣下が主君に忠誠を尽くすかわりに，土地などのほうびをもらう契約が基礎となっているよ。

「例えば，鎌倉時代の『御恩と奉公』の関係ですね。」

　そう。当時の日本や清を，上の近代国家の5つの条件と照らし合わせて

みよう。①→憲法はない。②→身分制度があり，一部の身分の人が政治を行っている。③→一部の身分の人が納税し，一部の身分の人が兵士となっている。④→国民に「国」という意識はあまりない。⑤→産業革命は始まっていない。このようになるね。

「確かに江戸時代の日本は，政治を行っているのも，兵士になっているのも武士だけですね。納税しているのは主に農民でしたね。」

　近代国家と封建国家が戦えば，近代国家が勝つのは当然だといえるのは，なぜかな？

「⑤の条件がわかりやすいです。産業革命を経ているということは，近代国家は工場制機械工業をとっているわけですよね。だとすれば，近代国家は強力な武器を大量生産できるんじゃないですか？」

　そのとおり。近代国家と封建国家とでは，武器の質・量が違ってくるよね。①の条件については，憲法があったほうが，国の根本が明確になっているので戦争にも強いだろうね。③の条件については，どうかな？

「封建国家は，国民全員が納税するわけではなく，男子全員が兵士になるわけではないです。これに対して，近代国家は国民全員が納税し，男子は徴兵され，兵士になりますよね。」

「国全体のパワー（近代国家）vs 国の一部のパワー（封建国家）の対決になるわけか。封建国家よりも近代国家のほうが，お金もあるし，兵力も上ですよね。」

「④の条件についてですが，当時の日本人は自分を日本の国の一員というよりも，藩や幕府の一員と考えていたということですか？」

　そうなんだ。当時の清の人たちも，例えば自分を北京人だと思っていても，

清の国の一員という自覚は，ほとんどなかったんだ。

　近代国家では，国民自身が政治に参加しているからこそ，国民は自国を守ろうという気持ちになるね。そこに，愛国心がうまれるわけだ。

「なるほど，近代国家の兵士は，愛国心があるので国のために精いっぱい戦うわけですよね。でも，封建国家の兵士は国のためではなく，主君からほうびをもらうために戦っていたはず。ということはほうびが期待できないと，戦う気持ちになれませんよね。外国と戦うような国をあげての戦いでは，近代国家のほうが強そうです。」

「清や日本は鎖国していた間に，ヨーロッパの国々やアメリカ合衆国に比べて，だいぶ遅れてしまったんですね。」

　近代国家になる前の，17～18世紀のイギリスやフランスでは，強い権力をもった国王による**絶対王政**がおこなわれていた。それに対して市民階級が立ち上がり，自由と平等を目指して絶対王政をたおしたんだ。これを市民革命というよ。また，アメリカでは**独立革命**が起こった。

　これらの革命には，人間の自由や平等を主張する，イギリスの**ロック**や，フランスの**モンテスキュー**，**ルソー**などによる啓蒙思想が後押しになっていたんだ。

　こうした革命を経て，欧米諸国では近代国家が成立していたんだね。

アメリカから黒船が来た！

　そんな中，ついに日本にも近代国家と直接向かいあわなくてはいけないときがきたんだ。**1853年**，アメリカ合衆国の使節**ペリー**が，黒船4隻を率いて，大西洋廻りで**浦賀**（神奈川県）に来航した。彼は，アメリカ大統領からの国書を江戸幕府に渡して，開国をせまったんだ。

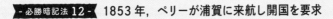

- 必勝暗記法 **12** - 1853年，ペリーが浦賀に来航し開国を要求

$\underset{1}{開}\underset{8}{国}は，\underset{5}{い}\underset{3}{や}でございます$

1 8 5 3
開国は，いやでございます

「なぜ，ペリーは開国をせまったんですか？」

日本や中国と貿易したかったからだよ。

「産業革命によって，大量生産が可能になったから，製品の原料を手に入れたかったんですね。それから，製品を売る市場として日本や中国に目をつけたわけですね。」

　そう。さらに，捕鯨船の寄港地や船の燃料などの補給地として日本を利用したい，船が難破した際は救助を頼みたいなどの理由があったんだ。浦賀は江戸湾の入口にあり，江戸の防衛上重要な場所だった。ペリーは浦賀を拠点として，圧倒的な軍事力を背景に，江戸湾を封鎖する構えをみせた。
　もし，江戸湾が封鎖されると，十分な物資が届かなくなり，江戸の人々は飢え死にする可能性が出てくるよね。しかし，アメリカは戦っても勝てる相手ではないので，幕府にできることは時間かせぎだけだった。幕府は返事を1年待ってほしいと伝え，ペリーたちに帰ってもらった。そして翌年，ペリーは再び来航し，幕府はアメリカの要求に屈して，**日米和親条約**を結ぶことになったんだ。

- 必勝暗記法 **13** - 1854年，日米和親条約を結ぶ

1 8 5 4
いや，ご親切に，日米和親条約

11章 江戸時代

　日米和親条約により，**函館**（北海道）と**下田**（静岡県）を開港すること
になった。これにより鎖国は終わったんだ。また，アメリカ総領事ハリス
が下田に着任した。ときの将軍は第13代徳川家定だよ。さて，日米和親
条約は，お互いに国として付き合うことを決めただけの条約だった。ハリ
スは，さらに貿易を始めることを要求した。当然，日本に断る力はない。
1858年，幕府は**日米修好通商条約**を結んだんだ。

「幕府は，ハリスの要求を受け入れたわけですね。」

　そうだね。そして，同じ内容の条約を**オランダ・イギリス・フランス・
ロシア**とも結ぶことになるよ。

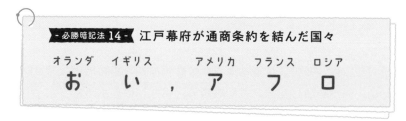

- 必勝暗記法 14 - 江戸幕府が通商条約を結んだ国々

オランダ	イギリス		アメリカ	フランス	ロシア
お	**い**	**，**	**ア**	**フ**	**ロ**

「先生，日米修好通商条約では何が決まったんですか？」

　まず開港する港が増えた
んだ。下田を閉じ，新たに
新潟・神奈川（横浜）・兵
庫（神戸）・長崎を開港す
ることになった。つまり，
開港した港は**函館・新潟・
神奈川（横浜）・兵庫（神戸）・
長崎**の5港だね。右の地図
で位置を確認しておこう。

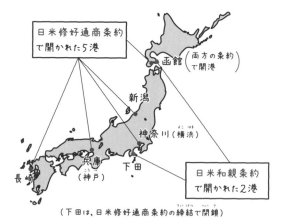

日米修好通商条約
で開かれた5港

函館　両方の条約
で開港

新潟

神奈川（横浜）

兵庫
（神戸）　下田

長崎

日米和親条約
で開かれた2港

（下田は，日米修好通商条約の締結で閉鎖）

▲日米和親条約と日米修好通商条約の開港地

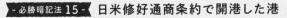

- 必勝暗記法 15 - **日米修好通商条約で開港した港**

函館　新潟　神戸・長崎　横浜
箱　に　粉　よ！

さらに，次のことが決まったんだよ。

日米修好通商条約（一部要約）

第4条　日本に対して輸出入するすべての商品の関税（かんぜい）は，アメリカと相談（そうだん）し
て決める。

第6条　日本人に対して法を犯（おか）したアメリカ人は，アメリカの領事がアメリカの
法律（ほうりつ）で罰する。

「第4条にある関税って何ですか？」

　関税とは，輸入品に課せられる税金のことだよ。例えば，日本国内の米
が1kgで400円としよう。しかし，アメリカからの輸入米は1kgで
300円だったとする。米の品質は同じとしよう。このままアメリカ産の米
が輸入されると，どうなるかな？

「品質が同じなら，多くの人は安いアメリカ産の米を買うでしょうか
ら，日本国内でつくられた米は売れなくなりますよね。日本の米づ
くりは衰えるかもしれません。」

　きっとそうなるだろうね。そこで，国内の産業を保護（ほご）するために，輸入
品に関税をかけるわけだ。例えば，アメリカからの輸入米に1kgあたり
100円以上の関税をかければ，日本国内でつくられた米もアメリカからの
輸入米に対抗できるよね。このことを頭に入れて，もう一度，第4条を読
んでみて。

「『商品の関税は，アメリカと相談して決める。』とありますね。」

「つまり，日本の輸入品の関税を日本が決められないわけですか？」

　そのとおり。このことを「**関税自主権**（かんぜいじしゅけん）がない」というんだ。外国からの輸入品に対してかける税金（関税）を自由に決めることができないわけだね。

「これでは国内の産業がなかなか発展（はってん）しないでしょうね…。」

　そうだね。さらに，第6条を見てみよう。

「『日本人に対して法を犯したアメリカ人は，アメリカの領事がアメリカの法律で罰する。』とあります。自国の国民に対しては，どうしても判決が甘（あま）くなるだろうから，公正な裁判ができないおそれがありますね。」

　そう。このことを「**領事裁判権**（りょうじさいばんけん）を認める」というんだ。つまり，日本にいる外国人が法を犯した場合，日本の裁判官は外国人犯罪者を日本の法律で裁（さば）くことができず，外国の領事が外国の法律で裁くことを認めたということだね。

「関税自主権がないこと，領事裁判権を認めたことなど，日米修好通商条約は日本に不利な内容の条約だったんですね。」

　そのとおりだね。**不平等条約**といわれたんだ。ところで，条約には最終的な確認として批准という手続きが必要になる。日米修好通商条約の批准（ひじゅん）書を交換するために，アメリカに渡った使節につき従（したが）った咸臨丸（かんりんまる）の艦長は，あの有名な**勝海舟**（かつかいしゅう）だよ。このとき，慶應義塾大学（けいおうぎじゅく）の前身である蘭学塾をつくった**福沢諭吉**（ふくざわゆきち）もいっしょにアメリカに行っているんだ。

- 必勝暗記法 16 - 1858年，日米修好通商条約を結ぶ

1 8 5 8
不平等だから，一番こわい

右の絵が福沢諭吉。彼は中津藩（大分県）出身で，緒方洪庵がつくった適々斎塾（適塾）で学んだんだ。

福沢諭吉▶

開国後，生活への影響は？

さて，日米修好通商条約を結んだ結果，日本の貿易額は急増した。中でも横浜港での貿易が圧倒的に多く，輸出額の約8割，輸入額の半分以上を占めたんだ。主な貿易相手国は，当時「世界の工場」と呼ばれていた**イギリス**だった。日本の総貿易額の8割以上をイギリスが占めるほどだったんだよ。

「日本は何を輸出し，何を輸入していたんですか？」

当時の主な輸出品は**生糸**で，1860年代半ばには総輸出額の8割以上を占めていた。まさに日本の主力商品だね。輸入品は，毛織物・綿織物・武器などだった。安い綿織物が輸入されたため，日本国内で綿製品をつくっていた人たちの経営は苦しくなったんだ。

「関税自主権がないことによる不利益ですね。」

そうだね。しかも，輸出が急激に増えたため，日本国内は品不足となり，輸出品の国内価格が上がってしまった。
また当時，国際的な金と銀の交換比率は1：15だったんだけど，日本国内での金と銀の交換比率は1：5だった。外国人がこの金と銀の交換比率

11章 江戸時代

の差を利用したため，日本から海外に金が大量に流出してしまったんだ。

「えーと，つまり…。金１ｇを国際基準（きじゅん）で銀に交換すると，15ｇに
なりますよね。その銀15ｇを日本に持ち込んで，金に交換すると…，
あれれ!?　金３ｇになります。」

「１ｇの金が，日本を経由（けいゆ）すると３倍の３ｇになるんですね！！」

当然，日本国内は大混乱となったんだ。インフレーションが起こり，安
い輸入品が流入してきて，生活が苦しくなった人がたくさんいたんだよ。

「生活が苦しくなった人たちは，幕府の政策に疑問（ぎもん）を持ったでしょう
し，外国人は日本から出ていってほしいと思ったでしょうね。」

そのとおり。そこで，長州藩（ちょうしゅうはん）などは**尊王攘夷論**（（そん）のう（じょう）い（ろん））を主張（しゅちょう）したんだ。尊王攘
夷論とは，朝廷（ちょうてい）を盛（も）りたてて天皇の権威（けんい）を高め，外国人を追い払おうとい
う考え方のことだよ。

このとき，日米修好通商条約を結んだのは，**大老**（たいろう）の**井伊直弼**（いいなおすけ）だった。老
中が現在の内閣総理大臣にあたるとすると，大老は内閣総理大臣より上で，
スーパー内閣総理大臣とでもいうべき地位だね。彼は，通商条約を結ぶと
きに天皇の許可を得ていなかったため，批判を受けたんだ。

「尊王攘夷論が主張される中で天皇の許可を得ていなかったことで，
井伊直弼への批判は強まったのですね。」

そう。幕府がこれほど批判を受けたのは初めてのことだった。そこで，
井伊直弼は幕府の政治を立て直そうと，日米修好通商条約に反対する100
名以上の人物を次々と弾圧・処罰したんだ。例えば，御三家の水戸藩の前
藩主である徳川斉昭（なりあき）を謹慎（きんしん）させ，家老を死刑にした。また，長州藩（山口県）
で松下村塾（しょうかそんじゅく）を開き，のちに活躍する高杉晋作（たかすぎしんさく）や伊藤博文（いとうひろぶみ）を育てた**吉田松陰**（よしだしょういん）
を死刑にしたんだ。これを**安政**（あんせい）**の大獄**（たいごく）というよ。

> - 必勝暗記法 17 - 1859 年，安政の大獄
>
> 1　859
> **人は獄に，安政の大獄**

11章 江戸時代

「処罰された人たちは，井伊直弼をうらんだでしょうね。」

そうだろうね。だから井伊直弼は江戸城の桜田門付近で暗殺されたんだ。これが**桜田門外の変**で 1860 年のことだよ。

> - 必勝暗記法 18 - 1860 年，桜田門外の変が起こる
>
> 1　860
> **井伊は無礼と暗殺する**

こうして，白昼堂々と江戸幕府の最高幹部である大老が暗殺されてしまい，幕府の権威は大きく落ちることになったんだ。

★ Point　開国と影響

- **1840 年，アヘン戦争**で清がイギリスに敗れる。⇒清は**南京条約**を結び，上海など 5 港を開き，香港をイギリスに譲る。
- 封建国家である日本は，近代国家に勝てないことを悟る。
- **1853 年，**アメリカの使節ペリーが**浦賀**に来航。開国をせまる。
- **1854 年，日米和親条約**を結ぶ。**函館・下田**を開港。鎖国が終わる。
- **1858 年，日米修好通商条約**を結ぶ。**函館・新潟・神奈川（横浜）・兵庫（神戸）・長崎**を開港。**関税自主権**がなく，**領事裁判権**を認めた不平等条約。
- **尊王攘夷論**が高まる。⇒**井伊直弼**は吉田松陰らを処罰（**安政の大獄**）。⇒井伊直弼は**桜田門外の変**で暗殺される。

江戸幕府の滅亡

なぜ，大政奉還となったの？

　そのころ，幕府は落ちた権威を取り戻すため，**公武合体**の政策を推し進めた。公武合体とは，朝廷の力をかりて江戸幕府の政権を維持しようとする考え方のことだよ。さて，当時，藩の財政赤字を解消し，巨大な兵力を持つ勢いのある藩があった。それが**薩摩藩**（鹿児島県）と**長州藩**（山口県）なんだ。

　どちらの藩も尊王攘夷論をとっていた。

　また，どちらも今後の政治の実権を握りたいという思惑があったんだ。そのため両藩は仲が悪かったといってよいだろうね。1864年には，京都で両藩が戦っているよ（禁門の変）。長州藩はこれに敗れ，かなり苦しんだ。そんな中，薩摩藩と長州藩が近代国家の強さを身にしみてわかる事件が起こったんだ。

「どんな事件ですか？」

　うん。まずは薩摩藩のほうから話そう。1862年，薩摩藩の大名行列をイギリス人が横切ったため，薩摩藩の武士がこのイギリス人を殺害してしまったんだ。これを**生麦事件**というよ。翌年，生麦事件の対応を求めて，イギリス艦隊がやってきたため，薩摩藩は迎え撃った。これを**薩英戦争**というよ。薩摩藩は必死に戦ったんだけど，イギリスに惨敗したんだ。

「長州藩のほうは，どんな事件が起こったんですか？」

　1863年，長州藩は下関（関門）海峡を通る外国船を砲撃した。すると翌年，**四か国連合艦隊**（オランダ・イギリス・アメリカ・フランス）の報

復を受ける。結果，長州藩はあっけなく敗北したんだ（**四国艦隊下関砲撃事件**）。

　これらの出来事により，薩摩藩も長州藩も外国勢力を撃退することは無理で，攘夷は不可能であることを悟ったわけだね。そして両藩は，急いで近代国家をつくらないと，日本は欧米諸国の植民地になってしまうかもしれないと考えるようになったんだ。

「でも，薩摩藩と長州藩がバラバラな状態で，幕府に勝てるんですか？
何といっても幕府は 400 万石の領地を持っていますよね…。」

　そう思うよね。そこで，**1866 年**，薩摩藩と長州藩は**薩長同盟**を結んだんだ。薩摩藩の指導者は**西郷隆盛**や**大久保利通**，長州藩の指導者は**木戸孝允**で，彼らを説得したのが土佐藩（高知県）出身の**坂本龍馬**なんだ。龍馬は，「江戸幕府を倒すためには，薩・長の連携が必要である。」と訴えた。薩長同盟により，薩摩藩と長州藩は協力して，江戸幕府を倒すことにしたわけだね。

- 必勝暗記法 19 - 1866 年，薩長同盟が結ばれる

１　　８　　　６　　　　６
薩長の人は，胸毛，胸毛

「出た～！　胸毛シリーズ第 4 弾!!　しかし，このままでは幕府が倒されてしまいますね。幕府はどうしたのでしょうか？」

　幕府は，驚きの策に出たんだ。**政権を朝廷に返上**してしまった。これを**大政奉還**というよ。**1867 年**のことだった。ときの将軍は，15 代将軍徳川慶喜。次ページの絵の一番奥の人物だね。

（作者：邨田丹陵　画像No.5　聖徳記念絵画館）

◀大政奉還を告げる徳川慶喜

大政奉還の「大政」とは「天下の政治」,「奉還」とは「天皇にお返しする」という意味だよ。つまり，大政奉還は，政治の実権を朝廷に返すことを意味しているわけだね。

- 必勝暗記法 20 -　1867 年，徳川慶喜が大政奉還

　　　　　　1　8　　　67
徳川慶喜，いやん，胸毛

「ここで胸毛シリーズ第５弾が来ましたか…！」

大政奉還をうけ，朝廷は**王政復古の大号令**を出すんだ。つまり，天皇の政治に戻ることなどを宣言したんだね。

「大政奉還により，幕府はもう政治を行わないわけだから，江戸幕府は滅びたといっていいんですかね？」

そうだね。しかし，これで倒幕派が幕府を攻撃する理由は無くなった。倒幕する幕府が無くなってしまったわけだからね（笑）。けれども，大政奉還を行った徳川慶喜にはある計算があったんだよ。それは，「数万石の収入

しかなく，軍隊も官僚も持たない朝廷に日本を治める能力などあるはずがない。大政奉還をしても，朝廷は結局，徳川家に頼らざるを得ない。だから，徳川家は引き続き日本の政治の主導権を握れるだろう。」という計算だった。

「徳川慶喜の作戦は成功したのですか？」

　いや，そうはいかなかったんだ。朝廷は，徳川慶喜に朝廷に官位を返上することと，徳川家の土地を朝廷に返上することを要求し，幕府を挑発して，戦争をしようとしたんだよ。薩摩藩や長州藩などは，徳川家を残しておくと，結局幕府があったころと状況が変わらなくなってしまい，日本は近代国家になれないと考えたわけだね。そして挑発にのった旧幕府軍と，薩摩藩・長州藩などの新政府軍は，**1868年**，京都で激突する。これが**鳥羽・伏見の戦い**だよ。

「どちらが勝ったのですか？」

　戦況は一進一退だったけど，あるとき，新政府軍側に錦旗（錦の御旗）が上がったんだ。

「錦旗って何ですか？」

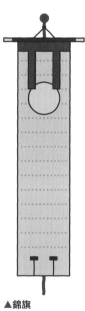

　天皇の軍隊であることを示す旗だよ。右が錦旗だね。この旗を持つ軍隊に歯向かえば，天皇に反逆する軍隊，つまり賊軍になってしまうんだ。新政府軍側に錦旗が上がったということは，新政府軍が官軍，つまり天皇の軍隊になったということだね。

▲錦旗

「旧幕府軍は反逆者という扱いになってしまったわけですね。」

　そう。この錦旗が新政府軍側に上がったことがきっかけとなり，旧幕府軍は戦意喪失し，敗北したんだ。徳川慶喜も上野（東京都）の寛永寺で謹

慎して，新政府軍に逆らわない姿勢を示した。いっぽう，官軍となった新政府軍は，旧幕府軍の抵抗をあまり受けずに江戸まで進撃することになるよ。江戸城は，西郷隆盛と勝海舟の話し合いにより，戦いをしないで明け渡されたんだ（**江戸城の無血開城**）。

しかし，旧幕府軍の一部は新政府に抵抗したんだ。1868年から1869年まで続いた，新政府軍と旧幕府軍との一連の戦いを**戊辰戦争**というよ。旧幕府軍は北へ追われ，会津では激戦になったんだけど，兵力で勝る新政府軍の勝利となった。さらに，北に追われた旧幕府軍は北海道で最後の抵抗を試みたんだ。

北海道の函館で争った**五稜郭の戦い**は激戦になったんだけど，旧幕府軍の榎本武揚は，新政府軍に降伏した。こうして，旧幕府側の勢力は消滅したわけだね。

戊辰戦争のために米の値段ははねあがり，都市部では打ちこわし，農村部では世直し一揆が激増したよ。そんな中，日本は本格的に近代国家になることを目指すことになる。新しい時代が始まるということだね。

♪.Point　大政奉還までの流れ

- 幕府は**公武合体**の政策を推し進める。
- 薩摩藩は**薩英戦争**，長州藩は**四国艦隊下関砲撃事件**で**攘夷が不可能である**ことを悟る。
- **1866年**，薩摩藩と長州藩は**薩長同盟**を結び，協力して幕府を倒すことを決める。
- **1867年**，15代将軍**徳川慶喜**は朝廷に政権を返上する（**大政奉還**）。⇒王政復古の大号令。
- **戊辰戦争**により，旧幕府側の勢力は消滅。

☑CHECK 12

つまずき度 ！！！！！ ➡ 解答は別冊 p.023

　次の文の（　　）に当てはまる語句や数字を答えなさい。

(1) 1685年，5代将軍綱吉は，（　　）の令を出した。

(2) 1716年，8代将軍徳川（　　）は（　　）の改革を始めた。

(3) 1772年，（　　）が老中となって改革を始めた。彼は，（　　）の結成を奨励し，経済力をつけてきた商人から税金をとろうとした。

(4) 11代将軍家斉のもとで，（　　）が老中となり，（　　）の改革を行った。

(5) 1837年，もと大阪町奉行所の役人の（　　）が，大阪で乱を起こした。

(6) 12代将軍家慶のもとで，（　　）が老中となり，（　　）の改革を行った。

(7) (2)の改革，(4)の改革，(6)の改革の共通点は（　　）令を出して，出費を抑えようとしたことである。

(8) 1840年，イギリスと清との間で（　　）戦争が起きた。清はイギリスに敗れ，（　　）条約が結ばれた。

(9) 1866年，薩摩藩と長州藩は（　　）を結び，協力して江戸幕府を倒すことを決めた。

(10)（　　）年，15代将軍徳川（　　）は，（　　）を行い，政治の実権を朝廷に返上した。ここに江戸幕府は滅亡した。

12 章

明治時代

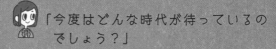

　平清盛の1167年から江戸時代まで，おおよそ700年続いた武士の世が終わったね。

「今度はどんな時代が待っているのでしょう？」

　強い国が弱い国を従え，植民地にするという弱肉強食の考えが支配する時代が来ていた。この考えを帝国主義というよ。

「このままでは日本は西洋の植民地になってしまうということですか。」

　そのとおり。日本が国としての独立性を失ってしまうピンチなんだ。早く近代国家に変身しなければならないね。

「日本がどんな変身をとげるのか，楽しみです！」

12-1 明治維新

　さて，「日本も欧米の植民地にされないためには早く近代国家にならなければいけない。」という気持ちが，**明治維新**の原動力だったわけだね。近代国家になるためには，まず欧米諸国のことを知らなければならない。そこで明治新政府は，長州藩や薩摩藩と手を結んで江戸幕府を倒し，新政府の樹立に貢献した公家の**岩倉具視**を団長として，**木戸孝允**，**伊藤博文**（ともに長州藩出身），**大久保利通**（薩摩藩出身）ら総勢107名の**岩倉使節団**を，アメリカ・ヨーロッパへ視察や留学に向かわせたんだ。1871～73年のことだね。次の写真が岩倉使節団の主なメンバーだよ。

（山口県文書館所蔵）

▲岩倉使節団

「欧米にはるばる旅立ったんですね！」

　左から順に，木戸孝允，山口尚芳（佐賀藩出身），岩倉具視，伊藤博文，大久保利通だよ。**西郷隆盛**（薩摩藩出身）や**大隈重信**（佐賀藩出身）は同行せず，日本で留守番をしていたんだ。また，使節団のメンバーの中には6歳の少女もいたんだよ。

 「6歳ですか!?」

そうなんだ。**津田梅子**といい，岩倉使節団に同行
した日本人初の女子留学生の一人だよ。右の絵の人
物だね。女子教育の必要性を痛感していた明治新政
府は，女子留学生をアメリカ合衆国へ送り込んだ。
彼女もそのうちの一人で，アメリカの大学で学び，
1882年に帰国した。その後津田梅子は，1900年に
女子英学塾，のちの津田塾大学を創立するなど，女子の英語教育に力を注
いだんだ。

▲津田梅子

　さて，岩倉使節団のもう1つの目的には，江戸時代末期に結んだ**不平等
条約の改正**があった。しかし，条約改正の交渉はうまくいかなかったんだ。
なぜだと思う？

 「やはり，日本は欧米諸国と比べると，まだまだおとっているところ
　が多いからでしょうか。」

そのとおり。使節団は，欧米諸国との国力の差に，ただただ驚くばかりで，
条約改正など夢のまた夢だとわかったんだね。
　さて，欧米諸国が，軍事力などを背景に，資源や市場を求めて植民地を
広げた動きを**帝国主義**という。明治維新のころ，アジア・アフリカには数
えるほどしか独立国がなかったんだ。日本，韓国，タイ，トルコ，エチオ
ピアなどだね。

 「ほかの国はどうなったんですか？」

ほとんどの国が，欧米諸国の植民地になっていたよ。

> ## ★.Point　岩倉使節団の目的
>
> - 岩倉具視を団長に，**木戸孝允**や**伊藤博文**，**大久保利通**など
>   を**岩倉使節団**として，欧米諸国へ派遣。**不平等条約改正の下**
>   **交渉**も狙っていた。
> - 不平等条約の改正には失敗。**帝国主義**を進める欧米諸国との国力の
>   差を痛感。

政治改革の始まりを人々に宣言

　それでは，日本がどのように近代国家となっていったのかを見ていこう。
まずは，人々に政治が変わったことを知らせる必要があった。1867 年，
将軍徳川慶喜は，**大政奉還**により，政権を朝廷に返した。翌年に朝廷は，
王政復古の大号令を出したんだ。

　王政とは「天皇の政治」，復古とは「昔に戻る」ことだよ。つまり，「天
皇が政治をしていた昔に戻る」という意味だね。そして，**1868 年** 3 月，
明治天皇は次のような宣言を行った。

> ### 五箇条の御誓文（一部）
> 一、広く会議をおこし万機公論に決すべし

　これは**五箇条の御誓文**の一部だよ。明治天皇が神々に誓うという形で，
公家や大名に対して新しい政治の方針を宣言したわけだね。一般の人々に
対しての約束ではないことに注意しよう。この一文は，「公家や大名と会議
をしてさまざまなことを決めましょう。」という政治の方針を示しているよ。

- 必勝暗記法1 - 1868年，明治維新が始まる

1　　　**8**　**6**　　**8**
ひとつ, やろうや 明治維新

そして，翌日には**五榜の掲示**が発表された。これは公家や大名に対してではなく，庶民に政治の方針を示したものだよ。五榜の掲示により，江戸時代に引き続いてキリスト教が禁止されたことに注意してね。もっともこれは1873年には無効となったけど…。また，**1868年**7月，江戸を**東京**と改め，翌年，首都を東京に移した。明治新政府は，東京を本拠地として改革を始めるつもりだったんだ。

★Point　明治維新の開始

● **1868年**に王政復古の大号令，五箇条の御誓文，**五榜の掲示**，1869年に**首都を東京に移した**ことなどにより，政治改革が始まったことを人々に知らせた。

日本の領土をはっきりさせた！

さて，ここまでは政治改革を始めることを人々に知らせたところまで見てきたね。次は，**領土の画定**だよ。日本の領土をはっきりさせる必要があったんだ。

「当時，日本の領土か，外国の領土かはっきりしていないところがあったんですか？」

沖縄やロシアとの国境などだね。まず，沖縄についてだけど，1872年，

清の反対をおさえて、琉球藩を設置した。そして1879年、日本政府は**琉球処分**を行い、琉球藩を廃止して**沖縄県**とし、完全に日本に組み入れたんだ。

また、**1875年**に日本とロシアの間で**樺太・千島交換条約**が結ばれた。この条約により、樺太（サハリン）はロシア領、千島列島は日本領となったんだ。

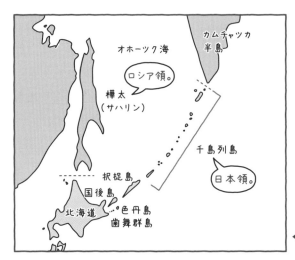

オホーツク海

カムチャツカ半島

ロシア領。

樺太（サハリン）

千島列島

日本領。

択捉島

国後島

色丹島

歯舞群島

北海道

◀樺太・千島交換条約による
日本とロシアの国境

★ Point　日本の領土の画定

- **1872年**、琉球藩を設置。⇒1879年、**琉球処分**により、**沖縄県**とする。
- **1875年**、樺太・千島交換条約により、樺太（サハリン）はロシア領、千島列島は日本領となる。

まずは「国民」をつくる必要があった！

近代国家の建設に向けた具体的な政治の改革について見ていこう。ところで**近代国家**とはどんな国家だったかな？　264ページを振り返って、答えてみて。

「えっと，近代国家には，５つの主な条件がありましたよね。『①憲法にもとづいた立憲政治を行う』『②身分制度がなく，その国の全ての人々，すなわち国民が政治に参加する』『③国民には納税の義務がある。男子は兵役の義務を果たす』『④国民が愛国心を持つ（「国民」意識をもつ）』『⑤産業革命を経る』の５つでした。」

　そのとおり。明治新政府は日本を近代国家にするために，２つのスローガンを打ち出すんだ。１つ目は**富国強兵**，２つ目は**殖産興業**だよ。

「どういう意味ですか？」

　富国強兵の「富国」とは経済を発展させて国力をつけること，「強兵」とは軍隊を強くすること。殖産興業とは，欧米の技術を取り入れて近代産業を育てることだよ。この２つを成し遂げるために，前提として日本はまず近代国家の条件を満たさなくてはならない。
　まず②に注目しよう。その国に属する人々，すなわち「国民」をつくらなければならなかったんだね。

「例えば，当時は，日本人であるという意識はなく，長州人，薩摩人という意識だったわけですね。」

　そう。当時は藩によって方言がきつく，日本語といっても地域でかなり違いがあった。江戸時代の日本は，「藩」が現在の国に相当し，それぞれが意思決定をして，幕府がそれを取りまとめるという体制だったんだ。
　しかし，帝国主義を進める欧米諸国は，中央集権，つまり１つの政府が国に関する意思決定をしていた。そして人々はその国家に属する自覚を持つ「国民」だったわけだね。

「つまり，帝国主義を進める欧米諸国が国として１つにまとまっているのに対し，日本はまるでばらばらの団体の寄せ集めみたいですよ

ね。これではとても対抗できない気がします。」

　そうだね。だから，日本という国民国家をつくって，1 つの政府が日本国全体の意思決定をする強力な中央集権体制を構築することが，帝国主義を進める国から日本を守る唯一の道だったんだ。

「それまでの藩を無くし，『日本国』，そして『日本人』をつくることが必要だったわけですね。」

　そこで，明治新政府は **1869 年**，版籍奉還を各藩に命じる。「版」は領地を，「籍」は人民を意味しているよ。これにより各藩主は土地と人民の支配権を天皇に返し，明治新政府が改めて旧藩主を知藩事に任命したんだ。

> **- 必勝暗記法 2 -** 1869 年，版籍奉還を行う
>
> 　　　　　　　　1　8　6　9
> **大名の人はむく**れています

　改革はこれで終わりではないよ。**1871 年**，廃藩置県が行われる。藩が廃止され，全国に府と県が置かれたんだ。そして，中央から派遣された府知事・県令が，地方政治を行うことになったわけだね。

「もとの大名たちはどうなったんですか？」

　そのまま藩に住むことは許されず，東京に住むことを命じられたよ。昔の家来を集めて，明治新政府に対して反乱を起こさせないためだね。

> **- 必勝暗記法 3 -** 1871 年，廃藩置県を行う
>
> 　　　　　　　　1　8　7　1
> **藩とはいわない**，県という

さらに，明治新政府は江戸時代の身分制度を廃止して**四民平等**とした。天皇の一族を**皇族**，大名や公家を**華族**，武士を**士族**，百姓と町民を**平民**としたんだ。そして頭髪，住む場所などさまざまな自由が認められた反面，それまでの特権を奪われ，生活が苦しくなる人たちもいたよ。奪われた特権のひとつに，賤民による皮革産業の独占がある。彼らは皮革産業を独占できなくなったんだ。

「賤民とはどんな人たちですか？」

それまで「えた」や「ひにん」と呼ばれ，厳しい差別を受けてきた人々だよ。彼らも1871年の解放令により，平民とされたけど，実際は新平民などと呼ばれ，就職や結婚などでの差別が根強く残ったんだ。
　こうしてようやく「国民」ができた。ただ，ここで忘れてはならないのが，アイヌや琉球の人々だね。

「今でいう北海道と沖縄の人々のことですね？」

そう。蝦夷地（北海道）に住む先住民を**アイヌ**と呼ぶよ。アイヌや琉球の人々は，日本語や日本式の氏名の使用などを強制されたんだ。これは彼らを日本人にして，国を強化するためだった。しかしいっぽうで，アイヌや琉球の人々にとっては，自分たちの文化が否定されたことを忘れてはいけないね。

★ Point　明治維新① 「国民」をつくる

- 1869年，版籍奉還により，土地と人民の支配権を天皇に返す。
- 1871年，廃藩置県により，藩を廃止し，全国に府と県を置く。
- 四民平等により，江戸時代の身分制度を廃止する。

納税と徴兵の制度を整備

　さて，こうして「日本人」，そして「日本国家」がつくられたわけだ。続いて，近代国家の条件③の「納税」と「兵役」の義務に関する改革の話に移ろう。まず**1873年**，**徴兵令**が出される。

「徴兵令ってどんなものですか？」

　20歳以上の男子に，3年間兵役につくことを義務づけるものだよ。これで西洋式の常備軍がうまれ，本格的な軍隊制度が整ったということだね。

　さらに同じ**1873年**から，**地租改正**が行われた。これにより，土地の所有者（地主）が**地価**の**3%**を地租として，**現金**で納めることになったんだ。地価は，田畑の面積や収穫高，米の平均価格などから決められたよ。江戸時代の年貢との違いは何かな？

「江戸時代は，土地を耕作していた人が税を納めましたよね。明治時代は，土地の所有者が税を納めるように変わっていますね。それに江戸時代は，**収穫高**が課税の基準でした。明治時代は，課税の基準が**地価**に変わりましたね。」

「そして何といっても最大の違いは，税を現金で納めるようになったことですよね。それまでは米で納めていましたから。」

「米は作物だから，どうしてもその年の気候などによって収穫高がかわってきます。税を現金で納めさせたほうが，政府の収入は安定しますよね。それに，江戸時代の『米は値上がりしないが，米以外の商品は値上がりする → 米による収入は上がらず，出費は増える → 財政が赤字になる』という構造をとりはらうことができます。」

　そうだね。地租改正により，国の収入は安定し，財政の基礎を固めることができたんだ。次の写真を見てみよう。

（学研写真資料）

◀地券

　これは**地券**と呼ばれるもので，土地の所有者，地価，納税額を明らかにしているよ。よく見て。真ん中あたりに「此百分ノ三」「明治十年ヨリ 此百分の弐ヶ半」と書かれているね。

「もしかして，明治10年に減税されたんですか？」

「なるほど!! 百分の三，つまり3％から2.5％に税率が下がったということですよね。」

　そのとおり。地租改正が行われても，農民の負担は変わらなかったため，各地で**地租改正反対の一揆**が起こったんだ。そこで政府は税率を3％から2.5％に変更した。このことは，「竹やりでドンと 突き出す二分五厘」とうたわれたんだよ。

- 必勝暗記法 4 - 1873年，地租改正・徴兵令が行われる

1　8　7　3　　　　1　8　7　3

いやな3％，いやな3年間

> ## ★ Point　明治維新②　納税と兵役義務
>
> - **1873 年，徴兵令。**⇒20 歳以上の男子に 3 年間の兵役を義務づけ。
> - **1873 年，地租改正。**⇒土地の所有者が**地価の 3 ％を地租**として，**現金**で納める。⇒**地租改正反対の一揆。**⇒税率を 2.5 ％に変更。

国民の政治参加に向けて，教育制度に着手！

「ところで，近代国家の条件②の身分制度がないことについては，四民平等となったことである程度は達成できたと思います。それじゃあ，国民の政治参加についてはどうなったんですか？」

　残念ながら当時の日本国民の教育水準は低く，政治に参加できるレベルではなかったんだ。

　国民が政治に参加するためには，国民自身が日本の行く末について判断できる力を持っていなくてはならない。そのためには，最低限の基礎学力が必須だよね。しかし，当時の日本国民が政治に参加するのは，まだ時期が早かったといえるだろうね。そこで政府は，**1872 年**，近代的な学校制度の基本を定めた**学制**を公布し，6 歳以上の男女全てに小学校教育を受けさせることにした。まずは，国民の教育水準を高めようとしたわけだね。

「国民が政治に参加できるように，まずは学力を上げようとしたわけですね。」

　それだけではないよ。学問は産業をおこすためにも，戦争をするためにも必要だよね。教育制度が充実していなければ，近代国家になれるはずがない。しかし，小学校の授業料は自己負担だったんだ。農民の中には，子どもを学校に行かせることを嫌がる人もいたよ。当時子どもは農作業を手

伝う大事な働き手であり，農家には高い授業料を払ってまで通学させる余裕もなかったからなんだ。

★Point　明治維新③　教育水準を高める

● 国民の教育水準を高める必要があった。⇒**1872年，学制**を公布。6歳以上の男女全てに小学校教育を受けさせる。

✓CHECK 13

つまずき度 ！！！！！　　➡ 解答は別冊 p.023

次の文の（　）に当てはまる語句や数字を答えなさい。

(1) 1867年の大政奉還を受け，1868年，朝廷は（　）を発し，明治維新が始まった。

(2) 1869年，明治新政府は各藩に（　）を命じた。各藩主は土地と人民の支配権を天皇に返し，明治新政府が改めて旧藩主を知藩事に任命した。

(3) 1871年，（　）が行われ，藩が廃止され，全国に府と県が置かれた。

(4) 1873年，20歳以上の男子に，3年間兵役につくことを義務づける（　）が出された。

(5) 1873年から，地租改正が行われ，土地の所有者（地主）が地価の（　）％を地租として，（　）で納めることになった。

12-2 産業革命と文明開化

日本の産業革命はどのように起こったの？

　次に近代国家の条件の⑤にある**産業革命**について学習していこう。下の絵を見てごらん。

◀富岡製糸場

（個人蔵）

「レンガづくりの建物の中に，女性が並んでいますね。女性の後ろにあるのは機械ですか？」

　そう。操糸機といって，糸をとる機械だよ。上の絵は，2014年に世界文化遺産に登録された**富岡製糸場**（群馬県）なんだ。官営模範工場として，1872年につくられたものだよ。学制の公布と同じ年だね。官営とは，政府が経営するという意味だよ。つまり，官営模範工場は，民間の模範となる工場なわけだ。政府は，富岡製糸場をモデルとして日本にも**工場制機械工業**が導入されることを狙い，さらには**産業革命**を起こそうと考えたんだ。

「政府のスローガンのひとつの，**殖産興業**にあたる改革ですね。」

　そう。もうひとつのスローガンの**富国強兵**の「富国」にも関係があるよ。

製品の生糸の原料である蚕の繭は，国内でまかなうことができた。工場でつくった生糸を輸出して，その利益で国づくりを進めようとしたわけだね。生糸と並んで，政府が国産化に努めたのが武器だった。これは富国強兵の「強兵」に関係があるね。

「ところで，富岡製糸場ではどんな女性が働いていたんですか？」

士族の娘たちを中心とする精鋭で，女工と呼ばれていたんだ。待遇もよかったそうだよ。なぜなら，彼女たちに技術を覚えさせ，やがては民間の工場で働いてもらい，先進技術を普及させたい政府の狙いがあったからなんだ。さて，前ページの絵で西洋人がえがかれていることに気づかなかった？

「確かに。真ん中や左下に西洋人らしき人がえがかれていますね。」

そうなんだ。彼らは，いわゆる「お雇い外国人」だね。当時の日本の大学・政府・工場などは外国人を大臣級の給料で大量に雇い入れ，彼らから先進技術などを学んだんだ。

お雇い外国人は日本の発展に大いに貢献したよ。例えば，大森貝塚を発見した**エドワード＝モース**，ナウマン象の研究やフォッサマグナの発見で知られる**ハインリッヒ＝エドムント＝ナウマン**，札幌農学校の初代教頭として招かれた**ウィリアム＝スミス＝クラーク**などが有名だね。

「クラークは，『Boys, be ambitious !』（少年よ，大志を抱け！）ということばで，有名ですよね。ところで，富岡製糸場は，ほかの工場の『模範』として役に立ったんですか？」

うん。各地に製糸場ができ，製品の生糸を輸出した利益で，国力を強化しようとした政府の狙いは，うまくいった。1882年当時，日本の輸出品の第1位は**生糸**で，1909年には**世界最大の生糸輸出国**になったんだ。また，輸入品の第1位は**綿糸**だった。さて，次の史料からは何がいえるかな？

「工女節」

男軍人　女は工女　糸を引くのも　国のため

「製糸工場で働く女性は，軍人と同じ扱いなんですね。生糸の生産が，国をあげての政策であったことがよくわかります。」

外国へ生糸を輸出した利益が，日本の軍事力を支えていたんだ。

しかし，次のグラフを見てみよう。製糸工場で働く女工たちは，どんな暮らしをしていただろうか？

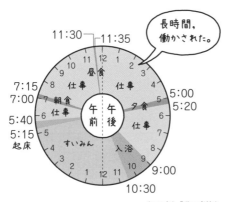

(1900年)「職工事情」　◀女工の１日の暮らし

「午前５時40分から午前７時，午前７時15分から午前11時30分，午前11時35分から午後５時，午後５時20分から午後９時まで働いています。合計で，えっ～と，14時間40分も働いていることになります。」

「こんなに働いていたら，体がもちませんよ。」

そうだよね。1886年日本初のストライキが甲府（山梨県）の製糸場で起こったんだ。これは長い就業時間の短縮を求めるものだった。

　さて，産業を発展させるために必要なものがほかにもあったよ。それは鉄道なんだ。

　原材料や製品，労働者を運ぶために，鉄道は必須だね。さらには，いざ戦争になったとき，軍隊をすばやく運ぶことができる。

「鉄道は，『富国』と『強兵』の両方に関係があるわけですね。」

　そうだね。1872年，新橋・横浜間に鉄道が開通したよ。ところで，日本人は家の中に入るとき，靴を脱ぐよね。当時，初めて鉄道に乗った多くの人々は，靴を脱いで乗り込んだらしいよ。

「それだと列車が発車したあとには，駅に大量の靴が残されることになりますね（笑）。ところで，1872年は学制の公布，富岡製糸場の操業開始，新橋・横浜間に鉄道開通といろいろありますね。」

「急ピッチで改革が進んでいる証拠ですね。」

　それまでの太陰暦を改め，1日を24時間，1週間を七曜制とする**太陽暦**が導入されたのも1872年のことだよ。太陽暦は，欧米諸国で暦として用いられていたんだ。欧米諸国との交流がさかんになったため，日本も太陽暦を採用する必要性があったわけだね。

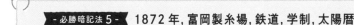

- 必勝暗記法 5 - 　1872年，富岡製糸場，鉄道，学制，太陽暦

1872
人は何かと驚いた，
（富岡）製（糸場）鉄（道）学（制）　　太（陽暦）
製　　鉄　学君の **太** さに

★ Point　日本の産業革命

- **1872年**，官営模範工場の**富岡製糸場**を建設。⇒生糸の輸出がさかんに。輸出で得た利益で，日本の軍事力を強化することができた。
- **1872年**，新橋・横浜間に**鉄道**開通。
- **1872年，太陽暦**を採用。

文明開化で生活が大きく変わった！

　このように，政府は近代化を進めるために，欧米の進んだ文化や技術を取り入れることに励んだわけだね。そのため，一般庶民の間に西洋風の文化が急速に広まった。西洋風のものは当時もてはやされたんだ。このように西洋風の文化が取り入れられ，社会や人々の生活が変化してきた風潮を**文明開化**というよ。文明開化は，次のようにうたわれたんだ。

> 「ザンギリ頭をたたいてみれば，文明開化の音がする。」

「ザンギリ頭って何ですか？」

　男性は，それまで主流だった「まげ」を切ったんだ。そのまげを切った髪型をザンギリ頭といったんだね。1871年にちょんまげを結わなくてもよいとし，髪型の自由を認める法令が定められたよ。
　さて，次の絵を見てみよう。文明開化により，生活様式が大きく変化したことが読み取れないかな？

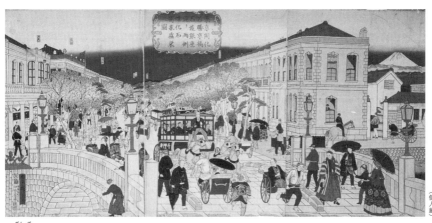

（個人蔵）

▲銀座通り（明治時代初期）

「**人力車**が手前に見えますね。**馬車**も中央にあります。これらは，明治時代に登場したものなんですか？」

　うん。どちらも明治時代に登場したんだ。人力車は駕籠よりも人を速く運ぶことができ，人気だった。馬車は，軍事利用されるおそれがあるなどの理由で，江戸幕府は禁止していたんだ。明治政府は，馬車の利用を許したわけだね。

「和服と洋服の人が交じっていますね。」

「髪型もザンギリ頭の人と，ちょんまげの人が交じってる。」

　日本の伝統様式と西洋の様式が交じっているのが，明治時代初期の大きな特徴だね。他に気づくことはあるかな？

「橋にあるのは電灯ですか？」

　いや，ガス灯だよ。明治時代初期は，まだガス灯だった。電灯が普及し始めるのは，1890年ごろだね。

　また，政府は不平等条約を改正するために，現在の東京都に**鹿鳴館**^{ろくめいかん}とい
う建物を建設したよ。ここでは，日本が文明国であることを示すために，
連日舞踏会^{ぶとうかい}などが開かれたんだ。

　もっとも不平等条約の改正に成功するのは，まだ先の話になってしまう
けど…。

★ Point　文明開化

- **文明開化**……西洋風の文化が取り入れられ，社会や人々の生活が変化
  してきた風潮。ザンギリ頭，**人力車**や**馬車**の登場。**鹿鳴館**を建設し，
  舞踏会を開く。
- 日本は西洋の生活様式にのっとった生活ができることを証明したかっ
  た。

✔CHECK 14　　つまずき度 ❗❗❗❗❗　　➡ 解答は別冊 p.023

　次の文の（　　）に当てはまる語句を答えなさい。

(1) 1872年，群馬県につくられた官営模範工場の（　　）は，
　　2014年に世界文化遺産に登録された。

(2) 西洋風の文化が取り入れられ，社会や人々の生活が変化して
　　きた風潮を（　　）という。

12-3 士族の不満と征韓論

士族対策の必要性と征韓論のつながり

さて，ここまでさまざまな改革を見てきたね。もちろん改革は全ての人にとっていいものではなかったんだ。中には不平不満を持った人がいるよ。江戸時代に持っていた権益を奪われた人たちがそうだね。

「不満を持っているのは士族ですね。支配していた土地と人民を奪われたわけだから。」

そう。明治維新当時の日本の人口約3300万人のうち，士族は5〜6%を占めていたんだ。およそ200万人弱だね。江戸時代の士族の特権は，支配階級として納税しなくてよいこと，山田・鈴木などの名字を名乗れること，刀を持ってよいこと，兵士であることなどだった。

しかし，それらの特権は全て奪われ，もはや士族の特権といえるものは，戸籍に「士族」と登録されることだけのような状態だったんだ。

「士族の中には新しい世の中に対応できず，生活に困った人も多かったわけですね。」

「このままでは反乱が起きてしまいそうですね。」

うん。およそ200万人弱の士族が，いっせいに反乱を起こせば，政府は倒されてしまう。そこで，士族の不満を外部にそらす方法が考えられたんだ。それが**征韓論**だよ。

「征韓論ってどのようなものなんですか？」

当時，日本にとって最大の脅威はロシアだったんだ。当時のロシアには，冬，海が凍ってしまう港しかなく，国の発展の妨げになっていた。そこで，18世紀以降，ロシアは冬でも凍らない港（不凍港）を求めて，南に領土を広げる政策をとっていたんだ。これを**南下政策**というよ。日本とロシアの間には，朝鮮があるね。当時，朝鮮は鎖国状態だった。日本としては朝鮮と同盟を結び，ロシアに対抗したいという思いがあったんだ。そこで，朝鮮に何度も使者を派遣していたよ。

「おお。朝鮮も日本と同じ気持ちだったんじゃないですか。ロシアに侵略されるわけにはいかないですもんね。」

しかし，朝鮮では「中国（清）こそ絶対だ。何かあれば，中国が守ってくれる。」という意見が多数派だったんだ。

しかし，日本としては朝鮮がロシアに侵略されたら一大事だよね。朝鮮と日本は距離的に近いから，ロシアは日本が守りを固める前に朝鮮の港から攻めることができる。これでは，守る日本としては決定的に不利になるわけだね。

そこで「朝鮮と交渉して，国交を回復し同盟を結ぼう。しかし，拒まれたときは朝鮮と戦争をして，日本の勢力圏にすることもやむをえない。」というのが征韓論だったんだ。

「なるほど。戦争になれば，士族を兵士として使おうと考えたわけですね。不平不満を言っている場合ではなくなります。」

そう。ロシアの侵略から日本を守るために，朝鮮との交渉が必要なことは政府内でも意見が一致していたといってよいだろうね。問題はその時期だったんだ。政府の最高幹部は参議と呼ばれたんだけど，参議の**西郷隆盛**（薩摩藩出身）や**板垣退助**（土佐藩出身）らは，「今すぐに」という意見だった。これに対して，**大久保利通**（薩摩藩出身）らは，「今はまだ早い。」という意見だった。

「大久保利通らは，なぜ『今はまだ早い。』と考えたんですか？」

　彼らは，岩倉使節団の一員として，西洋諸国の国力の高さを，実際に目で見て肌で感じていた。だから，まずは内政を重視して国力を充実させるのを優先させたかったんだね。また，もし朝鮮と戦争になれば，その背後にある清，さらに清に権益を持つ西洋諸国がどう出てくるかわからず，もしも西洋諸国と衝突することになれば，日本は西洋諸国に支配されることかもしれない。

「で，どちらの意見が勝ったのですか？」

　「今はまだ早い」とする意見が勝ったよ。その結果，「今すぐに」と主張した西郷隆盛や板垣退助らは政府を去り，故郷に帰ってしまったんだ。これにより，政治の主導権は大久保利通らが握ることになった。そして，西郷隆盛や板垣退助は，政府に不満を持つ士族のリーダーとなったんだ。
　ところでこのころ大久保利通は，イギリスから「日本が朝鮮に勢力を伸ばしたいのなら，イギリスは協力しますよ。」と暗に示されていたんだよ。

「なぜ，イギリスは日本の朝鮮進出に協力してくれるんですか？」

　イギリスにとっても，ロシアの南下政策は脅威だった。この南下政策を防ぐために必死だったんだ。
　もし，超大国のロシアが不凍港を手に入れて，さらに発展したら，イギリスの国力を上回るようになるかもしれないからね。
　また，イギリスは清に大きな権益を持っていた。これを守るためには大規模な軍隊が必要だったけど，イギリスには中国に十分な兵力を割けない事情があったんだ。

「その事情とは…!?」

　イギリスは当時，世界中に植民地を持っていたけど，植民地を維持する
には各植民地に軍隊を置き，反乱に備えなければならない。例えば，イギ
リスにとってもっとも重要な植民地であるインドでは，1857年から1859
年の間に**インドの大反乱**が起きている。これを鎮圧するためには，軍隊が
必要だったんだね。

　だから，代わりに日本にロシアと戦ってもらおうと考えたわけだ。日本
が朝鮮に進出し，ロシアと戦うのは，イギリスの国益と合致していたんだね。
さて，イギリスのお墨付きを得た日本は，本格的に朝鮮進出を狙うことに
なる。そんな中，**1875年**に，江華島沖で日本と朝鮮との武力衝突が起こっ
たんだ。この事件を**江華島事件**というよ。これは，日本が朝鮮に軍艦を派
遣して，勝手に沿岸を調査して，朝鮮に圧力をかけたことが原因だったんだ。

- 必勝暗記法6 -　1875年，江華島事件が起こる

1 8 7 5
嫌な江華島事件

　翌年，日本は6隻の軍艦とともに朝鮮に使節団を派遣し，武力を背景に，
朝鮮と**日朝修好条規**を結んで，朝鮮を開国させた。

「なんだか1853年に，日本に黒船がやってきたときとそっくりで
すね。」

　うん。日朝修好条規では，朝鮮は開国することを決め，朝鮮における領
事裁判権（治外法権）を日本に認めたんだ。

　また，関税自主権も朝鮮には認められていなかった。日朝修好条規は，
日本に有利で，朝鮮にとっては不平等条約だったといわざるを得ないね。

「日本が欧米諸国にされたことを，そのまま日本が朝鮮にやっている
わけですね。」

そういうことだね。この欧米諸国と同じような帝国主義的なやり方を，西郷隆盛は「正義にもとる（正義に反する）」と批判したんだ。これらの朝鮮進出政策は，士族のご機嫌をとるためでもあったんだけど，あまり効果はなく，各地で武力による士族の反乱が相次いだ。しかし，徴兵令でつくられた軍隊に全て鎮圧されたんだ。

「徴兵令でつくられた軍隊は，元農民や元町人が中心ですよね。いわば戦争のプロの士族に勝つなんてすごいですね。」

　近代戦の勝敗は，一人一人の強さより武器の性能や量，兵士の数などで決まるんだ。しかし，徴兵令でつくられた国民軍は最大の試練を迎えることになる。**1877年，西郷隆盛**を中心とした鹿児島県の士族がついに反乱を起こしたんだ。これを**西南戦争**というよ。鹿児島県の士族の強さは有名で，官軍の最強部隊として戊辰戦争でも大活躍だった。西南戦争は，士族による反乱の中でもっとも大規模な反乱だったけど，これも徴兵令で集められた軍隊に鎮圧されたんだ。

「西郷隆盛はどうなりましたか？」

　西郷隆盛は自ら命を絶った。これで政府に対して武力で反抗しても勝ち目はないことがはっきりしたわけだね。だから，この後，武力ではなく，言論で自分たちの考えを主張する世の中に変わったんだ。

「西南戦争によって日本の武士は滅びたといえるかもしれませんね。」

- 必勝暗記法7 - 1877年，西南戦争が起こる

1877
嫌な眺めだ，西南戦争

★ Point　士族対策と征韓論

- 特権を奪われた**士族**の不満が高まる。

- 士族の不満を外部にそらそうとした**征韓論**……朝鮮と交渉して，国交を回復し同盟を結ぶ。しかし，拒まれたときは朝鮮と戦争をして，日本の勢力圏にすることもやむを得ない。というもの。⇒時期をめぐって政府内で対立。

- **1875年，江華島事件**が起こる。⇒翌年，**日朝修好条規**を結ぶ。⇒朝鮮を開国させる。朝鮮にとって不平等な条約。

- **1877年，西郷隆盛**が中心となって**西南戦争**を起こす。⇒鎮圧される。

12-4 自由民権運動と大日本帝国憲法の制定

自由民権運動とはどのようなものだったの？

さて，こうして西郷隆盛らの一派は滅びたわけだけど，同時期に政府を離れた**板垣退助**の動きを見ていこう。彼は，次のような文書を政府に提出したんだ。

民撰（選）議院設立の建白書　［現代語訳］

「今の政権のありさまをみると，政権は天皇にもなく人民にもなく，ただ官僚にあるのみである。ところが，官僚は，法令をめまぐるしく変え，情実によって政治を行って，失政をかさねている。このようなことでは天下の治安はおびやかされ，国家は崩れさってしまうだろう。これを改めるには天下の公議をおこさねばならない。公議をおこすには，民撰議院（国会）を設立すべきである。」

「政権は天皇にもなく人民にもなく，ただ官僚にあるのみ」とあるけど，ここでいう官僚とは現在の意味（幹部の公務員）とは異なり，「大臣クラスの一部の有力政治家」という意味だよ。これに関連して，次の史料を見てみよう。参議は，現在の国務大臣と同じように考えてもらえばよいだろうね。次のページの史料からどんなことがいえるかな？　赤い文字のところがヒントだよ。

明治11年当時の参議とその兼職（けんしょく）

※（　　　）は出身地を示す。

[内務卿（ないむきょう）] 大久保利通（薩摩）

[大蔵卿（おおくら）] 大隈重信（肥前・ひぜん）

[司法卿（しほう）] 大木喬任（おおきたかとう）（肥前）

[司法大輔（たいふ）] 山田顕義（やまだあきよし）（長州）

[外務卿（がいむ）] 寺島宗則（てらしまむねのり）（薩摩）

[陸軍卿] 山県有朋（やまがたありとも）（長州）

[工部卿] 伊藤博文（長州）

[北海道開拓使（ほっかいどうかいたくし）] 黒田清隆（くろだきよたか）（薩摩）

[軍大輔] 川村純義（かわむらすみよし）（薩摩）

[文部卿] 西郷従道（薩摩）

「参議の出身地が限定（げんてい）されていますね。薩摩藩，肥前藩，長州藩の3つの藩の出身者で独占されています。」

そうだね。このように薩摩藩，長州藩など一部の藩出身者が中心となって行った政治を**藩閥政治**（はんばつせいじ）というよ。右の絵の土佐藩出身である板垣退助は，この藩閥政治を批判したんだ。**民撰（選）議院設立の建白書**は，1874年に政府に提出されたものだよ。ここから，憲法の制定，国会の開設，民主政治の実現を求める運動が始まった。これを**自由民権運動**というんだ。

▲板垣退助

- 必勝暗記法8 - 1874年，民撰議院設立の建白書が提出され，自由民権運動が始まる

1 8 7 4
嫌（いや）な世（よ）直す自由民権

板垣退助は，1874年に高知県で政治結社の**立志社**をつくった。このころは新聞や雑誌が刊行されるようになり，演説会もさかんに開かれるようになっていたんだ。次の絵は演説会のようすだよ。絵からどんなことがわかるかな？

（東京大学法学部附属明治新聞雑誌文庫）

◀自由民権運動の演説会のようす

「警官が演説をやめさせようとして，聞いている人々は怒っているようですね。人々の怒った顔がはっきりえがかれていますよ。」

「急須なんかが警官に投げつけられていますね。」

この絵は，政府が自由民権運動を必死に押さえつけようとしているものの，押さえきれないほど勢いが高まっているようすを表しているといえるね。1880年には，政府に国会開設を求める**国会期成同盟**が結成され，約13万人もの署名が集められたんだ。自由民権運動は，士族だけでなく国民全体に広がっていたことがわかるよね。1881年，ついに政府は，10年後の1890年に国会を開くことを約束した。これを**国会開設の勅諭**というよ。

「西郷隆盛は政府に敗れましたが，板垣退助はある意味勝利したといえますね。」

そうだね。このとき，「10年後ではなく，もっと早く国会を開くべきだ。」

などと主張したために，参議を辞めさせられた人物がいるんだ。佐賀県（肥前藩）出身の**大隈重信**だよ。

「大隈重信といえば**東京専門学校**，現在の**早稲田大学**をつくった人ですよね。」

そのとおり。

さて，国会が開かれることを考えると，同じ意見の人が集まり，団体をつくって政治活動をすれば主張が通りやすいよね。このような政治活動をする団体を何と言うかな？

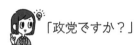「政党ですか？」

そう。大隈重信は，1882年にイギリス流の議会政治を主張する**立憲改進党**を結成し，その党首となって，国会開設に備えたんだ。その後も政治家として活躍し，2度にわたって内閣総理大臣（首相）を務めた。いっぽう，立憲改進党に先立ち，1881年，板垣退助らは，フランスの人権思想を主張する**自由党**を結成しているよ。

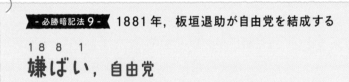

- 必勝暗記法 9 -　**1881年，板垣退助が自由党を結成する**

1 8 8 1
嫌ばい，自由党

「なぜ『嫌ばい，自由党』なのですか？」

実は，自由党の党員の中には，暴力で政府に反抗しようとする一派も存在し，実際に秩父事件（1884年）などが起こってしまった。これは板垣退助の考える政治とは違っていたんだ。そして，自由党は1884年に解党してしまう。その後再び結成されることになるけど，それについては後ほ

ど説明するよ。

★ Point　自由民権運動

● **板垣退助**が**藩閥政治**を批判し，**民撰（選）議院設立の建白書**を提出。
● **自由民権運動**……憲法の制定，国会の開設，民主政治の実現など。
● 1880 年，**国会期成同盟**の結成。⇒1881 年，政府は 10 年後の 1890 年に国会を開くことを約束（**国会開設の勅諭**）。
● 1881 年，**板垣退助**は**自由党**を結成。1882 年，**大隈重信**は**立憲改進党**を結成。

ついに大日本帝国憲法がつくられる

　さて，自由民権運動を受けて，政府は国会開設の約束をしたんだ。これは 264 ページの近代国家の 5 つの条件において，どれにあたるかな？

「②の『身分制度がなく，その国の全ての人々，すなわち国民が政治に参加する』という条件です。」

「政治に参加するからこそ，国民は愛国心を持つわけですよね。だから，④の条件にも当てはまりますよ。」

　そうだね。また，国会は国の根本的なしくみとなる法律（ほうりつ）を定めたんだ。政府は，国会を開設するとなれば，その大前提として憲法が必要だと考え，憲法をつくる責任者に**伊藤博文**を指名した。憲法は近代国家の 5 つの条件の①にあたるよね。

「伊藤博文はどんな人物ですか？」

伊藤博文は長州藩（山口県）の出身だよ。徴兵制度の整備にも力を尽くしたんだ。1885年に太政官制が廃止され，**内閣制度**が導入されると伊藤博文は初代の**内閣総理大臣（首相）**となった。彼は合計4回，内閣総理大臣になっているよ。

▲伊藤博文

- 必勝暗記法 **10** - 1885年，伊藤博文が初代内閣総理大臣となる

1　　　　　8　8　　　　5

伊藤さんはやっぱりこわい

伊藤博文は，内閣総理大臣になる前の1882年，憲法調査のためにヨーロッパへ渡り，**ドイツ（プロイセン）の憲法**を参考に，憲法の草案を作成したんだ。

「なぜドイツの憲法を参考にしたんですか？」

ドイツが日本の模範としてふさわしいと考えたからだよ。かつてドイツは，イギリスやフランスより遅れた国だった。

しかし，小国に分裂していたのに統一を成し遂げ，普仏戦争（1870～71年）ではフランスに勝つほどの国力・軍事力をすぐにつけたんだ。

そこで，日本は，政治も軍事も「ドイツに学べ！」という方針を決める。ドイツの改革ではイギリスやフランスに追いつくため，皇帝をリーダーとした国づくりが進められた。ドイツの憲法は，皇帝の力（君主権）を大きく認めるものだったんだ。

「少しでも早く改革を進めるためには，国民どうしで議論している時間はないということですか？」

そうだね。当時の日本においても，少しでも早く国力をつけるためには，

日本人の気持ちをひとつにして，天皇の力を大きく認め，天皇中心の国づくりを進めるべきだと考えたんだ。だからこそ，その点でも，皇帝の力が強いドイツ（プロイセン）の憲法は大いに参考になるものだった。そして，伊藤博文がつくった憲法の草案をもとに審議が重ねられ，**1889年2月11日**，**大日本帝国憲法**が発布される。

> - 必勝暗記法 11 - 1889年，大日本帝国憲法が発布される
> 1 8 8 9
> **東アジアー早く憲法ができる**

「アジアー早くではなく，東アジアー早くなんですね。」

そうだね。ところで次の絵は大日本帝国憲法の発布式典の絵だよ。絵の中に，何かを授けている人と，礼をして何かを授けられている人がいることがわかるかな？

（「憲法発布式之図」楊洲周延筆　山口県立山口博物館）

◀大日本帝国憲法の発布式典

授けているのは明治天皇で，授けているものは大日本帝国憲法だね。

「授けられているのは誰ですか？」

当時の内閣総理大臣の**黒田清隆**だよ。

「大日本帝国憲法は，天皇が国民に与（あた）える形で発布されたことがよく
　　わかります。」

　正確には，大日本帝国憲法の下では，国民は**臣民**（しんみん）と呼ばれたんだ。天皇
の家臣という意味だね。大日本帝国憲法は，君主（天皇）の意思で制定さ
れた**欽定憲法**（きんてい）で，天皇が国の元首として，国を治める権利や軍隊を統帥（とうすい）す
る権利など，多くの権限を持っていたんだ。

「この憲法にもとづいて国会が開かれたわけですね？」

　そのとおり。翌年の1890年に国会（**帝国議会**）が開かれたんだ。帝国
議会は，**貴族院**（きぞくいん）と**衆議院**（しゅうぎいん）の**二院制**だよ。貴族院は，皇族や華族の代表や，
天皇が任命した人たちからなった。衆議院は，一部の国民による選挙で選
ばれた人たちからなっていたんだ。

「貴族院の議員は，選挙で選ばれていないんですね。」

「これで近代国家の5つの条件の①と②が満たされたと考えていいん
　　ですか？」

　そうだね…。確かに，①の条件の「憲法にもとづいた立憲政治」は始まっ
た。しかし，②の条件の「全ての国民の政治参加」については，完全に達
成されたとはいえないんだ。衆議院議員の選挙権を持っていた人は，直接
国税を15円以上納める満25歳以上の男子に限られていて，有権者の割合
は国民全体の約1％だった。しかし，一部とはいえ，国民が政治に参加す
る道が開かれたわけだね。近代国家の5つの条件のうち，まだ満たされて
いないのは，⑤の産業革命だけになったんだ。

★•Point　大日本帝国憲法

- **伊藤博文**は，君主権の強い**ドイツ（プロイセン）の憲法**を参考に憲法の草案をつくった。
- **1889年2月11日，大日本帝国憲法**の発布。⇒国民は**臣民**と呼ばれる。天皇が国の元首として，国を治める権利などを持つ。
- **帝国議会**が開かれる。⇒**貴族院**と**衆議院**の**二院制**。衆議院議員の選挙権を持つのは，**直接国税を15円以上納める満25歳以上の男子**だけ。

✓CHECK 15　つまずき度 !!!!!　➡ 解答は別冊 p.023

次の文の（　　）に当てはまる語句や数字を答えなさい。

(1) 1874年，板垣退助は藩閥政治を批判し（　　）を政府に提出した。ここから，憲法の制定，国会の開設，民主政治の実現を求める運動が始まった。これを（　　）運動という。

(2) 1885年に太政官制が廃止され，内閣制度が導入されると（　　）は初代の内閣総理大臣（首相）となった。

(3) 1889年2月11日，大日本帝国憲法が発布された。翌年，国会（帝国議会）が開かれた。帝国議会は，（　　）院と（　　）院の二院制だった。

12-5 日清戦争・日露戦争

朝鮮をめぐって，日清戦争が起こった！

　さて，日本政府に驚くべきニュースが入ってくる。ロシアが極東の拠点であるウラジオストクから，首都のモスクワに向けてシベリア鉄道の工事を始めたというんだ。1891 年のことだよ。

「なぜこれが大事件なんですか？」

　シベリア鉄道が開通すれば，ロシアはヨーロッパ方面からアジアに，当時世界ナンバーワンといわれた陸軍をすぐに派遣できるようになる。そうなれば，ロシアは満州，そして朝鮮を併合し，中国の華北，そして日本の侵略に向かうだろうということは，当時，世界の常識だったんだ。ロシアがアジア侵略の拠点として極東につくった都市，「ウラジオストク」を日本語に翻訳すると，「東方征服」という意味なんだ。

「すごい名前の都市ですね（笑）。ということは，シベリア鉄道が開通する前に，日本は国土を守る態勢を整えなければならないですね。」

　そういうことだね。シベリア鉄道はおそらく 10 年くらいで完成するだろうといわれていたんだ。

「ということは日本に残された時間は，あと 10 年ですね。」

　そう。日本としては，まず朝鮮にロシアの勢力が入ってこないようにしなければならないわけだね。また当時日本では，**軽工業**の**産業革命**が進んでいた。そこで，商品を売るための安定した市場として，朝鮮に目をつけ

ていたんだ。しかし，朝鮮は清の属国だった。清としては，朝鮮の支配権を失いたくないよね。そこで次の絵を見てみよう。これは当時の状況をえがいた風刺画だよ。

▲日清戦争開戦前の状況の風刺画

「左の人物は侍ですね。**日本人**を表しているのでしょう。右の人物はどこの国の人ですかね…。」

　右の人物のヘアースタイルは辮髪といって，当時の中国人の特徴的なものだよ。つまり，右の人物は**中国人**を表しているんだ。中央のひげをはやした人物は**ロシア人**だね。絵の中で，日本人と中国人は釣りをしている。そしてどちらが魚を釣り上げたとしても，ロシア人がその魚を横取りしようとしているところがえがかれているわけだね。
　では，魚はどこの国を表しているか，わかるかな？　日本と中国が支配権を争っている国だよ？

「日本と中国の間にある**朝鮮**だと思います。」

　正解。魚にはフランス語で朝鮮と書かれている。その朝鮮で，**1894年**，キリスト教に反対する東学の信者を中心とした農民が，腐敗した役人の追放や外国人の排斥を目指して内乱を起こしたんだ。これを**甲午農民戦争**というよ。この内乱を鎮圧するために，朝鮮の要請で清が派兵すると，日本もこれに対抗して朝鮮に派兵した。まさに日本と清は，朝鮮を舞台に激突

寸前。ここで日本を後押しすることが起こったんだ。

「日本を後押しすることって何ですか？」

それについて述べる前に，ある事件から説明するよ。次の絵を見てね。

（美術同人社）

「左上のほうで船が沈んでいますね。海に投げ出されているのは東洋人のようですけど。」

「船に乗っているのは白人ですよね。パイプをくわえて，余裕がある人もいますね。」

うん。この絵は，**1886年**に起きた**ノルマントン号事件**を風刺したものなんだ。イギリスの商船ノルマントン号が和歌山県沖で沈没し，イギリス人やドイツ人の乗組員26名は全員助かったのに，日本人乗客は25名全員が亡くなった事件だよ。イギリス人の船長は，どんな刑になったと思う？

「25名もの人を助けなかったわけだから，きっとすごく重い刑なんじゃないですか？」

ところが，判決は禁錮3か月という軽い刑だった。この事件は，イギリス人によりイギリスの法律で裁かれたため，イギリス人の船長は軽い刑にしかならなかったんだ。このように外国人が他国で罪を犯した場合，その国の法律で裁くのではなく，自国の法律で自国の領事により裁かれるのは，

どうしてかな？

「はい。その国が**領事裁判権（治外法権）**を認めているからです。」

そうだったね。これをきっかけに，日本では領事裁判権を認めた不平等条約の改正を求める世論が高まったんだ。

- 必勝暗記法 12 - 1886 年，ノルマントン号事件が起こる

1 8 8 6
ノルマントン号に日本の**人**は**歯向**かった

そして，日清戦争開戦直前の**1894 年** 7 月に，外務大臣の**陸奥宗光**がイギリスとの交渉に成功して，領事裁判権が撤廃され，日本の法律によって日本人の裁判官により外国人の裁判ができるようになったんだ。これが先ほど話した日本を後押しした出来事だよ。イギリスがこの時期に領事裁判権の撤廃を認めたことに，どんな意味があると思う？

「日本に領事裁判権の撤廃というプレゼントをあげることで，『日清戦争，頑張ってね！』と励ましているみたいですね。」

そのとおり。このとき結ばれた条約を日英通商航海条約というよ。その後，アメリカなどとも同様の条約を結んだんだ。領事裁判権を撤廃するかわりに，外国人は日本のどこにでも自由に住めるようになった。それまでは**居留地**以外に住んではいけないことになっていたんだね。

こうしたイギリスの後押しもあり，日本は**1894 年** 8 月に，清に宣戦布告した。**日清戦争**が始まったんだ。日清戦争は，日本にとって，近代初の本格的な対外戦争だよ。

> -必勝暗記法13-　1894年，日清戦争が始まる
>
> 　　1　8　9　4
> ## 一発急所に，日清戦争

「日清戦争の結果はどうなったんですか？」

　日本は終始優勢に戦い，勝利したんだ。日本がほぼ近代化を成し遂げていたのに対し，清はまだ封建制のままだったことが大きかったと思うね。日清戦争の講和条約として，**1895年**，**下関条約**を結んだ。このときの日本の全権は伊藤博文，外務大臣は陸奥宗光だよ。下は下関条約の一部だね。どんなことが書いてあるかな？

下関条約（一部）

第1条　清国は朝鮮国が完全無欠な独立自主の国であることを確認する。

第4条　清国は軍費賠償金として銀2億両を日本国に支払うことを約束する。

「第1条では，朝鮮が完全な独立国であることを清に認めさせていますね。これで朝鮮は，清の属国ではなくなったということですか？」

　うん。清は朝鮮から手を引くことになったよ。第4条はどうだろう？

「日本は賠償金を得ていますね。」

　そうだね。賠償金のほとんどは軍事費に使われたんだ。また，この賠償金を使って，現在の福岡県北九州市に官営の**八幡製鉄所**をつくった。八幡製鉄所は，1901年に操業を開始し，日本の近代工業の基礎を築いたんだ。

重工業の産業革命が始まったんだね。

　日本は下関条約で，ほかにも得たものがあるよ。**遼東半島**，**台湾**，澎湖諸島だね。台湾は日本の最初の植民地となったんだ。下関条約の主な内容を次の地図にまとめてみたよ。

◀下関条約の主な内容

ついにロシアが動き出す！

　さて，下関条約は1895年4月17日に結ばれたんだけど，1週間もたたないうちに，フランス・ロシア・ドイツの代表が日本の外務省を訪れ，遼東半島を清に返すように求めてくる。これを**三国干渉**というよ。

「なぜ，フランス・ロシア・ドイツは，三国干渉をしたんですか？」

　ロシアとしては，「日本に遼東半島を押さえられたら，満州，つまり中国東北部を占領しても，南部の海に面したところを支配できない。それはまずい。」というのが本音だったんだ。

「フランスやドイツは，なぜロシアに協力したんですか？」

　さまざまな理由が考えられるけど，最大の理由は，ロシアに東アジアへ進出してほしかったからだね。もし，ロシアがヨーロッパ方面に南下してきたら，フランス・ドイツはロシアとぶつかることになってしまうよね。そこで，ロシアにはアジアへ目を向けてもらおうと考えたわけだ。

　さて，当時の日本には，フランス・ロシア・ドイツに対抗できる力はなかった。日本は三国干渉に屈し，遼東半島は清に返還されたんだ。その後，ロシアが清から，遼東半島を租借する。租借とは，他国の領土を借りることだよ。

　そのころ，日本では「臥薪嘗胆」が合言葉になっていたよ。

「臥薪嘗胆っていうと，『復しゅうの気持ちを忘れずに，苦労に耐える』という意味ですよね。いずれ，ロシアに復しゅうしてやると心に誓ったわけですね…。」

弱い国の運命

　そうだね。さて，広大な領土と長い歴史，多くの人口をもつ中国は「眠れる獅子」といわれ，本気を出したら，実は強いのではないかと思われていたんだ。しかし，西洋諸国に劣る日本にさえ戦争で負けたことで，西洋諸国は競うようにして中国に進出した。あっという間に，**欧米列強による中国分割**が進んだんだ。次の地図を見てみよう。

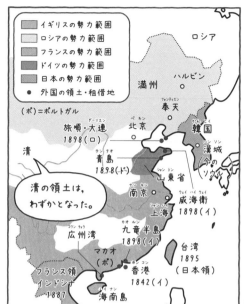

◀列強による中国分割

「清の領土といえる部分は，とても少なくなってしまったんですね。」

「『弱いと領地を奪われる。』，弱肉強食の時代だったことがわかります。」

　このような状況になったことで，さすがに中国の民衆の怒りが爆発したんだ。1900年，清では「扶清滅洋」を唱える義和団という宗教団体が，北京の各国大使館を包囲・攻撃する。これを**義和団事件**というよ。「扶清滅洋」とはどんな意味だろうね？

「漢字から考えると，清を助け，西洋を滅ぼすという意味ですかね。」

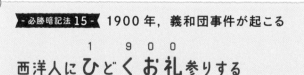

－必勝暗記法15－ 1900年，義和団事件が起こる

1　　9　0　0
西洋人に ひどく お礼参りする

　正解。イギリス，アメリカなどは，他の植民地支配のため清に大きな兵力を割けず，義和団に立ち向かう連合軍の主力は日本軍とロシア軍だった。そして，連合軍はこれを鎮圧したんだ。

★*Point　日清戦争と下関条約

● **日清戦争**直前の各国は，下のような関係だった。

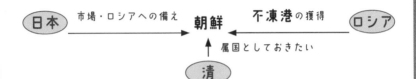

- **1886年，ノルマントン号事件**が起こり，領事裁判権の撤廃を求める声が高まる。⇒**1894年，陸奥宗光**がイギリスとの間で**領事裁判権の撤廃**に成功する。⇒イギリスの後押し。
- **1894年**，朝鮮で**甲午農民戦争**が起こる。清と日本が朝鮮に派兵。
- **1894年，日清戦争**が始まる。⇒日本が勝利。**1895年，下関条約**を結ぶ。⇒①清は**朝鮮の独立**を認める。②日本は多額の**賠償金**を得る。③日本は**遼東半島，台湾**，澎湖諸島を得る。
- **1895年**，フランス・ロシア・ドイツによる**三国干渉**。⇒遼東半島を清に返す。
- 欧米列強による中国分割。⇒**義和団事件**が起こる。

国力は日本の10倍以上!? ロシアとついに戦争へ

　さて，義和団事件が終わってもロシア軍は，満州にいすわり，兵を引き上げなかった。朝鮮半島への進出を狙っているのは明らかだね。さぁ，日本はロシアのシベリア鉄道が開通する前に，なんとかしなければならないよね…。

　一刻も早くロシアと戦争を始めたほうがいいように思えるけど，日本は

悩んだんだ。当時，日本は重工業の産業革命を一応達成していたと考えられるね。これは何を意味しているかな？

「産業革命が達成されたなら，ついに日本は近代国家の5つの条件を全て満たしたことになりますね!!」

そのとおり。このころの日本は近代国家になっていたといえるだろうね。しかし，ロシアの国力は日本の10倍以上といわれていたんだ。戦争をしても勝てそうにない。日本としては，厳しい状況だね。しかし，そんなとき，日本を助けてくれる救世主があらわれたんだ。

「えっ!? 救世主っていったい誰ですか？」

うん。救世主とは，イギリスだよ。「日本がロシアと戦争をするなら，武器も売るし，お金も貸すよ。」とイギリスは言ったんだ。

「日本がロシアと戦争をして，ロシアの南下を抑えてくれれば，イギリスは清での権益を守ることができますよね。」

「日本としては国を守るうえでも，また市場としても朝鮮を必要としていました。」

このような事情があり，**1902年**に日本とイギリスは**日英同盟**を結ぶ。日本は，ロシアと戦う決心をしたんだ。

> ▶ 必勝暗記法 16 ◀ 1902年，日英同盟が結ばれる
>
> 　　　　　1　9　0　2
> # 遠くは日本に任せよう

次の絵は，日英同盟を風刺したものだよ。

<small>(美術同人社)</small>

◀日英同盟の風刺画

日本人に指示を出している人物は**イギリス**を，そのようすを見守っている人物は**アメリカ**を，栗を焼いている人物は**ロシア**を表しているよ。では，栗は何を表していると思う？

「日本とロシアが争っているのは，朝鮮と満州ですよね。」

そう。この絵は，イギリスが日本と日英同盟を結び，ロシアが焼いている栗を日本に拾（ひろ）ってくるように指示を出しているところをえがいているんだ。つまり，イギリスが日本に危険（き けん）なことを押しつけようとしていることを風刺しているわけだ。しかし，**1904 年**，日本海軍のロシア海軍への攻（こう）撃（げき）をきっかけに，**日露戦争**が始まったんだ。

「日本ではロシアとの戦争に反対する声はなかったんですか？」

▲与謝野晶子

あったよ。**与謝野晶子**（よ さ の あき こ）は，日露戦争に出征（しゅっせい）した弟の無事を祈（いの）り，**「君死にたまふことなかれ」**という詩を発表した。これは人々に衝撃を与えたんだ。右が与謝野晶子だよ。「君死にたまふことなかれ」の一部を紹介するね。

「君死にたまふことなかれ」（原文の一部）

あゝをとうとよ君を泣く　君死にたまふことなかれ
末に生まれし君なれば　親のなさけはまさりしも
親は刃をにぎらせて　人を殺せとをしへしや
人を殺して死ねよとて　二十四までをそだてしや
（現代語訳）
ああ，戦地にいる弟よ，あなたを思って私は泣いている。
あなたよ，決して死なないでほしい。
末っ子として生まれたあなただから，
親は他の兄弟以上にかわいがってはいたものの，
人を殺せと教えることはしなかったはずだ。
戦場で人を殺し，自分も死になさいと教えながら，
24歳まで育てたはずはない。

「改めて，戦争は悲しいものだと痛感します。」

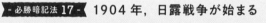

- 必勝暗記法 17 - 1904年，日露戦争が始まる

　　　　　1　　9　0　　4
戦争がひどくないように晶子が反戦

　また，**内村鑑三**はキリスト教徒の立場から，日露戦争に反対したよ。彼は札幌農学校の出身で，のちに国際連盟の事務局次長となる新渡戸稲造と同級生だったんだ。

「日露戦争はどうなったんですか？」

　戦力では劣勢だった日本軍だったけど，大健闘したんだ。いっぽう，先ほど話したシベリア鉄道が，1904年9月に完成する。日本軍に押され気

味のロシア軍は，奉天（現在の瀋陽）でシベリア鉄道による補給を待っていたんだ。これに対して日本陸軍は，もはや戦力的に限界が近づいていた。そこで，ロシアの補給が終わらないうちに奉天を攻めたんだ。

「陸軍にとって最後の決戦となったわけですか？」

うん。1905年3月のことだね。日本陸軍はなんとか勝ったんだ。しかし，ダメージも大きく，戦力を使い果たしたといってよいだろうね。

「海軍のほうはどうでしたか？」

遼東半島の旅順を本拠地とする**太平洋艦隊**を陸軍と協力して全滅させたんだ。

また，1904年10月，ロシア海軍は，ヨーロッパを本拠地とする**バルチック艦隊**をヨーロッパから日本に向けて発進させている。そして，1905年5月，日本海の対馬沖で日本海軍の連合艦隊と，ロシア海軍のバルチック艦隊との決戦の火ぶたが切られたんだ。この戦いを**日本海海戦**というよ。連合艦隊司令長官は**東郷平八郎**だよ。

「で，結果はどうなったんですか？」

ウラジオストクに到達できたバルチック艦隊の船は3隻のみだった。21隻は沈没し，6隻は日本海軍に奪われ，さらに6隻は中立国へ逃亡したんだ。ここにバルチック艦隊は全滅したといってよいだろうね。日本海軍の損害は，水雷艇が3隻沈んだだけだった。この日本海軍の勝利は，海戦の歴史上，空前の勝利だったんだ。

ロシア国内では革命運動による反乱が相次いだことで，ロシアがこれ以上日本と戦うこ

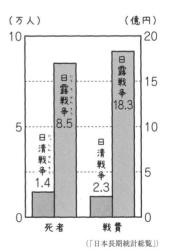

（「日本長期統計総覧」）

▲日清戦争と日露戦争の死者と戦費

とは難しくなる。しかし，日本の戦力も限界だった。

　日本もロシアもこれ以上戦うのは厳しい状況だったわけだね。そこで，**アメリカ大統領セオドア゠ルーズベルト**の仲介により，アメリカのポーツマスで日露戦争の講和条約が結ばれる。これを**ポーツマス条約**というんだ。

「アメリカって親切ですねぇ。わざわざ日本とロシアの仲介をしてくれるなんて。」

　いえいえ，決して親切心ばかりではないよ。アメリカとしては，これを機に満州に進出しようと考えたんだ。

　さて，ポーツマス条約は，**1905年**9月に結ばれた。日本の全権は**小村寿太郎**だよ。彼は，ポーツマス条約を結んだあと，厳しい批判を受けたんだ。なぜだろうね。その理由は，ポーツマス条約の内容を見ればわかるよ。

ポーツマス条約（抜粋）

第2条　ロシア帝国政府は，日本が韓国において政治上軍事上，および経済上の優越した利益を持つことを承認する。

第5条　ロシア帝国政府は，…旅順港，大連ならびにその付近の領土の租借権を日本国に移転・譲渡する。

※1897年，朝鮮は国号を大韓帝国（韓国）に改めている。

「第2条で，ロシアは日本の韓国における優越権を認めていますね。」

「要するに，韓国については日本に任せるということですね。これは批判されないですよね。第5条では，日本が旅順などの租借権を得たことがわかりますね。」

「これも国民は喜んだはずです。」

うん。そのほかにも，日本は樺太（サハリン）の南半分を領有すること
になり，南満州の鉄道の権利や鉱山の権利，沿海州・カムチャツカ半島沿
岸の漁業権も得た。特に鉄道の権利を得たことは大きかったといえるだろ
うね。すぐに，**南満州鉄道株式会社（満鉄）**が設立されたんだ。日本は満
州へ進出するきっかけを得たわけだね。

「でも，ポーツマス条約を読む限り，賠償金は得られなかったんです
ね。だから批判を受けたわけですか。」

そのとおり。ポーツマス条約への国民の不満から**日比谷焼き打ち事件**と
いう暴動が起こった。

これは，東京都の日比谷公園で開かれた講和条約に反対する集会で，参
加者が暴徒化し，交番などを襲った事件だよ。

★ Point   日露戦争とポーツマス条約

- **1902年**，日本とイギリスは**日英同盟**を結ぶ。⇒日本はロシアと
  の戦争を決意。
- **1904年**，**日露戦争**が始まる。⇒**与謝野晶子**は「君死にたま
  ふことなかれ」という詩で戦争に反対。⇒**東郷平八郎**が活躍した**日
  本海海戦**で，バルチック艦隊を破るなど，日本軍は奮闘。
- **1905年**，アメリカ大統領**セオドア＝ルーズベルト**の仲介で，
  講和条約の**ポーツマス条約**が結ばれる。全権は**小村寿太郎**。
  日本は**韓国における優越権**，遼東半島南部の租借権，樺太（サハ
  リン）の南半分の領有，南満州の鉄道の権利を得る。
- 賠償金を取れず，国民の不満が高まる。⇒**日比谷焼き打ち事件**。

韓国併合に乗り出す日本

さて，ポーツマス条約で韓国における優越権を獲得した日本は，本格的

な韓国の支配に乗り出すことになる。まず1905年，日本は韓国の外交権を奪い，韓国を保護国として，**韓国統監府**を設置する。そして，初代の韓国統監として**伊藤博文**を派遣したんだ。

「当然，韓国の人々の中には，これを快く思わない人も多かったでしょうね。」

　そのとおり。1909年，韓国の義兵運動家の安重根により，伊藤博文は暗殺される。安重根は，韓国内では「救国の英雄」と称えられたんだ。伊藤博文が暗殺されたことにより，**1910年**，日本は**韓国併合**を強行し，漢城（現在のソウル）に**朝鮮総督府**を置いて，韓国を植民地化したんだ。

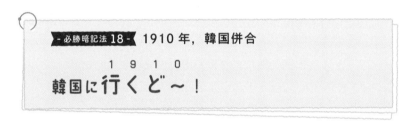

- 必勝暗記法 18 - 1910年，韓国併合

１　９　１　０
韓国に行くど～！

　韓国併合により，韓国の統治権が日本に譲渡された。これは，日本が第二次世界大戦に敗れた1945年まで続くよ。

「日本は韓国でよい政治をしたんですか？」

　韓国併合とは，韓国を日本と同じようにしてしまうことだよ。そこには，韓国独自のもの（習慣や文化，伝統）を否定する考えがあったんだ。当時，韓国では自国の歴史は教えられず，日本語や日本の歴史が強制的に教えられた。また，仕事を求めて，韓国から日本に移住する人が増えたんだ。

「韓国へのひどい政策に疑問を持った日本人はいなかったんですか？」

いたよ。例えば，**石川啄木**。彼の短歌を読んでみよう。

> 地図の上　朝鮮国に黒々と　墨をぬりつつ　秋風を聴く

「『朝鮮（韓国）は日本に併合されたので，地図の朝鮮国を墨でぬり
つぶして消した。そのときに秋風が吹いた。』と訳せばいいんです
かね。『秋風』は，冬を予感させる風で，さびしいイメージです。」

そうだね。政府への批判を読み取ることができるよね。

いっぽう，日露戦争に勝ち，韓国を併合した日本を見て，西洋諸国はその実力を認めざるを得なくなったんだ。

そこで日露戦争が終わったあとの，**1911年**，**小村寿太郎**が外務大臣のときに，アメリカとの間で関税自主権の回復に成功するんだ。

-必勝暗記法19-　1911年，関税自主権の回復に成功する

　　　　　1　　9 1 1
条約改正，ひどくいい気分。

★Point　韓国併合・関税自主権の回復

- 1905年，**韓国統監府**を設置。初代韓国統監**伊藤博文**。
- 1909年，安重根により，伊藤博文が暗殺される。⇒1910年，**韓国併合**を強行。**朝鮮総督府**を置いて，韓国を植民地化。
- **1911年**，**小村寿太郎**が外務大臣のとき，アメリカとの間で**関税自主権の回復**に成功する。

12-6 明治時代の文化

お札の肖像になっている明治時代の人物たち

さて，明治時代の最後に，このころ形成された文化について，勉強しよう。

特に重要な人物の多くは，日本銀行券，いわゆるお札の肖像となっているよ。まず，今，使われている1万円札の肖像は，**福沢諭吉**だよね。

「僕の財布の中に，1万円札は入ってないです…。」

そうなんだね（笑）。江戸時代にヨーロッパやアメリカを訪れた福沢諭吉は，帰国後，若い人たちの教育に力を入れ，**『学問のすゝめ』**や**『西洋事情』**などの書物を書いたんだ。また，2024年度上期をめどに発行予定の新しい1万円札の肖像は渋沢栄一だ。

「どんな人物なんですか？」

彼は，西洋の経済制度を日本に導入し，500以上の企業をつくり，日本の近代化に大きく貢献した人物なんだ。

「5千円札の肖像も，明治時代に
活躍した人物と聞いたことがあ
るんですけど…。」

（出典：日本銀行ホームページより）

▲5千円札

うん。彼女は小説**『たけくらべ』**を
発表した**樋口一葉**だね。新しい5千円
札の肖像は津田梅子だ。津田梅子に関しては283ページを見てね。日本における女子教育の開拓者だ。

「私が持っている千円札の肖像は，**野口英世**ですけど，野口英世も明治時代に活躍した人物ですか？」

▲千円札

（出典：日本銀行ホームページより）

　そう。野口英世は，医学者で福島県の出身だよ。彼は，破傷風の血清療法やペスト菌を発見した**北里柴三郎**に指導を受けたこともあった。北里柴三郎は新しい千円札の肖像になる予定だよ。野口英世は，**黄熱病**の研究をしていたんだけど，1928年，アフリカのガーナで，研究中にその黄熱病に感染してしまい，亡くなったんだ。

　さて，旧千円札の肖像の人物も，明治時代に活躍しているよ。誰だかわかるかな？

▲旧千円札

（出典：日本銀行ホームページより）

「小説家の**夏目漱石**ですよね。」

そう。『吾輩は猫である』や『坊っちゃん』はとても有名だよね。

★**Point**　明治時代の文化

- 福沢諭吉……「学問のすゝめ」，「西洋事情」。
- 樋口一葉……「たけくらべ」。
- 野口英世……黄熱病の研究。
- 夏目漱石……「吾輩は猫である」，「坊っちゃん」。

✔CHECK 16 つまずき度 ！！！！！ ➡ 解答は別冊 p.023

次の文の（　　）に当てはまる語句を答えなさい。

(1) 日清戦争開戦直前の1894年7月に，外務大臣の（　　）がイギリスとの交渉に成功して，（　　）権が撤廃され，日本の法律によって日本人の裁判官により外国人の裁判ができるようになった。

(2) （　　）年8月，日清戦争が始まった。翌年，日清戦争の講和条約として，（　　）条約を結んだ。これにより，日本は（　　）半島，（　　），澎湖諸島を得た。また，銀2億両の（　　）も得た。

(3) （　　）年，日露戦争が始まった。（　　）は，「君死にたまふことなかれ」という詩を発表し，戦争に反対した。

(4) 1905年，日露戦争の講和条約の（　　）条約が結ばれた。日本の韓国における優越権を認め，日本は樺太（サハリン）の南半分を領有し，（　　）の鉄道の権利を得た。しかし，（　　）を得られなかったため，国内では日比谷焼き打ち事件などの暴動が起こった。

(5) 1910年，日本は韓国（　　）を強行し，漢城（現在のソウル）に朝鮮総督府を置いて，韓国を植民地化した。

(6) 1911年，（　　）が外務大臣のとき，アメリカとの間で関税自主権の回復に成功した。

大正時代

　大正時代は日清・日露戦争のように国の命運をかけての戦争がなかった時代だ。そのことは人々の暮らしにどんな影響を与えただろう？

「人々に余裕があるはずですよね。」

　そう。だから，政治的には民主主義が栄えた時代だった。

「経済的にはどうなんですか？」

　大正時代に起きた第一次世界大戦では，日本は戦場にならなかった。戦地となった国への輸出により経済的にも豊かだった。文化面でも新聞・ラジオが普及した時代だよ。

13-1 護憲運動の高まり

第一次護憲運動って？

　1912年の7月に明治天皇が崩御され，大正天皇が即位した。これにより明治時代が終わり，大正時代が始まったんだ。

　日露戦争に勝つため，多くの人が戦場に行き，中には帰ってこない人もいたよ。また，戦場に行かなかった国民も重税に耐えていた。そして，多くの国民はこれだけ国のために尽くしたのだから，自分たちの意見をもっと政治に反映させてほしいと考えるようになったんだ。これにより，政党の動きが活発になった。そんな中，1912年12月，ときの西園寺内閣が総辞職したんだ。

「なぜ総辞職したんですか？」

　軍備拡張を主張する陸軍の圧力だよ。当時，陸軍は長州藩の出身者が支配していた。そして，次の内閣総理大臣になったのは長州藩出身の**桂太郎**だね。このころは，立憲政友会の西園寺公望と藩閥・官僚勢力を代表する桂太郎が交互に政権を担当していた。1912年には桂が3度目の内閣を組織したんだ。

「国民の意思を無視した藩閥政治だと批判されても仕方がないですよね。」

　そうだね。そこで立憲政友会に所属する**尾崎行雄**や，立憲国民党に所属する**犬養毅**らの政党政治家は，共同して国会で桂内閣の不信任案を提出し，桂内閣を倒して，立憲政治を守る運動を起こしたんだ。これを**第一次護憲運動**というよ。これに対して桂内閣は国会を無視する態度をとったので，

339

国民はこれに怒り，各地で暴動が起きた。その結果，1913年2月，桂内閣は成立から53日目に総辞職することになるんだ。

- 必勝暗記法 1 - **1912年，第一次護憲運動が起こる**

とうばつ　　1 9 1 2
倒閣成功，得意になります!!

13章　大正時代

　このように，国民がしっかりした自分の考えを持つようになったんだ。1900年に，小学校令が全面的に改正され，公立小学校の授業料が原則無料になり，通学率がどんどん上昇し，国民の基礎学力が上がったことも，関係していると思うよ。

★ Point　第一次護憲運動とは？

- 1912年12月，長州藩出身の**桂太郎**による内閣が成立。⇒藩閥政治だという批判が高まる。
- **尾崎行雄**や**犬養毅**らは桂内閣を倒して，立憲政治を守る運動を起こした（**第一次護憲運動**）。⇒桂内閣は総辞職。
- 藩閥政治は限界を迎え，国民の政治参加への意識が高くなった。

13-2　第一次世界大戦

ヨーロッパで第一次世界大戦が起こる！

　さて，ここでヨーロッパを見てみよう。まず日露戦争に敗れたロシアは，アジア進出をあきらめ，ヨーロッパに目を向ける。狙いはバルカン半島だったんだ。バルカン半島は次の地図でギリシャ，ブルガリア，セルビアなどがある半島だよ。

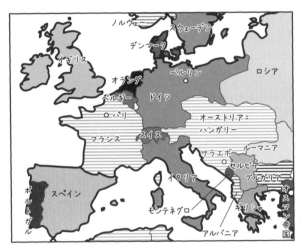

◀第一次世界大戦時の
ヨーロッパの国々

「先生，なぜロシアはバルカン半島を狙ったのですか？」

　バルカン半島は14世紀以降オスマン帝国の支配下にあったものの，オスマン帝国は「瀕死の病人」と呼ばれるほど衰えていたんだ。

「なるほど。占領するチャンスというわけですね。」

　そのとおり。また，バルカン半島を手に入れれば，念願の不凍港も手に

入るからね。バルカン半島はさまざまな民族が入り混じった，たくさんの小国が存在する地域だけど，ロシアと同じスラブ民族が多い国を応援して勢力を拡大しようとした。しかし，それでは困る国もあるんだ。ゲルマン民族が中心の国，オーストリア＝ハンガリーだね。

「なぜ困るんですか？」

先ほどの地図を見てみよう。バルカン半島をロシアに取られたら，ロシアに南北から同時に攻められるかもしれない。オーストリア＝ハンガリーとしては，それは避けたいところだよね。そのため，バルカン半島のゲルマン民族が多い国を応援したんだ。

「ゲルマン民族とスラブ民族が，厳しく対立している地域なんですね。」

バルカン半島にはゲルマン民族とスラブ民族以外の民族もいて国もあるから，それらの国も互いに対立していたため，**「ヨーロッパの火薬庫」**と呼ばれていたんだ。そしてこのころ，急速に力をつけてきた国があった。日本も憲法の手本にした国だけど，どこだろう？

「ドイツですよね。」

そう。ドイツのヴィルヘルム2世は，「陽のあたる場所へドイツを導く。」と述べ，国力にみあった植民地を求めたんだ。そして，ベルリン（Berlin），ビザンティウム（Byzantium：イスタンブルの旧名），バグダード（Baghdad）を結ぶ広大な地域への進出を目指す政策をとった。これを**3B政策**というよ。

このドイツの動きに危機感を持ったのが，イギリスなんだ。このころイギリスはインドのカルカッタ（Calcutta），カイロ（Cairo），ケープタウン（Capetown）を結ぶ地域の支配を目指す**3C政策**をとっていた。ドイツの3B政策は，イギリスの3C政策への挑戦でもあったんだね。

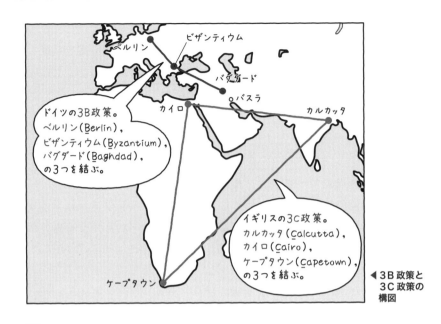

ドイツの3B政策。
ベルリン(Berlin)，
ビザンティウム(Byzantium)，
バグダード(Baghdad)，
の3つを結ぶ。

イギリスの3C政策。
カルカッタ(Calcutta)，
カイロ(Cairo)，
ケープタウン(Capetown)，
の3つを結ぶ。

◀3B政策と
3C政策の
構図

「ドイツがイギリスに対して妥協しないとなると，戦争の危険性が高まりますね。」

そうだね。**ドイツ**は1882年に**オーストリア＝ハンガリー**，**イタリア**とともに**三国同盟**を結んでいたんだけど，**イギリス**はそれに対抗するため，ドイツに脅威を感じている**フランス**，**ロシア**とともに**三国協商**を1907年に完成させ，戦争に備えたんだ。また，イタリアは三国同盟側から三国協商側に変わった。

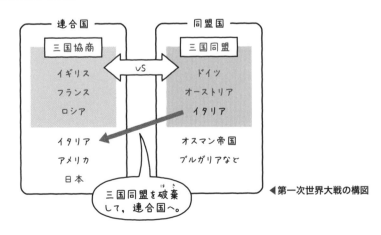

◀第一次世界大戦の構図

そんな中，ある事件が起きる。

「どんな事件ですか？」

　1914年に，オーストリア＝ハンガリーの皇太子夫妻が，サラエボでスラブ民族であるセルビア人の青年により暗殺されたんだ。これを**サラエボ事件**というよ。

　このためオーストリア＝ハンガリーとセルビアとの間で戦争が起こると，オーストリア＝ハンガリーは三国同盟にもとづいてドイツに救援を求める。いっぽうセルビアは同じスラブ民族の国であるロシアに救援を求めた。これをきっかけに三国協商，三国同盟にそれぞれかかわる国も参戦して，**第一次世界大戦**が始まったんだ。

> - 必勝暗記法2 - 1914年，第一次世界大戦が始まる
> 1 9 1 4
> **大戦に行く人よ，**大変そう

　第一次世界大戦では，毎分約500発の弾丸を発射する機関銃が威力を発揮し，攻撃側の兵士は防御側の機関銃から雨あられと発射される弾の中を攻めていかなくてはならなかった。つまり防御側が有利だったわけだね。だから互いに塹壕を掘り，攻めてくる敵を迎え討とうとしたんだ。次の写真が，塹壕戦のようすだよ。

◀塹壕戦

　防御側が有利となったことで，戦いはこう着状態となる。第一次世界大戦は**長期戦**になり，また国力の全てをかけて戦う**総力戦**となったんだ。

　そして塹壕戦は，さらに悲惨な事態をうむことになる。

「どういうことですか？」

　攻撃側は，機関銃などを使って守られている塹壕を突破するために，**毒ガス**や**戦車**などの新兵器を使ったんだ。結果，多くの兵士が亡くなることになった。第一次世界大戦の戦死者は，900万人を超えたんだよ。

「恐ろしいです…。」

ロシアで革命が起こる！

　ドイツ軍はロシア軍を破った。この敗戦により，ロシア皇帝のニコライ2世は国民から反発を受けたんだ。国内では反乱が相次ぎ，ついに退位することになる。その後，**1917年11月**，**レーニン**が指導する労働者や兵士たちは臨時政府を倒して，**世界初の社会主義の政府（ソビエト政府）**をつくった。この一連の動きを**ロシア革命**というんだ。

「先生，社会主義って何ですか？」

　社会主義は，**共産主義**を構築する途中の段階だよ。共産主義を，簡単にいえば，「能力に応じて働き，平等に分配するべきだ。」という考えのことだね。多くの国が取り入れているのは**資本主義**で，「能力に応じて働き，働きに応じて分配するべきだ。」という考えだよ。

　当時のロシアは，どんなに働いても生活の苦しい人たちがたくさんいるいっぽうで，まったく働かないのにぜいたくな暮らしをしている人たちがいる貧富の差が激しい社会だった。そのような社会の中では，徹底的な平等を目指す社会主義・共産主義が魅力的だったんだ。

「なるほど～。わかるような気がします。」

　ロシアは，社会主義を主張する勢力と革命に反対する富裕層（ふゆうそう）の勢力とが争い，内戦状態になったんだ。

「そんな状態では戦争を続けられませんね。」

　そうだね。1918年3月，ソビエト政府はドイツと講和（こうわ）し，戦線から離（はな）れた。そしてロシア皇帝のニコライ2世は，レーニンたちによって処刑（しょけい）されたんだ。

> - 必勝暗記法3 - 1917年，ロシア革命が起こる
>
> 　　　　　　　　　　1 9 1 7
> レーニンさん，革命成功，得意な気分

「ロシアが第一次世界大戦から脱落（だつらく）したなら，ドイツは再び（ふたたび）西側に戦力を集中できますね。」

　そうだね。しかし，ドイツの優勢（ゆうせい）はあることで変わってしまうんだ。

「何が起こったんですか？」

　当時，世界一の工業国になっていたアメリカが，ドイツの潜水艦（せんすいかん）による攻撃で自国民に被害（ひがい）が及（およ）んだので三国協商側（連合国）として，第一次世界大戦に参戦したんだ。
　アメリカの参戦で形勢（けいせい）は逆転（ぎゃくてん）する。ドイツの敗北は避けられない情勢となったんだ。

★ Point　第一次世界大戦

● バルカン半島での対立

| ドイツ・オーストリア=ハンガリー・イタリア（三国同盟） | VS | イギリス・フランス・ロシア（三国協商） |

● **1914年，サラエボ事件** が起こる。⇒これをきっかけに **第一次世界大戦** が開戦。

● 第一次世界大戦の特徴…**長期戦，総力戦** となる。塹壕戦が展開され，**毒ガスや戦車** が登場。⇒たくさんの兵士が亡くなる。

● **1917年，ロシア革命** が起こる。指導者は **レーニン。世界初の社会主義の政府（ソビエト政府）** が誕生。
⇒ロシアは第一次世界大戦から脱落する。

● 1917年，**アメリカ** が三国協商側にたって，第一次世界大戦に参戦。
⇒ドイツの敗北は避けられない情勢になる。

第一次世界大戦は日本にどんな影響を与えたの？

　さて，ここで話を日本に戻そう。第一次世界大戦が日本にとって「天の助け」という人もいたよ。まず，第一に経済面の「天の助け」があった。次のグラフを見てみよう。どんなことがわかるかな？

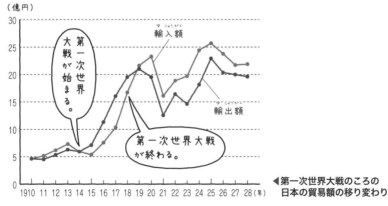

◀第一次世界大戦のころの日本の貿易額の移り変わり

「第一次世界大戦が始まったのは1914年でしたよね。その影響で
しょうか？　1915年から輸出額が増えていますね。」

　そうだね。日本は**日英同盟**を理由に，イギリス側つまり**三国協商側（連
合国）**に味方して第一次世界大戦に参戦し，ドイツが支配する中国の山東
半島に出兵したんだ。しかし，第一次世界大戦はヨーロッパが主戦場だっ
たため，日本はアメリカと同じく直接の被害を受けなかった。そして，兵
器や軍需品，食料品や衣料品などを戦争当事国のヨーロッパ諸国や，ヨー
ロッパ諸国から物を買っていた国に輸出することができた。もちろんアメ
リカも同じだよ。

「日本とアメリカはもうかったわけですね。」

　そうだね。

「前ページのグラフからも輸出額が輸入額を上回って，すごくもう
かっていることがわかりますね。」

　うん。日本はとても景気がよくなった。これを**大戦景気**と呼ぶよ。国内
では，**鉄鋼業**や**化学工業**がさらに発展した。なぜだと思う？

「うーん，日本は鉄鋼業や化学工業の製品をヨーロッパの国々から輸
入していたんですよね…。あ，もしかして第一次世界大戦の影響で
それらの国々から輸入できなくなったので，自分たちでつくるしか
なかったから，発展したとか!?」

　そのとおり。例えば，化学工業の製品などはそれまでドイツから輸入し
ていたんだけど，第一次世界大戦の影響で輸入できなくなり，自分たちで
つくるしかなくなったわけだね。日本の工業国としての基礎は，この時期
に築かれたといえるね。

13章 大正時代

　さて，第二の「天の助け」は領土のことだよ。先ほど少し説明したように，日本は山東半島に出兵して占領した。山東半島はもともとどこの国が支配していたかな？

「たしか，ドイツです。」

　そう。ドイツは，日本が味方した三国協商側（連合国）と敵対している三国同盟側の国だね。

　ここで少し当時の中国の話をしておこう。**1911 年**，反政府運動が活発化していた中国では，武昌（現在の武漢）で軍隊が反乱を起こした。これを**辛亥革命**というよ。革命運動はどんどん広がっていった。**1912 年**，漢民族の独立や政治的民主化，国民生活の安定を目指す**三民主義**を唱えた**孫文**が中心となって，清朝を倒し，**アジア初の共和国**である**中華民国**が建国されたんだ。

「中国もようやく近代化に向けて歩み始めたということですか？」

　そうだね。そんな中，日本は中国に対して**二十一か条の要求**をつきつけたんだ。**1915 年**のことだね。これは第一次世界大戦で日本が奪った中国におけるドイツの権益をそのまま受け継ぐことなどを中国に求めたものだよ。日本としては，日露戦争などで獲得した権益を安定させたかったんだ。要求には，山東省にあるドイツの権益を日本が受け継ぐことのほか，旅順・大連の租借期限や南満州鉄道の利権の期限を延長すること，南満州や内モンゴルでの日本の利権を拡大することなどがあった。当時の日本の内閣総理大臣は，大隈重信だよ。

　これに対して中国の人々は二十一か条の要求に強く反発した。

　中国の人々の反感は，それまでアヘン戦争などをしかけてきたイギリスに向かっていたんだけど，二十一か条の要求を境に，日本に向けられるようになったといわれているよ。さらに日本の満州への進出を望ましくないと考える国があったんだ。

「もしかして日露戦争の講和条約であるポーツマス条約を仲介したアメリカですか？」

　正解。アメリカは満州進出を狙って，東アジアにおける発言権を増すためにポーツマス条約を仲介したんだ。二十一か条の要求を境に，アメリカは日本への批判を強めていくよ。これがのちの太平洋戦争への導火線になったといえるね。

　さて，第一次世界大戦が日本にとって「天の助け」ではない部分もあるよ。それは，ロシア革命に関係しているよ。ロシアに誕生した社会主義政権は各国にとって脅威だった。

「どうしてですか？」

　先ほど少し説明したように，社会主義・共産主義は全ての人々の平等を目指しているんだ。富裕層や貴族，王の存在を認めず，抹殺すべき敵としている。ところが当時のヨーロッパの国々や日本は，富裕層や貴族，王が支配する国だったんだ。

「日本は，天皇を君主としていましたよね。」

　そう。そこで日本やヨーロッパの国々は，レーニン率いるソビエト政府をつぶしたいと考えた。**1918年**，ロシアで革命に反対する内乱が起こると，欧米諸国の要請に応じ，日本はシベリアに出兵したんだ（**シベリア出兵**）。アメリカやイギリス，フランスも出兵しているよ。レーニンに敵対する勢力を支援して，レーニンを支持する勢力と戦ったんだ。

「戦いはどう展開したんですか？」

　レーニン率いるソビエト政府は強かった。各国は簡単に勝てないとわかると，ロシアから軍隊を引き上げたんだ。

こうして各国の妨害を退け，内戦にも勝利したレーニンたちの新政府は，1922年，**ソビエト社会主義共和国連邦（ソ連）**の建国を宣言する。

ところで，話は戻るけど，シベリアに出兵するとなると，戦地で戦う兵隊に日本から食糧を送らなくてはいけないよね。もちろん米もシベリアに送ることになるから，国内の米の値段は間違いなく上がる。こんなとき，二人が米商人なら，どうしたら一番もうかると思う？

「いっそ売るのをやめ，米を買い占めて，米の値段が最高に上がりきったところで売るとか？」

うん，当時の米商人も同じように考えたんだ。当時の日本は第一次世界大戦の影響で大戦景気となり，ものの値段が上がり，米の値段も上がっていた。さらに，シベリア出兵が発表されたことで，米はもっと値上がりすると予測されていた。その結果，米屋や精米業者が米を売り惜しんだり，買い占めたりするようになったんだ。

「供給量が減るわけですから，米はどんどん値上がりしたでしょうね。」

米の値段は，第一次世界大戦前の約4倍にはね上がったんだ。そして，1918年，富山県で米の安売りを求める運動が最初に起こる。この運動が新聞で報道されると全国に広がり，各地で民衆が米屋や精米業者を襲う**米騒動**へと発展したんだ。次の絵を見てごらん。

（徳川美術館所蔵
イメージアーカイブ／DNPartcom）
©徳川美術館

◀米騒動

「これが米騒動のようすですね。」

　米騒動が起こった責任（せきにん）をとって寺内（てらうち）内閣が総辞職した。米騒動後，立憲政友会の**原敬（はらたかし）**が，陸軍，海軍，外務（がいむ）の３大臣以外は立憲政友会の党員の，日本で最初の本格（ほんかく）的な政党内閣をつくったんだよ。

「政党内閣とは何ですか？」

　衆議院（しゅうぎいん）で多数を占める政党が内閣を組織（そしき）して，つまり政府となって行う政治のことだね。原敬は士族や華族（かぞく）の出身ではなかったので，国民から「平民宰相（へいみんさいしょう）」と呼ばれたんだ。

- 必勝暗記法 4 -　1918 年，シベリア出兵，米騒動が起こる

　　　　　　　　　　　　　　　　　　　　１　　９　１　８
シベリア行きも，米の値上がりも ひどくいや

★ Point　第一次世界大戦の影響

- 日本は**日英同盟**を理由に**三国協商側（連合国）**に味方して，第一次世界大戦に参戦。⇒**中国**の**山東半島**へ出兵。
- 第一次世界大戦の影響で，日本は**大戦景気**となる。⇒工業も発展。
- 中国では，1911 年に**辛亥革命**が起こる。⇒**1912 年，三民主義**を唱える孫文が，**アジア初の共和国**である**中華民国**を建国。
- **1915 年**，日本は中国に**二十一か条の要求**をつきつける。⇒日本が山東省のドイツの権益を受け継ぐことなどを求める。
- **1918 年，シベリア出兵**。⇒米の値段が高騰（こうとう）し，各地で**米騒動**が起こる。⇒**原敬**が日本で最初の**本格的な政党内閣**をつくる。

ベルサイユ条約はどんな内容？

　原敬が内閣総理大臣のとき，第一次世界大戦が終わる。三国同盟のリーダーであるドイツが降伏したんだ。そして，1919年，フランスのパリ郊外にあるベルサイユ宮殿で，第一次世界大戦の講和会議（**パリ講和会議**）が開催され，ドイツと連合国の間で**ベルサイユ条約**が結ばれた。次がその一部だよ。第159条はどんなことを述べているかな？

ベルサイユ条約（一部）

第156条　ドイツ国は，1898年3月6日，ドイツ国と清国との間に締結した条約および山東省に関する他の一切の協定により取得した権利，要求および特権の全部…（中略）…を日本国のために放棄する。

第159条　ドイツ国の軍事力は…（中略）…解体され，縮小されるものとする。

第231条　ドイツ国とその同盟国による侵略によって引き起こされた結果生じた連合国，その国民に対する損害と被害に対して，ドイツ国とその同盟国に責任があることを，連合国は認識しドイツ国は了解する。

「第159条でドイツは軍備の縮小を受け入れていますね。」

　第231条はどうかな？

「損害の責任についてですね。賠償金を支払うということですか？」

　うん。ドイツが抱えた賠償金の総額は，1320億金マルク（約66億ドル）だった。この額は，1913年のドイツの国民総所得の2.5倍にあたる過酷なもので，ドイツ経済を破綻に追い込むものだったんだ。また，本国の領土の約13％と全ての植民

▲ベルサイユ条約の調印のようす

地を失った。前ページの絵は，ベルサイユ条約の調印のようすをえがいているよ。

「各国の代表が注目する中，うなだれてサインをしているように見えます。おそらくドイツの代表ですよね。」

「ドイツの人たちは，ベルサイユ条約の存在をうらんだでしょうね。」

　そうだっただろうね。ドイツの皇帝は退位し，ドイツは民主国家となった。そして，1919年，新しい憲法がつくられることになった。これを**ワイマール憲法**というんだ。

「日本が手本とした，皇帝の権力が強い憲法は廃止されたんですね。」

　うん。しかし，皇帝のかわりに大統領の権限が強い憲法だった。つまり，独裁者をうむ危険があったんだ。ベルサイユ条約へのうらみとワイマール憲法の制定が，のちにヒトラーによる独裁政権をうみ，第二次世界大戦の勃発につながっていくんだ。

- 必勝暗記法 5 - 1919年，ベルサイユ条約が結ばれる

1　9　1　9
行く行く，パリのベルサイユへ！

「ベルサイユ条約の第156条は日本に関係する内容ですね。」

　ドイツは東アジアにおける権益を日本に譲ることが述べられているね。この内容は中国・朝鮮の人々をとても怒らせることになったんだ。

「なぜですか？」

　ベルサイユ条約では，**「民族自決」の原則**がとられた。民族自決とは，どんな民族も他民族に支配されず，平等と独立が認められるという考え方のことだよ。この「民族自決」の原則によって，フィンランド，エストニア，ラトビア，リトアニア，ポーランド（以上はロシア帝国〜ソ連から），チェコスロバキア，ハンガリー，ユーゴスラビア（以上はオーストリア＝ハンガリーから）が独立国となったんだ。

　「『民族自決』の原則からすれば，中国の領土は中国に返さないといけないはずですよね。それなのに，ベルサイユ条約では，中国におけるドイツの権益を日本が引き継ぐことになっていますね。」

　そう。「民族自決」の原則の適用（てきよう）はヨーロッパに限られ，アジアなどには適用されなかったんだね。

　「欧米諸国の立場から考えれば，民族自決の原則により，アジアやアフリカの国々の独立を認めたら，植民地が無くなってしまうことになるからですかね。」

　鋭い（するど）指摘（してき）だね!!　これが中国や朝鮮半島の人たちを刺激（しげき）し，各地で独立を求める民族運動が起こった。1919 年，朝鮮では日本からの独立を求める**三・一独立運動**（さん・いち）が広がり，日本は警察や軍隊を動員して，これを鎮圧（ちんあつ）したんだ。

　「韓国併合（かんこくへいごう）に対する運動ですね。」

　三・一独立運動は中国にも影響を与えているよ。ベルサイユ条約で日本がかつてのドイツの権益を引き継ぐことになると，中国で反日感情（はんにちかんじょう）が爆発（ばくはつ）し，さらには帝国主義に反対する国民運動に発展した。これを**五・四運動**（ご・し）というよ。この運動の影響を受け，中国政府はベルサイユ条約に調印しなかったんだ。

「日本は中国や朝鮮の人たちからかなり嫌われている感じですね。」

　そうだね。このころは，植民地として支配されている人たちの独立心が強くなった時代といえるだろうね。日本だけでなく，**イギリス**もインドからかなり嫌われていたよ。インドは第一次世界大戦に協力することと引きかえに自治を認めてもらう約束をイギリスと交わしていたんだけど，この約束は守られなかったんだ。

「えっ〜!?　それって詐欺じゃないですか。ひどいですね。」

　そこで，**ガンディー（ガンジー）**は**非暴力・不服従の反英運動**を展開し，右の絵のように自ら糸をつむいで，伝統的な手法によるインド綿製品の着用を呼びかけたんだよ。

▲ガンディー

「つまり，イギリスの機械や製品を使わないわけですね。」

「非暴力だから，イギリスは捕まえることもできず困っただろうなぁ。効果的な運動ですよね。」

　インドは，第二次世界大戦後の1947年にイギリスから独立する。しかし，翌年ガンディーは暗殺されてしまったんだ。
　さて，第一次世界大戦は勝者にも敗者にも大きなダメージを与えた。もう二度とこのような戦争が起きないように，アメリカ大統領ウィルソンの提案で，国家間の利害を調整する機関として，1920年に，**国際連盟**が設立されることになったんだ。世界初の国際平和機構だね。

「日本は国際連盟に加盟したんですか？」

　うん。国際連盟の中心となる国を**常任理事国**というけど，日本は設立当初から常任理事国だった。また，**新渡戸稲造**は，国際連盟の事務局次長として国際親善に努めているよ。他の常任理事国はイギリス，フランス，イタリアだね。アメリカはアメリカ議会の反対で，国際連盟に加盟できなかったんだ。

★ Point　ベルサイユ条約の内容と影響

- **1919年，パリ講和会議**が開かれ，**ベルサイユ条約**が結ばれる。
  - ⇒ドイツは多額の**賠償金**を抱え，**領土の約13％と全植民地を失う**。ドイツは民主国家となり，**ワイマール憲法**を制定。
- 日本は東アジアにおけるドイツの権益を受け継ぐ。
- **「民族自決」の原則**…ヨーロッパ以外には適用されなかった。
  - ⇒各地で独立を求める民族運動が起こる。
  - ⇒**1919年**，朝鮮で**三・一独立運動**，中国で**五・四運動**。インドで**ガンディー**が**非暴力・不服従の反英運動**を展開する。
- 1920年，**国際連盟**が設立される。
  - ⇒日本は設立当初から常任理事国。**新渡戸稲造**は事務局次長として活躍。

13-3 大正デモクラシー

第一次世界大戦後の日本経済は不景気に

　第一次世界大戦中は大戦景気により景気がよかった日本だけど，第一次世界大戦が終わると不景気になった。ヨーロッパの国々が復興すると，日本の輸出が減り，国内の需要も減ったんだ。それに追いうちをかけることが起きる。**1923 年**9 月 1 日に起こった**関東大震災**のことだよ。ちょうど昼どきだったため，各地で火災が発生し，被害がさらに大きくなった。10万人以上の人が犠牲となったんだ。

　「2011 年に起きた東日本大震災の被害を上回っていたんですね。」

　そのとおり。やはり都市部での火災は被害が広がりやすいんだ。関東大震災が起こった 9 月 1 日は，のちに防災の日とされているよ。日本は大戦景気が終わり不景気に苦しんでいたにもかかわらず，関東大震災の復興に大きな費用をかけなくてはいけなくなり，不景気はより深刻になった。また，関東大震災のときにいたましい事件も起きている。

　「どんな事件ですか？」

　「朝鮮人が井戸に毒を入れた。」や「社会主義者が暴動を起こす。」などのデマが流され，多くの朝鮮人や中国人，社会主義者が殺されたんだ。

- 必勝暗記法 6 - **1923 年，関東大震災が起こる**

1 9 2 3
いい国みじめ，関東大震災

> **★Point　第一次世界大戦後の日本経済**
>
> ● **1923年** 9月1日，**関東大震災**が起こる。⇒大戦景気が終わり，不景気に陥っていた日本の経済はさらに深刻な不景気となる。

大正デモクラシーって何？

　このころ，日本では権利に関する意識が高まっていく。例えば，1924年，東京市営バスにバスガールが乗車したんだ。大正時代は職業に就く女性が増えた時代ということだね。

　「なぜ，女性の社会進出が進んだんですか？」

次の文章を見たことがあるかな？

> **雑誌『青鞜』創刊号より（部分要約）**
>
> 　元始，女性は実に太陽であった。真正の人であった。今，女性は月である。他によって生き，他の光によってかがやく，病人のように青白い顔の月である。

　「女性の地位が，太陽から月に下がったといっていますね。確かに，当時の女性に選挙権はなかったんですよね…。」

　そのとおり。大正時代に入って働く女性が増え，女性の社会進出が進んだのは，**平塚らいてう（雷鳥）**らが女性の権利拡大を目指して，**女性解放運動**を行った成果だったんだ。

平塚らいてうらは，1911年に**青鞜社**を結成し，女性だけで制作した雑誌である『**青鞜**』を出版している。右が『青鞜』の表紙だよ。

女性の社会進出だけでなく，大正時代は国民の間に民主主義・自由主義を求める風潮が高まった。これを**大正デモクラシー**というんだ。太平洋戦争以前において，大正時代はもっとも民本主義が叫ばれた時代だね。

（日本近代文学館）

▲『青鞜』の表紙

「民本主義って初めて聞きましたが，どんなものですか？」

民本主義とは，「政治に民意を反映させるべきだ」という考え方で，**吉野作造**が唱えたものだよ。これは大正デモクラシーのきっかけとなったんだ。

「民本主義」と「民主主義」は，基本的には同じものだよ。しかし，「民主主義」というと「国民が主権者」と解釈されかねず，これでは天皇を主権者とする当時の大日本帝国憲法に矛盾するから，「民主主義」といわずに「民本主義」といったんだ。

民本主義の考え方は国民にも広まり，1924～32年まで，衆議院の多数派の政党の総裁が内閣を組織する**「憲政の常道」**と呼ばれる状態が続いたんだよ。

「つまり，その間は政党政治が行われていわけですね？」

そう。政党内閣は一時中断した。しかし，国民の権利意識の高まりは，第二次護憲運動と呼ばれる政党内閣の回復を求める運動を起こし，**加藤高明**が政権を奪取し，政党内閣を成立させたんだ。そして彼の内閣の下で，**1925年**，衆議院議員の選挙法が改正され，**普通選挙法**が成立する。これにより，納税額の制限がなくなって，満25歳以上の全ての男子に選挙権が与えられた。有権者数はおよそ4倍に増え，全人口の約20％が有権者となったんだ。

- 必勝暗記法 7 - 1925年，普通選挙法が成立する

　　　　　１　９　　２５
選挙に**行く**，**25** 歳以上の男は

　しかし，政府は普通選挙法に先立って，**治安維持法**も成立させたことを忘れてはいけないね。治安維持法は，社会主義の思想や運動を広げないための法律だよ。

「当時の日本では，社会主義の思想や運動がそんなに広まっていたんですか？」

　実は，当時の日本はヨーロッパの国々やアメリカに比べて，貧富の差が激しい社会だった。貧しい人たちにとって，徹底的な平等を唱える社会主義や共産主義は魅力的だったんだ。そのため，社会主義や共産主義を支持する声が広がっていく。**小作争議**や**労働争議（労働運動）**がさかんになったのはこの時期だよ。

「小作争議，労働争議って何ですか？」

　小作争議とは，農地を借りている農民（小作人）が集団となって，土地の貸主（地主）に土地の借り賃の減額などを要求することだよ。労働争議とは，労働者が集団となって，経営者に対して給料アップなど待遇の改善を訴える運動だね。

「小作人 vs 地主，労働者 vs 経営者ですね。貧しい人 vs お金持ちともいえるかもしれませんね。」

　社会主義や共産主義は文学にも影響を与え，**プロレタリア文学**をうみ出したんだ。

「プロレタリア文学って何でしょうか？」

　プロレタリアとは，小作人や労働者など貧しい階級の人たちのことだよ。ちなみに，大正時代を代表する作家の**芥川龍之介**（『羅生門』などが有名）はプロレタリア文学の作家には属さないので，気をつけてね。

　彼は，プロレタリア文学とは，社会主義や共産主義の考え方にもとづき，小作争議や労働争議をあおる文学としているよ。

「大正時代には，社会主義運動がかなりさかんになったんですね。この運動が広がりすぎると，天皇の地位が危うくなるから，政府はかなり脅威に感じたことでしょうね。」

「なるほど。だから，普通選挙法で国民の権利を拡大するとともに，治安維持法で国民の権利が拡大しすぎないようにしたわけですね。」

　そのとおりだね。さて，普通選挙法によって，女性の参政権は認められているかな？

「認められていませんね。」

　そうだね。そこで，**市川房江**は婦選獲得同盟を指導して，女性の参政権獲得を目指す運動を続けたんだ。さらに，江戸時代から厳しく差別されていた人たちが，差別からの解放を求めて，**全国水平社**を設立した。1922年のことだよ。このように国民の権利意識が高まった背景には，マスコミ（マスコミュニケーション）が発達したことがあるんだ。その例として，発行部数が1日100万部を超える**新聞**が出てきたこと，児童雑誌や文芸雑誌が増えたこと，レコードや**ラジオ**が普及したことなどが挙げられるね。ちなみにラジオ放送が始まったのは，**1925年**のことだよ。

「なるほど。これだけマスコミが発達すると，国民は情報を入手しや
すくなり，知識を得たことで国民の権利に関する意識が高まったの
かもしれませんね。」

　そうだね。また，大正時代は都市の人口が増加し，それとともに国民生
活の都市化が進んだ時代だったんだ。都市生活者が担い手となって文化が
広がっていったわけだね。大正時代から昭和時代の初期は，文化の大衆化
が進んだ時期といえるね。

★.Point　大正デモクラシー

● 平塚らいてう（雷鳥）らが女性解放運動。雑誌『青鞜』を出版。
● 大正デモクラシー⇒民主主義・自由主義を求める風潮の高まり。
　吉野作造が民本主義を唱えたことがきっかけ。
● 1925年，普通選挙法が成立。⇒納税額の制限がなくなって，
　満25歳以上の全ての男子に選挙権が与えられる。
● 普通選挙法に先立って，治安維持法が成立。小作争議や労働
　争議などを広げないため。
● 大正時代に活躍した作家…芥川龍之介。
● 社会主義や共産主義の影響を受けたプロレタリア文学がうまれる。
● 1925年，ラジオ放送が始まるなど，マスコミが発達。

✔CHECK 17

つまずき度 ❗❗❗❗❗

➡ 解答は別冊 p.023

次の文の（　　）に当てはまる語句や数字を答えなさい。

(1) 尾崎行雄や犬養毅らは桂太郎内閣を倒して，立憲政治を守る運動を起こした。これを（　　）運動という。

(2) （　　）年，オーストリアの皇太子夫妻がボスニア系セルビア人の青年に暗殺される（　　）事件が起こった。この事件がきっかけとなって，第一次世界大戦が勃発した。

(3) 1917年，（　　）革命が起こった。（　　）が指導する労働者や兵士たちは臨時政府を倒して，世界初の（　　）主義の政府（ソビエト政府）をつくった。

(4) 日本は第一次世界大戦の影響で好景気となった。これを（　　）景気という。

(5) 1922年，内戦に勝利したレーニンたちの新政府は，（　　）の建国を宣言した。

(6) 1918年，富山県で起こった運動から，全国各地で民衆が米屋や精米業者を襲う（　　）に発展した。この責任をとって，寺内内閣が総辞職すると，立憲政友会の（　　）が，日本で最初の本格的な（　　）内閣をつくった。

(7) （　　）年，パリ講和会議が開かれ，（　　）条約が結ばれた。条約は敗戦国のドイツにとって過酷な内容だった。

(8) 1920年，世界初の国際平和機構である（　　）が設立された。

(9) 大正時代は民主主義・自由主義を求める風潮が高まった。これを（　　）という。このきっかけとなったのは，吉野作造が唱えた（　　）主義である。

(10) （　　）年，普通選挙法が成立し，満（　　）歳以上の全ての男子に選挙権が与えられた。これに先立って，社会主義を取り締まる（　　）法が成立した。

14章

昭和時代

この時代に，第二次世界大戦が起こる。全ては世界大恐慌から始まった。生活を維持するためには他国を侵略せねばと考えられた。結果，日本は敗北し，全てを失うんだ。

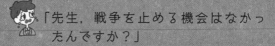「先生，戦争を止める機会はなかったんですか？」

何回かあったと考えられるよ。第一のチャンスは「リットン調査団」の報告を受け入れていたらよかったのでは，ということだ。第二のチャンスは石油が禁輸になったときに，アメリカに妥協すればよかったのではないか，ということだ。

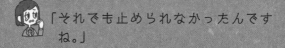「それでも止められなかったんですね。」

日本は敵をよく知らずに戦争をしてしまったんだ。ともかく，詳しく見ていこう。

世界恐慌

世界恐慌で経済が大変なことに！

1926年，大正天皇が亡くなり，昭和天皇が即位した。

さて，第一次世界大戦の舞台となったヨーロッパの国々も，戦争のダメージから立ち直る途中だった。このころ唯一，繁栄を保っていた国はどこだと思う？　第一次世界大戦であまり被害を受けていない国だよ。

「アメリカですかね？」

正解。アメリカは輸出を増やし，世界経済の中心となっていた。また，第一次世界大戦でダメージを受けたヨーロッパの国々に金を貸し，復興を手助けした。そして生産力を取り戻したい多くの国は，アメリカに製品を買ってもらっていたんだ。世界の経済は，アメリカ経済に頼る部分が大きくなっていたということだね。

「アメリカはお金をたくさん持っていたから，各国から製品を買えたんですね。」

日本もほかの国々と同じように，アメリカに頼っていたよ。当時，日本にとってアメリカは最大の貿易相手国だった。アメリカは日本の生糸を大量に買ってくれたんだ。アメリカはとても繁栄していた。1921年に67ドルだったアメリカの平均株価は，1929年に381ドルまで上昇している。6倍近く高くなったわけだね。

「ということは，1921年に100万円分の株を買っておけば，1929年には600万円近くになったということですか？」

ざっくりいうと，そういうことになるね。

だから当時のアメリカ国民は貯金をするより，株を買うほうを選んだ。昨日より今日，今日より明日と株が値上がりしていくのだから，当たり前だよね。中には，借金をしてまで株を買う人もいたんだよ。

当時のアメリカの株価は，経済の実態よりかなり高くなっていた。実は，アメリカの工業は生産過剰となっていて，ヨーロッパ諸国の生産力が回復すると，つくっても製品が売れず，勢いを失っていたんだ。そして，**1929年**10月24日，ニューヨーク株式市場の株価が暴落し，**恐慌**となった。その日のうちに，株価は約13%も下がったんだ。財産を株で持っていた会社や個人は，一夜にして大損をしたわけだね。この日は「暗黒の木曜日」（Black Thursday）と呼ばれているよ。

- 必勝暗記法1 - ▶ 1929年，世界恐慌が起こる

1　　9　2　9
ひどく吹く不景気の嵐

株価は一進一退を繰り返しながらも確実に下がり続け，1932年7月には約41ドルになった。もっとも高いときは381ドルだったから，そのときの価値の約10%になってしまったわけだね。

「うわぁ～。アメリカは急に貧乏になってしまったわけですね？」

そう。金が消えてしまったという感じだね。会社の倒産が相次ぎ，失業者も約1500万人発生している。右の写真は，スープの配給を求める失業者の行列だよ。

（World History Archive ／ニューズコム／共同通信イメージズ）

▲スープの配給を求める失業者の行列

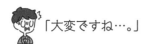「大変ですね…。」

　国内がこのような状況だから，アメリカはヨーロッパの国々に金を貸せなくなった。そして，アメリカはヨーロッパの国々に貸していた金を回収しようとしたんだ。

「これではヨーロッパの国々の経済も悪くなりますね。」

　また，アメリカは国内の産業を保護するために，輸入品に高い関税をかけるようになった。

「そんなことをしたらほかの国々でも，アメリカへの輸出に頼ってきた会社が倒産して，失業者が出てしまうんじゃないですか？　失業者は物を買えなくなりますから，ほかの会社も物が売れなくなって倒産してしまいますよね。そうなると，また失業者が増える…という悪循環になってしまうんじゃないですか？」

「うんうん。アメリカへの輸出を頼りにしていた国は厳しい状況になりますよね。」

　そのとおり。当時，世界の多くの国は，豊かだったアメリカへの輸出に大きく頼っていた。そのため，アメリカ国内の不景気はまたたく間に世界に広がり，**世界恐慌**が起こったんだ。世界の国々が一気に不景気になった。そして日本も，「アメリカへの輸出を頼りにしていた国」だったんだ。先ほど説明したように，日本にとってアメリカは最大の貿易相手国だった。次ページのグラフを見てみよう。当時，日本の主力輸出品だった生糸の輸出額の変化を示しているよ。何か気づくことはないかな？

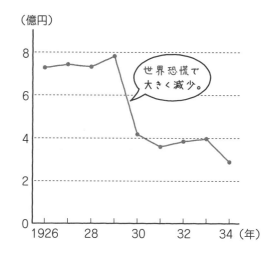

▲日本の生糸の輸出額の変化（昭和初期）

「1930年には，生糸の輸出額が大きく減っていますね。」

　うん。日本からアメリカへの生糸の輸出が減少し，アメリカ向けの生糸の価格が暴落したんだ。

「アメリカも日本から生糸を買えるような状態ではないですよね…。」

　そうなんだ。日本では製糸工場の倒産が相次いだ。第一次世界大戦の終結で大戦景気が終わり，関東大震災の影響で深刻な不景気となっていた日本にとって，世界恐慌はとどめの一撃ともいえるね。世界恐慌の影響により，日本はさらに深刻な不況となった。これを**昭和恐慌**と呼ぶよ。企業の倒産が相次ぎ，多くの失業者が出て，労働争議が増えた。また，米や生糸などの価格の暴落によって，農村では人々の生活が苦しくなっていく。小作争議も増えたんだ。

> ### ★ Point   世界恐慌の原因
>
> - 各国は第一次世界大戦でダメージを受けたが，アメリカは繁栄。アメリカは各国へ**資金**を援助し，**製品**を買ってあげた。
> - **1929 年**，アメリカでニューヨーク株式市場の株価が暴落し，**恐慌**になる。⇒アメリカはヨーロッパの国々に貸していた金を回収。さらに，国内の産業を保護するため，輸入品に高い関税をかける。
> - アメリカ経済に頼っていた世界の国々に一気に不景気が広がる（**世界恐慌**）。⇒日本も影響を受け，**昭和恐慌**となる。

各国は世界恐慌にどのような対策をとったの？

　さて，この空前絶後の不況を乗り切るために，各国はどのような政策をとったのだろうか。詳しく見ていこう。まず，アメリカから。先ほど，少し説明したよね。

「国内の産業を保護するために，輸入品に高い関税をかけましたよね。」

　しっかり覚えているね。さらに，フランクリン＝ルーズベルト大統領は，**ニューディール政策（新規まき直し政策）**と呼ばれる景気回復策を実行したんだ。これは国が大規模なダムをつくったり，道路をつくったりして**公共事業**をおこし，失業者に仕事を与えようとする政策のことだよ。アメリカは国土が広いから，国内を開発して仕事をつくり，不況を乗り切ろうとしたわけだね。国民も仕事をもらえれば給料が入るし，物を買うこともできるようになるね。

「国土が広いのはうらやましいですね～。」

　また，世界中に多くの植民地をもつ**イギリス**や**フランス**は，**ブロック経**

済という恐慌対策を行った。これは植民地に製品を輸出するなど，自国と植民地間の結びつきを強め，自国の産業を保護するいっぽうで，他国から自国への輸入品，あるいは他国から植民地への輸入品には高い関税をかけて，他国の製品を締め出そうとする政策なんだ。

「例えば，日本からイギリスの植民地であるインドに製品を売りたい場合にも，高い関税がかかるわけですか？」

そのとおり。

「これではインドで日本製品は売れませんね。」

インドだけでなく，イギリスとその植民地や連邦内，フランスとその植民地でも同じように売れなかったんだ。日本は製品をつくっても売るところがなく，とても困ってしまった。

「日本もアメリカのように広大な国土があれば，国内を開発して仕事をつくることも可能だったでしょうけど…。日本は国土が狭いから大規模な開発はできませんよね。」

「あるいはイギリスやフランスのように広大な植民地があれば，なんとか世界恐慌を乗り越えられたかもしれないけど…。日本のように植民地が少ない国は，製品をつくっても外国に売ることができず，どうしようもなかったわけですね。」

うん。日本と同じように，国土が狭く植民地も少ないうえに，世界恐慌の影響を受けた国として，**ドイツ**と**イタリア**が挙げられるね。また，社会主義政策をとり，計画経済を進めていた**ソビエト連邦**には，世界恐慌の影響がほとんどなかったんだ。計画経済のもとでは，政府が製品の価格を決めるため，価格が暴落することはないわけだね。

★Point　各国の世界恐慌への対策

- **アメリカ**…国内の産業の保護＋**ニューディール**（新規まき直し）**政策**。⇒広大な国土を開発する**公共事業**をおこす。
- **イギリスやフランス**…広大な**植民地**をいかした**ブロック経済**。
- **ソビエト連邦**…計画経済を進め，世界恐慌の影響を受けない。
- 日本・ドイツ・イタリア…国土が狭く植民地が少ないため，世界恐慌の影響をまともに受け，製品が売れずに困った。

日本は世界恐慌にどのような対策をとったの？

さて，ここからは日本の世界恐慌への対策を見ていこう。

そのころ農村部では冷害の影響などもあって，ききんさえ起きていた。そこで資源が豊かな満州へ進出して，不景気を打開しようとする動きが日本で強まってきたんだ。

中国では反日運動があるのに満州を狙うとなると，中国の民衆の抵抗はさらに大きくなるだろうね。

「**イギリス**も怒ると思います。イギリスは中国に大きな利権を持っていましたよね。それに，アメリカも満州を狙っていますから，怒るんじゃないですか？」

そのとおり。そこで，「日本の満州への進出はイギリスやアメリカが許さないだろう。戦争になるかもしれない。」として，満州への進出には反対論もあった。ところが1928年，関東軍（満州方面に展開していた日本軍）が満州の支配を計画し，当時満州を統治していた張作霖を暗殺する。これは関東軍が，政府や陸軍のトップである参謀本部の承認を得ないまま，勝手に行動したことなんだ。

「関東軍のやり方はあまりにもひどいですね。」

　そうだね。日本に対する中国の民衆の怒りはいっそう高まり，日本製品の不買運動なども激化した。そんな状況にもかかわらず，**1931年**，関東軍が奉天郊外の柳条湖で**南満州鉄道**の線路を爆破する**柳条湖事件**を起こしたんだ。関東軍はこの爆破を中国軍のしわざとして開戦し，満州全域を軍事占領した。翌年の1932年には，満州の自治を名目にして，日本が実権を握る**満州国**をつくった。元首には清朝最後の皇帝だった溥儀がなっている。この一連の動きを**満州事変**というんだ。

　次の満州国の地図を見てみよう。

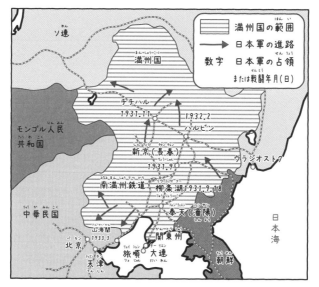

▲満州事変の広がりと満州国

「朝鮮よりはるかに大きいですね。」

　そうだね。鉄鉱石，石炭などの資源が豊富で，広大な農地もあるよ。地図をよく見てみて。最後に占領された主要都市はどこかな？

「ハルビンですね。1932 年 2 月とあります。」

　柳条湖事件が起きたのが 1931 年 9 月 18 日だから，関東軍は 5 か月もたたないうちに満州を占領してしまったわけだね。

　1931 年から日本は軍部の力が増し，徐々に軍国主義と呼ばれる政治体制になっていくんだ。戦争を行うことや軍事力の増強を最優先にし，外国を侵略して植民地を広げようとする体制のことだね。軍部は苦しい状況の日本を救うためには，満州を確保するなど外国を侵略して，植民地を広げるしかないと考えたんだ。そのためには軍部主導の政府をつくる必要があった。しかし，彼らにとって邪魔者がいたんだ。どんな人たちだと思う？

「政党とか，政治家じゃないですか？」

　正解。政党政治の本質は，政党が国民の意見を政治に反映して，政党同士で議論や討論を行う民主主義だよね。
　では，戦争が起こる原因として，軍部による独裁のほかに何があると思う？ 目に見えるものではなく，心に関係するものだよ。

「国民の愛国心もあると思います。」

　そうだね。実際に戦争をするのは国民だからね。国民の愛国心が盛り上がると，軍部への支持が高まることになる。このように軍国主義的かつ独裁的で，愛国心をあおりたてる政治を**ファシズム**というんだ。
　さて，ついに軍部は実力行使で政党政治を終わらせることになる。

1932 年 5 月 15 日，海軍の青年将校らは当時の内閣総理大臣<ruby>犬養毅<rt>いぬかいつよし</rt></ruby>を暗殺した。これが**五・一五事件**だよ。次の史料を見てみよう。何か気づくことはないかな？

五・一五事件の犯人の一人である<ruby>山岸宏<rt>やまぎしひろし</rt></ruby>海軍<ruby>中尉<rt>ちゅうい</rt></ruby>の<ruby>証言<rt>しょうげん</rt></ruby>

「まあ待て。まあ待て。話せばわかる。話せばわかるじゃないか。」と犬養首相は何度も言いましたよ。若い私たちは<ruby>興奮<rt>こうふん</rt></ruby>状態です。「問答いらぬ。<ruby>撃<rt>う</rt></ruby>て。撃て。」と言ったのです。

※その後青年将校の一人が犬養首相の<ruby>腹部<rt>ふくぶ</rt></ruby>を，一人が頭部を<ruby>銃撃<rt>じゅうげき</rt></ruby>した。その日の深夜に犬養首相は亡くなった。

「犬養毅首相は『話せばわかる。』と何度も強調していますね。」

「犬養毅首相は，お<ruby>互<rt>たが</rt></ruby>いにしっかり話し合ったうえでものごとを決めようと<ruby>訴<rt>うった</rt></ruby>えたわけですよね？ つまり，民主主義を<ruby>主張<rt>しゅちょう</rt></ruby>しているわけですか。」

　そう。犬養毅は，民主主義を<ruby>尊重<rt>そんちょう</rt></ruby>する大正デモクラシーのリーダー的<ruby>存<rt>そん</rt></ruby><ruby>在<rt>ざい</rt></ruby>だった。「話せばわかる。」ということばから，彼が民主主義を重んじていたことがわかるね。「問答いらぬ。」ということばはどうだろう？

「話し合いなど必要ないと，軍部が主導して政治を進める独裁政治を主張しているわけですね？」

　そう。五・一五事件により，1924 年から続いた「<ruby>憲政<rt>けんせい</rt></ruby>の<ruby>常道<rt>じょうどう</rt></ruby>」が終わった。つまり，政党政治が終わりを告げ，軍部が主導する内閣が<ruby>組織<rt>そしき</rt></ruby>されるようになったんだ。犬養毅は満州侵略にも<ruby>慎重<rt>しんちょう</rt></ruby>な立場をとっていたから，軍部にとってはより邪魔な存在だったといえるね。

- 必勝暗記法 3 - 1932年，五・一五事件が起こる

193 2
このままじゃ**戦**になるよ，五・一五

国際社会で孤立していく日本

さて，ここで国際情勢を見てみよう。関東軍が満州国を成立させたことで，日本は世界中から非難を浴びた。特に，満州を狙っていたアメリカは強く非難したんだ。

「国際社会からの非難に，日本はどのように応じたんですか？」

満州事変は満州における日本の権益および日本人の保護が目的で，あくまで自衛行為であること，満州国は日本が操る国ではなく，地元の住民が自発的に建国したものであると主張した。これに対して中国は，満州事変は日本の侵略行為であると国際連盟に提訴したんだ。当時の中国のリーダーは，孫文の死後，中国国民党の指導者となった**蔣介石**だよ。右の人物だね。

▲蔣介石

「日本と中国は，まず国際連盟で決着をつけようとしたんですね。」

そうだね。これを受けて，国際連盟はリットン調査団を派遣し，満州の実情を調査したんだ。

「調査の結果はどうだったんですか？」

まとめると，「満州国の成立は認めないが，満州における日本の利権は認める。」という内容であることがわかるよ。

「日本としては，ほぼ満足できる内容だったんじゃないですか？」

　しかし，日本は妥協しなかった。満州国の成立は譲れないという考えを持っていたんだ。「満州は日本の生命線」などといわれたのもこのころだね。リットン調査団の報告書の賛否について，国際連盟で投票が行われている。結果は賛成 42 票，反対 1 票（日本），棄権 1 票（シャム：現在のタイ），不参加 1 国（チリ）となり，リットン調査団の報告書は認められたんだ。つまり，満州国は認められなかったということだね。

　日本はこの決議に納得できないとして，国際連盟を脱退したんだ。**1933 年**のことだよ。

- 必勝暗記法 4 - 1933 年，日本が国際連盟を脱退する

1　　　9　3　3

ひどくさみしい国際連盟脱退

「日本は国際社会で完全に孤立したんですね。」

　さらに，日本国内で恐ろしい事件が起こる。**1936 年 2 月 26 日**，陸軍の青年将校が部下の約 1500 名の兵士を率いて，反乱を起こしたんだ。これを**二・二六事件**と呼ぶよ。ちなみに，この日は大雪だったそうだよ。

- 必勝暗記法 5 - 1936 年，二・二六事件が起こる

1　9　　　3　6

反乱に行くにはさむぃ，二・二六

「大雪だから寒いと覚えるわけですね。」

うん。覚えやすいんじゃないかな。

「ところで，二・二六事件は五・一五事件と違って，多数の兵士が参加するほどの大きな規模だったんですね。」

　そう。五・一五事件は少数の軍人が政治家などを襲ったもので，いわゆるテロだったけど，二・二六事件はまさに反乱だった。二・二六事件では，岡田啓介内閣総理大臣，高橋是清大蔵大臣，鈴木貫太郎侍従長など内閣の中心的な政治家や高級官僚たちの邸宅が襲撃されている。岡田総理はあやうく助かったんだけど，高橋是清らは殺害され，鈴木侍従長は重傷を負っている。さらに，反乱軍は警視庁や朝日新聞社も襲撃し，東京の中心部を占拠したんだ。

「なぜこんな事件を起こしたんですか？」

　「日本で不景気が続き，国民の生活が苦しいのは，財閥と深く結びついている天皇の取り巻きが，財閥中心の政治をしているからだ。だから，彼らを殺害して，天皇の考え方を直接政治に反映させよう。」というのが狙いだった。しかし，肝心の昭和天皇はこの事件に激怒し，反乱軍は鎮圧されたんだ。二・二六事件は，日本の政治にどんな影響を与えたと思う？

「軍部に逆らえば殺されてしまうという雰囲気をつくってしまったとか？」

　うん，そのとおりだ。

ついに中国と全面戦争へ！

さて，話を国際情勢に戻そう。中国では反日感情が燃え上がり，中国人と中国に駐留する日本人との間でいざこざが絶えなかった。そして，北京郊外で日中両軍が衝突した**盧溝橋事件**をきっかけとしてついに**日中戦争**が始まる。**1937年**のことだよ。

「日中戦争はどのように進んだんですか？」

　政府は戦争を拡大させない方針をとった。しかし，軍部はその方針を無視して戦争を拡大させたんだ。軍部は大軍で攻めれば，3か月くらいで中国軍は降伏するだろうと考えていた。次の地図を見てみよう。日中戦争の展開を示しているよ。中国の主な都市を日本が占領しているのがわかるね。

▲日中戦争の展開

「むむ，確かに。南京は 1937 年 12 月に占領していますね。」

南京は当時の中国の首都だね。このとき，南京では日本軍による一般市民への残虐行為（**南京事件**）があったといわれているんだ。

「首都を占領するだけでなく，広州も 1938 年 10 月に占領しています。日本にとって，戦況は優勢だったんじゃないですか？」

いや，そうでもないんだよ。日本軍は重要都市とそこに通じる鉄道と鉄道の周辺は占領したんだけど，農村部を支配することはできなかった。この状況は，「点と線の支配」などといわれたんだ。中国軍は広大な国土を利用して，日本軍が押せば引き，引けば押す作戦をとる。そして日本軍を中国の奥地に引き込むことによって，やがて日本軍には武器・弾薬・食料などの補給が届かなくなる事態となった。日本軍は大苦戦したといってよいだろうね。

「満州事変のとき，日本軍は中国東北部をわずか 5 か月ほどで占領しましたよね。なぜ，日中戦争では苦戦したんですか？」

まず，イギリスやアメリカなどの援助により，中国軍がかなり強化されていたことが理由だね。さらに満州事変のとき，中国は蔣介石率いる**国民政府**と，毛沢東率いる**中国共産党**との間で内乱状態だったけど，日中戦争の前に国民政府と中国共産党が日本の侵略に対抗するため，手を結んでいたんだ。日中戦争が始まったあとの 1937 年 9 月には，**抗日民族統一戦線**をつくって，日本軍と徹底的に戦うことを示している。

「なるほど～。中国の人たちは一致団結したんですね。これは強敵ですよね。」

日中戦争の苦戦を受け，日本政府は国民や物資を戦争に動員できるように，**1938年**に**国家総動員法**を制定した。これで，政府は国民の資金や物資を統制できるようになったんだ。例えば，食料や衣服などの生活必需品が切符制や配給制となり，さまざまなものが自由に買えなくなった。政府は戦争に必要な物資を確保し，軍需品の生産を優先しようとしたんだ。

- 必勝暗記法 6 - 　1937年，日中戦争勃発
　　　　　　　　1938年，国家総動員法制定

　　　1　9　3　7　　　　　8
　いくさ長引き，はぁ～とため息をつく

こうして日中戦争が長引き，国内の物資は統制され，日本はまったく余裕がなかった。1940年に東京でオリンピックの開催が予定されていたんだけど，1938年，日本政府はオリンピックの開催権を返上したんだ。

★ Point　日本の世界恐慌への対策

- 日本は資源が豊かな満州に進出しようと考えた。
- 満州事変…**1931年**，関東軍が**柳条湖事件**を起こす。
  ⇒**1932年**，**満州国**をつくる。
- 五・一五事件…**1932年5月15日**，海軍の青年将校らが**犬養毅**首相を暗殺する。⇒政党政治が終わる。
- リットン調査団が満州事変について調査。⇒満州国の成立は認められず，**1933年**に日本は**国際連盟を脱退**。
- 二・二六事件…**1936年2月26日**，陸軍の青年将校が兵を率いて反乱を起こす。⇒軍部が政治への影響力を強める。
- **1937年，盧溝橋事件**をきっかけに**日中戦争**が始まる。
  ⇒中国では国民政府と中国共産党が手を組み，**抗日民族統一戦線**をつくったことなどで，日本軍は苦戦。
  ⇒**1938年，国家総動員法**を制定。

14-2 第二次世界大戦～太平洋戦争

なぜ，第二次世界大戦が起こったの？

　ここからはヨーロッパの状況を見ていこう。世界恐慌のところで少し説明したけど，日本と同じように広大な国土や植民地を持っていない国は，どこだったかな？

「はい。ドイツとイタリアがそうでした。」

　よく覚えているね。特にドイツは，ベルサイユ条約で巨額の賠償金を課せられており，経済的な苦しみは日本以上だったかもしれないね。ドイツとイタリアは日本と同じように，外国を侵略して不況を打開しようとする。どちらの国でも**ファシズム**が台頭したんだ。ドイツでは**ナチス**の党首の**ヒトラー**が，イタリアでは**ファシスト党**を率いる**ムッソリーニ**が独裁者となって政権を握ることになる。1936年，イタリアはエチオピアを併合する。国際連盟はイタリアの侵略を非難した。イタリアはこれに反発し，1937年に国際連盟を脱退したんだ。

「『侵略→国際連盟から非難を受ける→国際連盟を脱退する』という流れは，日本とまったく同じですね。」

　まさにそうだね。ドイツも1933年に国際連盟を脱退しているよ。国際連盟がイギリスやフランスの軍備を認めるのに対して，ドイツの軍備を認めなかったからなんだ。ドイツは，1935年に再軍備を宣言した。そして1937年，日本とドイツ，イタリアは**日独伊防共協定**を結ぶことになる。これにより，ファシズム勢力が枢軸（協同の関係）を形成したわけだね。

「国土が狭くて植民地が少ない，だから海外を侵略したいと考えている国が団結したわけですね。」

「『防共』とはどういう意味ですか？」

「共産主義の拡大を防ごう。」という意味だよ。当時，共産主義の国はソ連（ソビエト連邦）しかなかったわけだから，「ソ連の勢力拡大を防ごう。」という意味でもあるんだ。ドイツは 1938 年にオーストリアを併合し，続いてチェコスロバキアの西部も併合する。イギリスやフランスは，これ以上ドイツが侵略を進めれば，宣戦布告すると警告した。

「ヒトラーは侵略を続けたんですか？」

ヒトラーは驚きの策をとるんだ。1939 年 8 月，ドイツはソ連と**独ソ不可侵条約**を結ぶ。ドイツは共産主義に反対していたから，世界の国々はこの条約の締結にビックリしたんだ。しかし，ソ連からすれば極東で日本との争いに集中したかったわけだね。ドイツにしてもフランスと戦う間に，背後からソ連に襲われたくないからね。

そして，**1939 年** 9 月 1 日にドイツが，同年 9 月 17 日にソ連がそれぞれポーランドに侵攻する。ドイツとソ連は，ポーランドを分ける約束をしていたんだ。同年 9 月 3 日，イギリスとフランスはドイツに宣戦布告し，**第二次世界大戦**が始まった。

- 必勝暗記法 **7** ◀ 1939 年，第二次世界大戦が始まる

1 9 3 9
いくさ苦しい第二次世界大戦

「第二次世界大戦も第一次世界大戦と同じように塹壕戦が繰り広げられ，戦争はこう着状態になったんですか？」

　いや，そうはならなかった。次の地図を見てみよう。フランスは何年に
ドイツに敗れているかな？

▲第二次世界大戦中のヨーロッパ

「1940年とあります。」

　そう。ドイツは1940年5月にフランスへ侵攻し，6月にはフランスを
降伏に追い込んだんだ。

「えっ〜!! 第一次世界大戦は4年あまりも戦いが続きましたよね。そ
　れなのに，第二次世界大戦のドイツとフランスの戦いは約1か月で
　勝負がついたわけですか…。」

その理由は，ドイツ軍がとった電撃戦という新戦術にあるんだ。

さらに，ドイツは占領したヨーロッパ各国で過酷な政策をとった。特に知られているのは，**ユダヤ人**の迫害だね。

「私は『アンネの日記』を読んだことがあります。小さな子どもまで迫害を受けたんですよね。」

そうだよ。約600万人のユダヤ人が亡くなったといわれている。このようにドイツは人権を無視する政治を行ったため，ヨーロッパの人々はドイツへの協力を拒否したり，抵抗運動（レジスタンス）を起こしたりしたんだ。また，リトアニアの日本領事館で働いていた**杉原千畝**は，ドイツの迫害から逃れようとポーランドなどから避難してきたユダヤ人に，自らの判断でビザ（通過査証）を発給し，約6000人もの命を救った。右の人物が杉原千畝だよ。

▲杉原千畝

★ Point　第二次世界大戦

- ドイツは，ベルサイユ条約で巨額の賠償金を課せられ，経済的に苦しかった。⇒外国を侵略して不況の打開を目指す。
- ドイツとイタリアで**ファシズム**が台頭。
  ⇒ドイツでは**ナチス**の党首**ヒトラー**，イタリアでは**ファシスト党**を率いる**ムッソリーニ**が君臨。
- 1937年，**日独伊防共協定**が結ばれる。ファシズム勢力が枢軸（協同の関係）を形成。
- 1939年8月，ドイツはソ連と**独ソ不可侵条約**を結ぶ。
- **1939年9月**，ドイツがポーランドに侵攻。これを受けてイギリスやフランスがドイツに宣戦布告し，**第二次世界大戦**が始まる。
- ドイツは**ユダヤ人**を迫害。**杉原千畝**は多くのユダヤ人を救う。

なぜ，太平洋戦争が起こったの？

　ドイツがフランスに勝ったことは，日本の動きにも影響を与えている。日本では「このままドイツがヨーロッパのリーダーになるのではないか。」という意見が多くなり，「バスに乗り遅れるな!!」という言葉が流行したんだ。

「今やヨーロッパを征服する勢いのドイツの味方になったほうがよいと判断したわけですね。」

　そう。そこで1940年，日本はドイツ・イタリアと**日独伊三国同盟**を結んだ。

　ほかにも影響が出ているよ。ドイツがフランスなどを倒したため，倒された国の植民地が日本の目の前に転がっていたんだ。日本はどう対応したと思う？

「それは…。手に入れたいと思ったんじゃないですかね。」

　そのとおり。日本は1940年9月，フランス領インドシナ（現在のベトナム）北部に軍を進めた。これには，イギリスやアメリカが中国を援助するのを妨げようとする意図もあった。

「ベトナムは，イギリスやアメリカが中国に援助物資を送るルートになっていたわけですか？」

　そう。日中戦争で日本が苦戦した理由のひとつに，イギリスやアメリカが中国を援助していたことがあったよね。さて，1940年10月には，ほとんどの政党や団体が解散し，新たにつくられた**大政翼賛会**にまとめられた。

「政党が無くなってしまっては，しっかりと政策などを議論することができませんから，国会を開く意味も無くなってしまいましたね。」

そうだね。国を挙げて戦争に向かう体制が完成したんだ。さて，日独伊三国同盟が結ばれたことと，日本軍がフランス領インドシナへ進出したことに激怒した国があった。アメリカだね。アメリカはほかの国を誘って，日本に経済制裁を実施した。アメリカ（America），イギリス（Britain），中国（China），オランダ（Dutch）が手を組んで，日本への輸出を制限したんだ。これを「**ABCD包囲陣**」というよ。1940年9月にはくず鉄が禁輸になり，1941年8月には石油が禁輸になった。

「石油が輸入できないと，日本は追いつめられるんじゃないですか？」

確かにそうだね。日本の要求は，中国に関する日本の利権と，アジアの超大国としての日本の地位を認めてほしいというものだった。

「これに対してアメリカは，日本にどのような要求をしたんですか？」

アメリカの要求は，「日本が中国，そしてフランス領インドシナから無条件で全面撤退すること」，「満州国をあきらめること」，「日独伊三国同盟を実質廃棄すること」などだった。つまり，「満州事変が起こる前の状態に戻しなさい。」と求めたわけだね。この条件を守れば，石油を輸出してもよいとしたんだ。そんな中，日本は1941年4月に**日ソ中立条約**を結び，北方の安全を確保した。

「これで日本はアメリカとの交渉に専念できますね。」

アメリカの要求を受け入れるべきか，それともアメリカと戦うべきか，日本は迷ったんだ。

「戦っても勝てるかどうかわからないですよね。」

そのとおり。次のページの史料を見てみよう。当時の日本とアメリカの国力について，日本を1としたときの比で表したものだよ。

1941年の日本とアメリカの国力

（新庄健吉陸軍大佐の分析による）　日本：アメリカ

鉄鋼の生産量‥‥‥‥　1：24
アルミ生産量‥‥‥‥　1：8
重工業‥‥‥　1：20
化学工業‥‥‥‥　1：3

石油精製量‥‥‥‥　1：80
航空機生産機数‥‥‥‥　1：8
自動車生産台数‥‥‥‥　1：50
工業労働力‥‥‥‥　1：5

「鉄鋼は武器の原料になりますね。アメリカは，日本の24倍も鉄鋼を生産しているわけですか…。これでは勝てるわけがないですね。」

アルミや航空機は戦闘機の生産に，自動車は戦車の生産などにつながるし，日本とアメリカの国力の差はとても大きいことがわかると思うよ。

日本の国力を考えれば，日本軍がアメリカ本土に上陸し，首都であるワシントンD.C.を占領して，アメリカに完全勝利することが絶対に無理であることは日本のリーダーたちもわかっていた。さらに，下の史料を見てみて。どんなことがわかるかな？

1941年の昭和天皇と杉山陸軍参謀総長（陸軍のトップ）との会話

昭和天皇「もし日米開戦となった場合，どのくらいで作戦を完遂する見込みか？」
杉山陸軍参謀総長「太平洋方面は3か月で作戦を終了する見込みでございます。」
昭和天皇「汝（おまえ）は支那事変（日中戦争）勃発当時の陸相（陸軍大臣）である。あのとき事変は2か月程度で片付くと私に向かって申したのに，支那事変は4年たった今になっても終わっていないではないか。」

「2か月ほどで終わるはずだった日中戦争がまだ続いているわけですから，中国よりも広い太平洋が戦場となるアメリカとの戦争は3か月で終わるはずがないとする昭和天皇の考えは，もっともですね。」

「軍部の予測は，いい加減な面があったわけですね。」

　うん。日本には「ドイツがヨーロッパで勝つだろうから，アメリカとも講和できるだろう。」くらいの見通ししかなかったんだろう。フランスを倒したドイツは，1941年6月，独ソ不可侵条約を破ってソ連に侵攻し，破竹の勢いで進撃していた。このような状況の中，日本はアメリカ・イギリスと戦うことを決意したんだ。

★*Point　太平洋戦争

- 1940年，日本はドイツ イタリアと**日独伊三国同盟**を結ぶ。同年，国内ではほとんどの政党や団体が解散し，**大政翼賛会**にまとめられる。
- 満州国の建国，日独伊三国同盟，日本のフランス領インドシナへの侵攻にアメリカは激怒。⇒「**ABCD包囲陣**」を形成。石油などを禁輸。
- 1941年4月，日本は**日ソ中立条約**を結び，北方の安全を確保。
- 日本とアメリカの国力の差は明らかだったが，日本はアメリカ・イギリスと戦うことを選んだ。

日本はなぜポツダム宣言を受け入れたの？

　当時，近衛文麿首相から，日米開戦後の見通しについて聞かれた山本五十六連合艦隊司令長官（海軍の実戦部隊のトップ）は，「是非やれといわれれば，初めの半年や1年は，ずいぶん暴れてごらんにいれます。しかし2年，3年となっては，全く確信はもてません。」と答えていたようだ。

「半年や1年は大丈夫だけど，長期戦は難しいと思っていたってことですね。」

　そうなんだ。長期戦になると国力の差が出て，敗北は明らかだった。山本五十六の見通しは正しかったといえるだろうね。**1941年**12月8日，日本の海軍はハワイの**真珠湾**にあるアメリカ軍基地を攻撃し，同時に陸軍はイギリス領のマレー半島に上陸してイギリス軍を攻撃した。こうして第二次世界大戦における太平洋が主戦場の戦争，すなわち**太平洋戦争**が始まったんだ。山本五十六としては，真珠湾を奇襲攻撃してアメリカ国民の戦意を失わせ，日本に有利な条件で講和できたらと考えていた。しかし，真珠湾攻撃は逆効果となる。

「えっ，どういうことですか？」

　本来は，真珠湾攻撃の30分前，アメリカ東部時間で午後1時（ハワイ現地時間で午前7時30分）に，日本はアメリカに宣戦布告をするはずだった。しかし，アメリカ政府にその情報が伝わったのは，攻撃を開始して約50分後となってしまったんだ。

「それではいきなり殴ってから，ケンカを始めたようなものですね…。」

　そうだね。戦争に宣戦布告が必要かどうかについては，議論がさまざまある。しかし，アメリカ政府は「真珠湾攻撃は日本軍のだましうちである。」と宣伝し，「リメンバー，パールハーバー！（真珠湾を忘れるな！）」を合

言葉に，アメリカ国民は団結した。また日本と戦うことは，アメリカがヨーロッパ戦線に参戦する口実になったんだ。

「真珠湾攻撃によってアメリカ人の戦意を失わせるどころか，一致団結させてしまったわけですね。」

　日本の宣戦布告と同時に，ドイツ・イタリアもアメリカに宣戦布告する。これにより，第二次世界大戦はアメリカ・イギリスを中心とする**連合国側**と，日本・ドイツ・イタリアの**枢軸国側**の二大陣営の戦いとなった。真珠湾攻撃でアメリカの太平洋艦隊をほぼ全滅させたことで，日本はアジアにおける戦いを有利に進めることができた。アメリカの植民地のフィリピン，イギリスの東南アジアの植民地拠点であるシンガポールなどを日本は次々に占領していくことになる。下の地図を見てみよう。

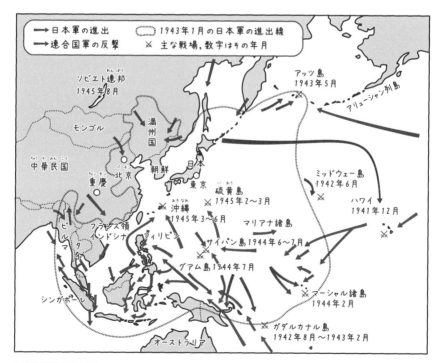

▲太平洋戦争の展開

「うわぁ～!! 太平洋中に日本軍がいるじゃないですか。」

　しかし，1942年6月の**ミッドウェー海戦**での敗戦により，日本軍の進撃は終わった。太平洋戦争の開戦からおよそ半年後だね。ミッドウェー海戦では，真珠湾攻撃などで日本軍の進撃を支えてきた航空母艦が4隻も撃沈され，日本軍はもっとも重要な戦力を失ってしまったんだ。

　そしてアメリカ軍は，1942～43年の**ガダルカナル島**をめぐる戦いからさらなる反撃に転じる。山本五十六の見通しどおりの展開になったわけだね。同じころ，ドイツ軍もスターリングラードでソ連軍に敗れている。また，1943年9月にはイタリアが降伏した。さらに1944年6月には，フランス北西部の**ノルマンディー**にアメリカやイギリスなどの連合国軍が上陸する。東から攻めるソ連軍と西から攻める連合国軍に挟み撃ちにされ，ドイツ軍の敗北は時間の問題となった。そして太平洋戦争でも，1944年7月にサイパン島が陥落し，日本の敗北も避けられない情勢となったんだ。

「サイパン島の陥落が戦況に大きな影響を与えたんですか？」

　サイパン島から，アメリカの爆撃機のB29が直接日本本土に飛んでいけるんだ。サイパン島の陥落以来，日本本土はアメリカ軍の**空襲**を受けるようになる。空襲で大都市や工業地帯は焼き払われた。政府は，せめて子どもたちの命を守るため，都市部の子どもを地方に避難させることにしたんだ。これを学童疎開というよ。

「戦況は絶望的だったんですね。」

　それでも日本軍は戦い続けた。1944年のフィリピンの戦いでは，爆弾を積んだ戦闘機が敵の軍艦に体当たり攻撃する**神風特別攻撃隊**と呼ばれるものを組織している。フィリピンをアメリカ軍に占領

▲体当たり寸前の神風特別攻撃隊

されてしまうと，日本本土に石油などの資源を運べなくなってしまうからだね。前ページの写真はアメリカ軍が撮影した神風特別攻撃隊だよ。ＣＧ（コンピューターグラフィックス）ではないよ。

「神風特別攻撃隊は爆弾を積んで体当たり攻撃をするわけですから，パイロットは必ず戦死してしまいますよね？」

そうなってしまうね。

　戦時中，国内では労働力が不足したため，中学生や女学生なども軍需工場で働いた。これを**勤労動員**というんだ。また，兵力不足を補うために，大学生も戦場に送られた。これを学徒出陣というよ。

　さて，1945年2月にクリミア半島のヤルタで，アメリカ・イギリス・ソ連の首脳による**ヤルタ会談**が行われている。ヤルタ会談では，ドイツの戦後処理とソ連の対日参戦などを決めたんだ。

「まだ戦争が終わっていないのに，連合国軍には余裕がありますね。」

　そうだね。さて，1945年4月，ついにアメリカ軍は1500隻近い艦船とともに，約54万人の兵力で沖縄に上陸した。迎え撃つ日本軍は約12万人だった。

「アメリカ軍はものすごい兵力ですね。」

　沖縄に住む人たちは日本軍に協力したんだ。例えば，女子学生を中心に**ひめゆり学徒隊**が編成され，負傷者の看護にあたった。しかし，ひめゆり学徒隊は，297名中224名が亡くなったといわれているよ。

　日本軍は「アメリカ軍に降伏して捕虜になるな。」と教育していたので，アメリカ軍に包囲されて集団自殺した人たちもいたんだよ。沖縄戦では，当時の沖縄島民の約4分の1にあたる12万人以上の人々が亡くなっている。

「痛ましいとしかいいようがありません。」

　こうして約３か月間の激戦ののち, 沖縄もアメリカ軍に占領された。また, 1945年５月にはドイツが降伏している。日本は世界中を相手に戦うことになったということだね。

「もう戦うのは無理じゃないですか？」

　連合国側もそう考えたのだろうね。1945年７月, アメリカ・イギリス・ソ連の首脳がドイツのベルリン郊外のポツダムに集まり, 会談を行った。そして, 日本に武装解除などを行い, 無条件降伏を求める宣言が, アメリカ・イギリス・中国の名で発表された。これを**ポツダム宣言**というんだ。その内容の一部を見てみよう。

ポツダム宣言（一部）

1条　われら合衆国大統領, 中華民国政府主席およびグレート・ブリテン本国政府首相は, われらの数億の国民を代表して協議の上, 日本国に対して, 今次の戦争を終結する機会を与えることで意見が一致した。

7条　…(略)…新秩序が確立され, かつ日本国の戦争遂行能力が破砕されたという確証があるまでは, 連合国軍が指定する日本国領域内の諸地点は, われらがここに指示する基本的目的の達成を確保するため, 占領される。

8条　カイロ宣言の条項は履行され, 日本国の主権は本州, 北海道, 九州, 四国およびわれらが決定する諸小島に限定される。

10条　われわれは日本人を奴隷にしたり滅亡させようとしたりする意図はないが, われわれの国の捕虜を虐待した者を含む戦争犯罪人に対しては厳重に処罰する。日本国政府は, 民主主義を推進しなければならない。言論, 宗教, 思想の自由および基本的人権の尊重を確立しなければならない。

「日本はポツダム宣言を受け入れたんですか？」

　いや，最初は無視していたんだ。これに対し，アメリカは1945年8月6日広島に，8月9日長崎に**原子爆弾**を投下する。広島，長崎の都市機能は一瞬にして消滅した。原子爆弾が投下されてから5年以内に広島では20万人以上の人が，長崎では10万人以上の人が亡くなっている。

「恐ろしい威力ですね。」

　原子爆弾が投下された直後は生き残ったとしても，放射線を浴びたことにより，時間がたって亡くなった人も多いんだ。いまだに放射線障害で苦しんでいる人もいるよ。
　また，1945年8月8日には，ソ連が日ソ中立条約を破って日本に宣戦布告をし，満州に攻め込んできた。このような状況の中，8月10日，天皇が出席する最高幹部会議で，ポツダム宣言を受け入れて降伏するか，戦いを続けるかが話し合われたんだ。

「会議の結果はどうなったんですか？」

　戦争終結派3人，戦争継続派3人と意見が真っ二つに分かれてしまったんだ。戦争継続派は「日本本土に連合国軍を上陸させ，迎え撃とう。」と主張した。これを本土決戦というよ。そこで，最後の決断は昭和天皇にゆだねられることになった。

「どのような決断となったんですか？」

　昭和天皇は，戦争終結を決断した。前ページのポツダム宣言の10条をもう一度見てごらん。何と書いてあるかな？

「『戦争犯罪人に対しては厳重に処罰する。』とありますね。」

　そう。ポツダム宣言を受け入れれば，ひょっとすると連合国軍は天皇を戦争犯罪人として処刑するかもしれない。つまり，天皇であっても命の保障はない状況だったんだ。そんな中，戦争終結を決断した。

「ポツダム宣言の８条を見ると，日本の領域は明治維新のときとほぼ同じですね。」

　そうだね。明治維新以降に占領した日本の領土は全て失われたといってよいだろうね。

- 必勝暗記法 8 - **1945 年，ポツダム宣言の受諾，第二次世界大戦・太平洋戦争・日中戦争の終結**

　　　　1　9　4　　5
平和な世界に**行くよ**！**GO**！

　さて，第二次世界大戦の被害をまとめておこう。第一次世界大戦の死者数は軍人が約 1000 万人，民間人が約 600 万人。ところが，第二次世界大戦の死者数は軍人が約 2500 万人，民間人が約 3700 万人だった。第二次世界大戦の死者数は，軍人と民間人を合わせて 5000 万人を超えているんだ。これは爆撃によって都市を破壊するようになったことが大きかったといわれているよ。また，第二次世界大戦の日本の死者数は軍人が約 230 万人，民間人が約 80 万人で合わせて約 310 万人だった。

　さて，394 ページのポツダム宣言の７条を見てみよう。何と書いてあるかな？

「連合国軍に占領されるとありますね。」

　連合国軍による日本の占領がどのように行われたのか，日本はどのように復活するのかは，次の章で見ていこう。

★. Point　ポツダム宣言受諾までの流れ

- **1941年** 12月8日，日本の海軍はハワイの**真珠湾**にあるアメリカ軍基地を攻撃し，同時に陸軍はイギリス領のマレー半島に上陸してイギリス軍を攻撃。⇒**太平洋戦争**が始まる。
- フィリピンやシンガポールなどを占領し，最初は日本優勢に進行。
- **ミッドウェー海戦**・ガダルカナル島での敗戦により，形勢逆転。
- サイパン島の陥落などで，日本の敗北は避けられない状況になる。
- 1945年2月，**ヤルタ会談**が行われ，ドイツの戦後処理とソ連の対日参戦などを決める。
- 1945年4月，アメリカ軍が**沖縄へ上陸**。⇒その後，占領される。
- 1945年5月，同盟国の**ドイツが降伏**。
- 1945年7月，連合国側は**ポツダム宣言**を発表。⇒日本は無視。
- 1945年8月6日**広島**に，8月9日**長崎**に**原子爆弾**が投下。
- 1945年8月8日，**ソ連**が日本に宣戦布告。
- 昭和天皇の決断により，**ポツダム宣言を受諾**。

✓CHECK 18

つまずき度 ❗❗❗❗❗

➡ 解答は別冊 p.024

次の文の（　　）に当てはまる語句を答えなさい。

(1) 1929年，ニューヨーク株式市場の株価が暴落し，（　　）が広がった。

(2) (1)を乗り切るために，アメリカは公共事業をおこすなどして，（　　）政策（新規まき直し政策）を実行した。

(3) 日本は不景気を打開するために，資源が豊かな満州へ進出しようと考えた。そして，1931年，南満州鉄道の線路を爆破する柳条湖事件を起こし，翌年には満州国をつくった。この一連の動きを（　　）という。

(4) 1937年，北京郊外で日中両軍が衝突した盧溝橋事件をきっかけに（　　）戦争が始まった。

(5) (4)の戦争の苦戦を受けて，1938年，日本政府は国民や物資を戦争に動員できるように（　　）法を制定した。

(6) 1939年，ドイツのポーランド侵攻をきっかけに（　　）が始まった。

(7) 1940年，日本はドイツ・イタリアと（　　）同盟を結んだ。

(8) 1941年4月，日本はソ連と（　　）条約を結んだ。

(9) 1941年12月，日本の海軍はハワイの（　　）にあるアメリカ軍基地を攻撃し，同時に陸軍はイギリス領のマレー半島に上陸してイギリス軍を攻撃した。これにより，（　　）戦争が始まった。

(10) 1945年7月，アメリカ・イギリス・中国の名で，日本に無条件降伏を求める（　　）宣言が発表された。

昭和時代(戦後)
平成時代
令和時代

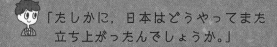「いよいよ最終章ですね。これまで学んだ長い歴史の中で，私たちの祖先は数々のピンチを切り抜けてきましたよね。」

そうだね。しかし，最大のピンチといえば，第二次世界大戦に敗れ，領土も財産も人命も失ったこの時期かもしれないね。

「たしかに，日本はどうやってまた立ち上がったんでしょうか。」

それじゃあ，戦後の日本が，どのように再興するか学んでいこう！

第二次世界大戦後の日本

第二次世界大戦後の日本の状況は？

　第二次世界大戦後，もう二度と世界大戦が起こらないようにするため，1945 年 10 月に**国際連合（国連）**ができた。設立時は 51 か国が加盟し，アメリカ・イギリス・フランス・ソ連・中国の五大国が**常任理事国**になったんだ。さて，次の写真を見てみよう。

◀**大空襲で焼失した東京**

　「木造の建物はほとんど見られませんね。鉄筋コンクリートの建物がかろうじて残っているようです。」

　「このようすだと，残っている鉄筋コンクリートの建物の多くも，中は丸焼けになっていますよね…。」

　そうだね。空襲により，日本の主要都市は焼け野原となっていた。次に，この写真を見てみて。

（写真提供：共同通信社）

◀ 1945 年ごろ
の東京

「すごい人の数です。」

「写真に写っているのは，商店街のようですね…。」

　うん。これらの店の集まりは闇市（やみいち）と呼ばれていたよ。当時，食料は配給（はいきゅう）制だった。しかし，配給される食料だけではまったく足りず，確実に餓死（がし）してしまう。そこで，非合法に食料を売る店がたくさんあらわれたんだ。これが闇市だよ。

「見た目からは，激安（げきやす）商品が並んでいそうですけど…。」

　とんでもない‼ 非合法な商品が売られているわけだから，値段（ねだん）がとても高いものばかりだったんだよ。例えば，ふかしたさつまいも 1 本の値段が，現在（げんざい）の価値（かち）で約 1 万 7000 円もしたそうだよ。
　また，都市に住む人たちの中には，農村まで直接（ちょくせつ）食料を買いに行く人がたくさんいたんだ。当時は激しいインフレ（インフレーション：物価が上昇（じょうしょう）し，貨幣（かへい）の価値が下がること）が起こっており，現金にあまり価値がなかっ

た。そのため，人々は宝石類や着物などを農家に持ち込んで，食料と交換してもらったんだ。当時，失業者は約 1200 万人にものぼり，餓死者は約 1000 万人に達するだろうと予測されていたよ。日本経済は完全に破綻し，昭和時代初期の水準にまで落ち込んでいる。

　これが第二次世界大戦直後の日本の状態だった。日本はここから新たなスタートを切ったわけだね。

「日本がどうやってはい上がっていったのかを知りたいです。」

そうだね。次から詳しく見ていこう。

★Point　第二次世界大戦後の日本の状況

- 空襲により，日本の主要都市は焼け野原となった。
- 配給される食料だけではまったく足りず，各地に闇市があらわれた。
- 日本経済は完全に破綻し，昭和時代初期の水準にまで落ち込んだ。

GHQ による日本占領がスタート

　もう一度，394 ページのポツダム宣言を見ておこう。7 条と 10 条にはどんなことが書いてあるかな？

「7 条には，『日本国の戦争遂行能力が破砕されたという確証があるまでは，（中略）基本的目的の達成を確保するまで占領される。』とありますね。」

「10 条には，『戦争犯罪人に対しては厳重に処罰する。』とあります。」

　そのとおり。連合軍は日本から軍国主義を完全になくし，戦争をできない国にしたかったんだ。

「10条には，『民主主義を推進しなければならない。（中略）基本的人権の尊重を確立しなければならない。』とあります。」

　これは，天皇主権の国ではなく，民主主義の国に変えるという意味もある。つまり，日本を戦争ができない，アメリカの保護国のようにするということだね。さて，アメリカを中心とする連合国軍は，東京に**GHQ（連合国軍最高司令官総司令部）**を置いて，日本政府に指令を出しながら政治を行う間接統治の方式で，日本の戦後改革を進めた。そして GHQ の総司令官には**マッカーサー**が就任したんだ。

「具体的にはどのように改革が進められたんですか？」

　右の写真を見て。左側がマッカーサー，右側が昭和天皇だよ。服装に違いがあるよね？

（写真提供・共同通信社）

▲マッカーサーと昭和天皇

「左側のマッカーサーはネクタイをしないラフな服装なのに，昭和天皇はモーニングにネクタイという礼装ですね。」

　そう。この写真を見て，当時の日本人は戦争に負けたという実感を持ったんだ。

「どうしてですか？」

　マッカーサーがネクタイをしていないのに，昭和天皇がネクタイをした礼装であるということは，天皇を格下に扱っていることを意味しているんだ。当時の日本の常識では，最高権力者であり，神でもある天皇に会うときに，ネクタイをしないことなどあり得ないことだったからね。

「ということは，GHQ のマッカーサーが天皇より偉いことを日本人は実感したということですね。」

そのとおり。当時の日本人は，この写真を見て，日本はアメリカに負けたこと，そして，アメリカに支配されていることを理解したんだ。いっぽう GHQ としては，自分たちは天皇より上だということを示しつつ，GHQ が日本政府に命令を出し，日本政府に実行させる間接統治でポツダム宣言の内容を実施しようとした。

「第一に日本の軍国主義をなくすことですね。」

そう。まずは「軍国主義の徹底的排除」について見ていこう。

軍国主義を排除するための政策

第一にアメリカを中心とする連合国側は，日本の軍国主義を徹底的に排除するため，戦争犯罪人を処罰した。起訴された人が約 5700 名，うち死刑に処せられた人は 984 名だった。

「死刑になった人が 984 名ですか。とても多いですね。」

また，戦争でリーダー的な役割を果たした A 級戦犯の裁判は東京で行われた。これを極東国際軍事裁判というんだ。東京裁判ということもあるよ。

「どんな判決が下りたんですか？」

起訴された 28 名のうち，裁判途中で亡くなった 2 名，病気により免訴された 1 名を除く 25 名が有罪判決を受け，7 名が絞首刑になった。太平洋戦争開戦時の内閣総理大臣だった東条英機も絞首刑に処せられているよ。

「つまり，特別な事情があった人以外は，全員が有罪となったわけですね。」

そういうことになるね。

「厳しい判決ですね。」

　また，極東国際軍事裁判と同じような裁判が，ドイツに対しても行われた。ドイツのニュルンベルクという都市で行われたため，ニュルンベルク裁判というんだ。この裁判では，ヒトラーを支持したナチスの幹部が裁かれた。起訴された24名のうち19名が有罪となり，そのうち12名が死刑になっている。また，ドイツは領土的に，日本より過酷な条件を課せられることになった。

　東ドイツと西ドイツに分割されてしまったんだ。その後，ドイツは長らく東西に分裂した状態が続くことになる。

　さて，話を戻そう。第二に，「軍国主義の徹底的排除」のための政策として，軍国主義者の**公職追放**が行われた。職業軍人や軍国主義者，極端な国家主義者などは，政府や民間企業の要職に就くことが禁じられたんだ。

「軍国主義に関係した人は，政府や民間企業から追い出されたということですか？」

　そういうことだね。また，第三に，戦争の放棄，戦力の不保持，交戦権の否認を定めた**日本国憲法**の**第9条**も，「軍国主義の徹底的排除」に大きな役割を果たしたんだ。日本国憲法は，GHQの案をもとに日本政府が改正案を作成し，議会の審議を経たうえで，**1946年11月3日に公布**され，**1947年5月3日から施行**された。現在，11月3日は文化の日，5月3日は憲法記念日で，いずれも国民の祝日となっているよね。

　戦争で大きな被害を受けた人々は，「もう二度と戦争をしたくない。」という気持ちがとても強かったんだ。

-必勝暗記法１- 1946年，日本国憲法が公布される

１　９　４　６
国民は**ひどくよろ**こんだ日本国憲法

基本的人権と民主主義実現のための政策

　次は，「基本的人権の尊重と民主主義の政府づくり」について見ていこう。マッカーサーは，当時の日本の内閣総理大臣幣原喜重郎に，改革の実施を命じたんだ。

「どんな改革ですか？」

　(1)女性の参政権を認めること，(2)労働組合結成の奨励，(3)教育の自由化，(4)国民に対する圧政的制度の廃止（秘密警察などの廃止），(5)経済の民主化の５つだよ。まとめて**五大改革**というんだ。

　まず，「(1)女性の参政権を認めること」について。次の写真を見てごらん。誰が何をしているところかな？

（写真提供：共同通信社）

「どうやら選挙で投票しているところですね。」

「なるほど。女性にも選挙権が与えられて、選挙で投票できるように なったんですね。」

そのとおり。写真は、1946年の衆議院議員総選挙の投票のようすだよ。 1945年12月に選挙法が改正されて、それまで選挙権がなかった女性に、 選挙権が与えられた。**満20歳以上の全ての男女**に選挙権が認められたん だ。女性の国会議員も誕生した。本当の意味での普通選挙がようやく実現 したということだね。

「これはとてもすばらしいことですね。」

次のグラフは、有権者数の移り変わりを示しているよ。どんなことが読 み取れるかな？

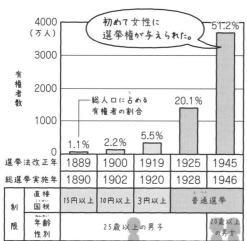

◀有権者数の移り変わり

「第1回衆議院議員総選挙が行われた1890年には、全国民のうち の約1％の人しか選挙権を持っていなかったわけですね。」

15章

昭和時代（戦後）・平成時代・令和時代

「1925年に普通選挙法が制定されて，ようやく全国民のうちの約20%の人が選挙権を得たわけですか…。」

「戦争が終わって女性の解放が進み，1945年の選挙法の改正で，満20歳以上の全ての男女に選挙権が与えられたわけですね。1946年の衆議院議員総選挙では，全国民のうちの約半分の人が選挙権を得ていることがわかります。」

有権者がとても増えたことがわかるよね。

次に，「(2)労働組合結成の奨励」について。1945年12月，労働者の権利を高めるために，労働者の団結権，団体交渉権，団体行動権（争議権）を保障する**労働組合法**が制定されている。

「なぜ，GHQは労働組合の結成を奨励したんですか？」

うん。これにも理由があったんだ。日本が外国を侵略したのは，日本国内で製品が売れなかったことも関係していた。当時の日本国民の多くは低賃金で，物を買う余裕などとてもなかったんだ。だから外国を侵略して物を売ろうとしたともいえる。GHQは，ここに日本が軍国主義化した原因のひとつがあると考えたわけだね。この問題を解決するためには，日本国民一人一人の給料を上げ，自国の製品をもっと買うことができるようにする必要があった。そして，格差を是正しなくてはいけなかったんだ。

「確かに，そうすれば外国を侵略する必要はなくなりますね。」

そこで，労働組合の結成を奨励して，労働者が経営者と対等な立場で，賃金などについて交渉できるしくみをつくったんだ。

「労働者が団結して交渉できるようにしたわけですね。これで，給料を上げるように求めることができます。」

「先生。労働組合の結成を奨励して，労働者の権利を高めたことについては，よくわかりました。ところで，農民についてはどうなったんですか？」

　1946年から**農地改革**を実施しているよ。国は地主（小作地の所有者）から強制的に土地を買い上げて，小作人に安く売り渡した。次のグラフを見てみよう。農地改革を実施したことで，**自作農**が大きく増えたことがわかるね。

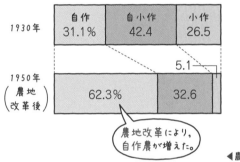

◀農家の割合の移り変わり

「なるほど。これで小作人から自作農になった人は，地主に土地のレンタル料を払わなくてもよくなったわけですね。」

　そういうこと。農民の生活水準は大きく上がり，格差の是正が進んだんだ。土地の買い取り価格が安すぎたため，地主の損失はとても大きいものだったが，この農地改革により，日本の農民の生活水準は確かに上がった。

「よかったです！」

　続いて，「(3)教育の自由化」について。第二次世界大戦前の教育の基本は，天皇の忠臣をつくることに重きが置かれていた。GHQはこれを改めるように指令を出したんだ。そして日本国憲法の精神にもとづき，民主主義的な人間の形成を目標として，**教育基本法**が制定される。教育制度は**六・三・三・**

四制となり，小・中学校での 9 年間の義務教育や，男女共学が始まったんだ。

「僕たちが受けている義務教育のことですね。」

　そうだね。

　次は，「⑷国民に対する圧政的制度の廃止（秘密警察などの廃止）」について見ていこう。

　治安維持法の下で共産主義者などが徹底的に弾圧され，拷問で虐殺されたり獄死したりした人は 194 人，獄中で病死した人は 1503 人，逮捕された人は数十万人にものぼったんだ。このような横暴は，軍部の独裁政治を招くことにつながるので許してはいけないと GHQ は考えた。そこで基本的人権の尊重を原則とする**日本国憲法**が制定されたんだ。当然，治安維持法のような法律は日本国憲法に反するため，廃止されたよ。

　最後に，「⑸経済の民主化」についてだね。これには，先ほど説明した軍国主義者の公職追放に加えて，**財閥解体**が大きな変化をもたらしたんだ。

「財閥って何ですか？」

　財閥とは，銀行を中心にさまざまな業種に進出した，同族経営の資本家グループのことだよ。明治時代以降，政府から鉱山や工場を安く買い取った三井や三菱などの大資本家が財閥を形成した。財閥は戦前の日本経済を独占支配し，戦争に協力したとして解体されたんだ。

★ Point　GHQの日本占領と改革

- 軍国主義的な考え方はいっさい認めず，徹底的に排除する。
- 国民の権利を広く認めて**民主主義**の政府をつくることで，二度と戦争を起こさないようにする。
- 東京に**GHQ**（連合国軍最高司令官総司令部）を置き，間接統治。最高司令官は**マッカーサー**。
- 戦争犯罪人を厳重に処罰。⇒A級戦犯は**極東国際軍事裁判**（東京裁判）で裁かれた。
- 軍国主義者の**公職追放**。
- **日本国憲法**の制定。**1946年11月3日に公布，1947年5月3日に施行。**
  ⇒**戦争の放棄，戦力の不保持，交戦権の否認**を定めた第9条が「軍国主義の徹底的排除」に大きな役割を果たす。
- 女性の参政権を認めること……選挙法の改正。**満20歳以上の全ての男女**に選挙権が与えられた。
- 労働組合結成の奨励……労働者の権利向上のために**労働組合法**を制定。
- **農地改革**を実施……**自作農**が大きく増えた。
- 教育の自由化……民主主義的な人間の形成を目標に**教育基本法**を制定。六・三・三・四制。**9年間の義務教育と男女共学。**
- 国民に対する圧政的制度の廃止（秘密警察などの廃止）……**日本国憲法**が制定され，**治安維持法は廃止**された。
- 経済の民主化……軍国主義者の公職追放に加えて，**財閥解体**。

15-2 冷たい戦争（冷戦）

冷たい戦争とはどのようなものだったの？

　ここまで見てきたように，GHQ の指導の下で日本はいっさいの軍備を持たずに民主主義国家として再出発したわけだね。日本政府の次なる目標は，GHQ の占領から抜け出し，独立を回復することだった。そのためには，連合国と有利な条件で講和条約を結び，戦争状態を終わらせなければならない。

　当時の日本の内閣総理大臣だった吉田茂（任期：1946 年 5 月 22 日～1947 年 5 月 24 日，1948 年 10 月 15 日～ 1954 年 12 月 10 日）は，日本に少しでも有利な条件で講和し，独立を回復することを目指していた。しかし，アメリカでは，日本の独立に反対する声があったんだ。

「えっ～!?　なぜですか？」

　アメリカとしては，アジアににらみをきかせるため，そして日本を監視するために，日本にアメリカの基地を置きたいと思っていた。しかし，日本が独立すると，日本にアメリカの基地を置けなくなってしまうので，それはまずいと考える人たちがいたわけだね。

「なるほど。それで，吉田首相はどうしたんですか？」

　「日本の独立を認めてくれるなら，日本国内にアメリカ軍が駐留することを，日本政府のほうから希望してもいいですよ。」というメッセージを，アメリカに送ったんだ。

　この吉田首相のメッセージにより，アメリカは日本の独立を認める方向に動くことになる。最終的な講和条件を調整するため，1951 年 1 月，ジョ

ン・フォスター・ダレスという人が来日し，吉田首相と極秘会談を行った。
この会談でアメリカが日本に要求した内容に，吉田首相はとても驚いたん
だ。

「その要求とは，いったい何だったのですか？」

日本に再軍備を要求したんだよ。

「え～～～～～～～～～っ!?」

「アメリカは，日本から軍国主義を徹底的に排除するために，あれほ
ど努力してきたのに!?」

「多くの日本国民は日本国憲法第９条に大賛成していて，二度と戦争
をするつもりはありませんよね。アメリカはこれまでと180度違
う要求を日本にしてきたのですね。アメリカが日本に再軍備を要求
したのは，なぜなんですか？」

アメリカの方針転換には，国際情勢の変化が影響していた。次の史料を
見てごらん。

イギリスのウィンストン・チャーチル元首相の演説

(1946年3月)

「バルトのシュテッティンからアドリアのトリエステまで，ヨーロッパ大陸を横切る
鉄のカーテンが降ろされた。中部ヨーロッパおよび東ヨーロッパの歴史ある首都
は，全てその向こうにある。

ウィンストン・チャーチルは，第二次世界大戦中のイギリスの首相だよ。
鉄のカーテンとは，社会主義諸国（東側陣営）と資本主義諸国（西側陣営）
の境界線を指すんだ。次のページの地図を見て。色のついているところが
社会主義諸国（東側陣営）だよ。

◀鉄のカーテン

「チャーチルの演説に『中部ヨーロッパおよび東ヨーロッパの歴史ある首都は，全てその向こうにある。』とあるように，ポーランドやハンガリーなどの東ヨーロッパの国々が，社会主義の国になったんですね。」

　アメリカはこの状況を，ソ連の領土の拡大，つまり侵略だととらえたんだ。当時のアメリカ大統領トルーマンは，ソ連と対抗する決意を表明する。

「アメリカはソ連の領土拡大を警戒するとともに，社会主義が広まるのを嫌がったんですね。大正時代のところで勉強しましたが，社会主義は徹底した平等を目指す考え方なので，お金持ちや貴族，王の存在を認めないわけですよね。社会主義が広がると，アメリカやヨーロッパのお金持ちなどは困りますね。」

　そのとおり。それだけでなく，社会主義による計画経済がよいのか，あるいは自由な競争を認める資本主義経済がよいのかという対立もあった。**社会主義諸国（東側陣営）** は，**ソ連** をリーダーとする東ヨーロッパの国々。

いっぽう，**資本主義諸国（西側陣営）**は，**アメリカ**をリーダーとする西ヨーロッパの国々だった。1949年，アメリカを中心に**北大西洋条約機構（ナトーＮＡＴＯ）**がつくられる。これに対して，1955年，ソ連を中心に**ワルシャワ条約機構**がつくられたんだ。「二つの世界」のこの対立は，直接の武力衝突がない戦いだったため，**冷たい戦争（冷戦）**と呼ばれるよ。

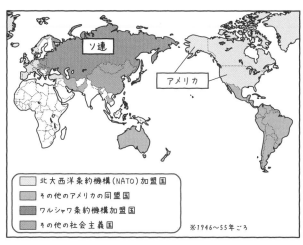

```
             ソ連

                        アメリカ


  北大西洋条約機構（NATO）加盟国
  その他のアメリカの同盟国
  ワルシャワ条約機構加盟国
  その他の社会主義国        ※1946〜55年ごろ
```

▲冷たい戦争（冷戦）の構図

「なぜ，直接の武力衝突が起きなかったんですか？」

　それは，アメリカやソ連などが大量の核兵器を持っていたからだよ。もし，アメリカとソ連が戦うことになれば，核兵器が使用され，お互いに大きなダメージを受けることになりかねない。よって，どちらも直接の武力衝突は避けたいわけだね。これを**核抑止力**というんだ。

　しかし，アメリカとソ連はそれぞれ異なる国（政府）を応援し，代理戦争を行うことは何度もあった。例えば，中国では蒋介石の率いる国民政府と，毛沢東の率いる中国共産党が激しい内戦を繰り広げたんだ。アメリカは国民政府を応援し，ソ連は中国共産党を応援した。結果的に中国共産党が勝利し，**1949年**10月に**中華人民共和国**が成立する。国民政府は台湾に逃れたんだ。

- 必勝暗記法 2 - 1949年，中華人民共和国が成立する

1　　9 4 9
ひどくよくできました，中華人民共和国

　また，朝鮮半島でも動きがあったよ。1948年，北緯38度を境に，南にはアメリカが支援する資本主義国の**大韓民国（韓国）**が，北にはソ連が支援する社会主義国の**朝鮮民主主義人民共和国（北朝鮮）**が誕生している。**1950年**6月には，北朝鮮が突然韓国に侵攻し，**朝鮮戦争**が始まった。

- 必勝暗記法 3 - 1950年，朝鮮戦争が始まる

19　　　5 0
特需は**これ**から，朝鮮戦争

「特需って何ですか？」

　朝鮮戦争が始まったことで，アメリカ軍は日本に大量の軍需物資を注文した。日本は好景気となり，経済が復興するきっかけになったんだ。これを**特需景気**というよ。

「日本のすぐ近くで戦争が行われたわけですね。」

　そう。朝鮮半島では広い地域が焼け野原となった。戦いが続くと両軍ともに疲れが見え始め，北緯38度線付近での攻防が続いたんだ。1953年，北緯38度線付近を軍事境界線として，休戦協定が結ばれることになった。

　ところで，戦争の終わりを宣言する条約を何というか覚えているかな？

「たしか，講和条約ですよね。」

　正解。実は，朝鮮戦争の講和条約はいまだに結ばれていないよ。韓国と北朝鮮は戦争状態のままなんだ。

　さて，ソ連を中心とする社会主義国（東側陣営）の攻勢を前にして，アメリカは日本の社会主義化を絶対に防ごうとした。そして，アメリカは日本を「反共の砦」として，社会主義（共産主義）の拡大を抑えようとしたんだ。

「もし，日本が社会主義国となって，アメリカにはむかうようになると，太平洋戦争前と似たような状況に陥り，アメリカにとっても危険だからですね。」

　そのとおりだね。

　また，日本に社会主義国（東側陣営）との戦いを助けてもらい，資本主義国（西側陣営）のために貢献してほしいと考えていた。さらに，アジア全体の社会主義化を防ぐためにも，日本に基地を置くことはとても有効だから，その意味でも日本にアメリカ軍の駐留を認めてほしいと思っていたんだ。ただし日本を「反共の砦」とするためには，日本を復興させる必要があった。

「強い国でないと『砦』になりませんよね。」

　そういうことだね。「反共の砦」として同じような役割を担った地域に，東ドイツの西ベルリンがあるよ。西ベルリンは，アメリカ，イギリス，フランスが共同で統治していた。これに対して，東ベルリンはソ連が統治していたんだ。西ベルリンは発展したけど，東ベルリンはあまり発展しなかった。東ベルリンから西ベルリンに移る人が続出したため，西ベルリンを囲むように壁がつくられることになる。この壁を**ベルリンの壁**というよ。ベルリンの壁は，冷たい戦争（冷戦）の象徴だったんだ。

★Point　冷たい戦争（冷戦）

● 冷たい戦争（冷戦）……**ソ連**をリーダーとする**社会主義国（東側陣営）**と**アメリカ**をリーダーとする**資本主義国（西側陣営）**の対立。

⇒**核抑止力**により，直接の武力衝突がない戦い。

● アメリカを中心に**北大西洋条約機構（NATO）**が，ソ連を中心に**ワルシャワ条約機構**がつくられた。

● 中国……アメリカが応援する国民政府と，ソ連が応援する中国共産党が内戦。

⇒**毛沢東**の率いる中国共産党が勝利し，**1949年**10月に，社会主義国（東側陣営）の**中華人民共和国（中国）**が成立。

● 朝鮮半島……**1950年**6月，アメリカが支援する**韓国**と，ソ連が支援する**北朝鮮**との間で**朝鮮戦争**が起こる。

⇒アメリカ軍が日本に軍需物資を大量に注文し，日本は**特需景気**と呼ばれる好景気に。

✔CHECK 19

つまずき度 ❗❗❗❗❗　　➡ 解答は別冊 p.024

次の文の（　）に当てはまる語句や数字を答えなさい。

(1) アメリカを中心とする連合国軍は，東京に（　　）（連合国軍最高司令官総司令部）を置いて，間接統治の方式で日本の戦後改革を進めた。最高司令官は（　　）である。

(2) 日本国憲法は，（　　）年（　　）月（　　）日に公布され，（　　）年（　　）月（　　）日から施行された。戦争の放棄などについて定めているのは，第（　　）条である。

(3) ソ連をリーダーとする社会主義諸国（（　　）側陣営）とアメリカをリーダーとする資本主義諸国（（　　）側陣営）による，直接の武力衝突がない戦いを（　　）という。

15-3 国際社会への日本の復帰と高度経済成長

独立を回復し，国際社会に復帰！

「ところで，アメリカからの再軍備の要求は，どうなったんですか？」

アメリカ軍が朝鮮戦争で出動した際に，日本の治安を守る必要があるという理由で，**警察予備隊**がつくられた。あくまで，警察予備隊は憲法第9条で禁じられている戦力ではないというわけだね。

「『戦争をするためではなく，警察の補助をするものです。』としたわけですね。」

そう。しかし，初めから戦車を持っていたんだ。戦力でないというのには少し無理があるような気がするけどね…。警察予備隊は，1952年に保安隊と名を変え，1954年には現在に続く自衛隊となった。

さて，吉田首相は，「朝鮮戦争の勃発により，日本に有利な条件で講和条約を結べるチャンスが来た。」と考え，アメリカ側と交渉を進めたんだ。

「朝鮮戦争が起こったことが，なぜ日本に有利な条件で講和できるチャンスとなるんですか？」

朝鮮戦争が起こったことで，アメリカにとって，「反共の砦」としての日本の存在価値がより高まることになった。吉田首相は，「このタイミングであれば，アメリカは賠償金や領土などの面で，日本の発展をはばむような条件を出さないだろう。」と考えたわけだね。

そして，吉田首相の願いは叶うことになる。**1951年**9月，アメリカのサンフランシスコで開かれた講和会議において，吉田茂首席全権は，48か

国の代表と**サンフランシスコ平和条約**に調印する。**1952 年** 4 月に条約が発効し，日本は連合国の占領から解放され，独立を回復したんだ。

（写真提供：共同通信社）

◀サンフランシスコ平和条約に調印する吉田首相

「ついに日本は独立を果たしたんですね。」

うん。しかし，サンフランシスコ平和条約には，日本にとって残念なこともあったよ。

「それは何ですか？」

ソ連などの東側陣営の国々は，日本にほかの国の軍事基地を置くべきではないなどと主張した。しかし，この主張が受け入れられなかったため，ソ連を含む一部の国はサンフランシスコ平和条約に署名しなかったんだ。これにより当時の日本は国際連合に加盟できなかった。

「日本は，完全に国際社会に復帰したわけではなかったんですね。」

そういうことだね。また，中華人民共和国は講和会議に招かれなかった。なぜならば当時は，社会主義国（東側陣営）の中華人民共和国と，資本主義国（西側陣営）の中華民国のどちらが中国の代表なのかについて議論があったからなんだ。

「ここにも冷戦の影響が見られますね。」

　また，韓国と北朝鮮については，日本と戦ったわけではないとされ，どちらも講和会議に招かれなかった。日本としては，社会主義国（東側陣営）のソ連や中国などの国々との講和，韓国や北朝鮮との国交正常化が課題として残ったんだ。

　サンフランシスコ平和条約が結ばれた年は覚えておこう。ちなみに，あとで解説する日米安全保障条約も同じ年に結ばれているので，セットでまとめておくね。

> ─必勝暗記法 4 ─ 1951年，サンフランシスコ平和条約，
> 日米安全保障条約の締結
> 1 9 5 1
> 納得のいく合意ではない平和条約

　ちなみに，第二次世界大戦後アジアやアフリカには多くの独立国が誕生したんだ。1955年には，日本を含むアジア・アフリカ地域の29か国がインドネシアのバンドンに集まって，アジア・アフリカ会議を開き，反植民地主義，平和共存を決議している。

　サンフランシスコ平和条約と合わせて，もうひとつ重要な条約を覚えておこう。それは**日米安全保障条約**だよ。

　日米安全保障条約は，サンフランシスコ平和条約と同日に結ばれた。アメリカ軍の日本への駐留と，軍事基地の使用を認める内容だったんだ。さらに日米安全保障条約は，10年ごとに改定されることになった。

　自国の防衛についてはアメリカに頼りながら，日本は経済の復興に力を入れていくことになる。

　1953年には，**テレビ放送**が開始されているよ。

「テレビ放送が開始されたということは，国民生活もだいぶ向上してきたっていうことですか？」

そうだね。日本は焼け野原だった状態から立ち直った。このころは，白黒テレビ，電気洗濯機，電気冷蔵庫が「三種の神器」と呼ばれ，各家庭に少しずつ広まっていく。1955年の各種経済統計が太平洋戦争前の水準を上回り，「もはや戦後ではない」ということばが流行語になったんだ。

「日本はひとまず，経済の復興を成し遂げたわけですね。」

うん。この後ソ連はついに日本と講和することになるよ。**1956年**10月，日本とソ連は**日ソ共同宣言**に調印して，**国交を回復**した。

▲日ソ共同宣言に
調印する鳩山一郎

日本の国際連合加盟に反対していたソ連と国交を回復したことにより，ソ連が賛成に回ったため，同年12月，日本の**国際連合加盟**が認められたんだ。これにより，**日本は国際社会に復帰**したわけだね。当時の日本の内閣総理大臣は，鳩山一郎だよ。

- 必勝暗記法 5 - 1956年，日ソ共同宣言調印と国際連合加盟

　　　　　　　　　　　　　1　9　5　6
そろそろソ連と仲直りして国連に**いく**　**ころ**です

ただ，大きな問題も残ったんだ。

「それは何ですか？」

「ソ連に占領されたままになっている**北方領土**を返してほしい。」と，
日本は主張したんだけど，認められなかったんだ。北方領土は，択捉島，
国後島，色丹島，歯舞群島からなるものだよ。日本は，現在も北方領土の
返還をソ連崩壊後のロシアに求めている。ちなみに日本とロシアとの間に
は現在でも平和条約が結ばれていないよ。

★ Point　日本の独立回復と国際社会への復帰

- 日本はアメリカの再軍備の要求に応じ，**警察予備隊**をつくる。
- 1951年，**サンフランシスコ平和条約**に調印し，アメリカなど
  の西側陣営と講和。ソ連や中国などとは講和できなかった。
  ⇒1952年サンフランシスコ平和条約発効，**日本は独立を回復**。
- サンフランシスコ平和条約と同日に，**日米安全保障条約**が結ばれ
  る。⇒アメリカ軍の日本への駐留と，軍事基地の使用を認める。
- 1956年，**日ソ共同宣言**に調印し，ソ連と国交を回復。
  ⇒同年，**日本の国際連合加盟**が認められ，日本は国際社会に復帰。

高度経済成長期の日本

　さてこのころ日本では，独立をきっかけに，GHQの占領政策を日本人自
身で見直し，再検討しようとする動きが出てきた。国の根本を見直そうと
いうわけだね。

「具体的には，どのような考えが出てきたんですか？」

　鳩山一郎らは，アメリカを中心とする資本主義諸国（西側陣営）にとど

まり，日本国憲法を改正して，日本も防衛力を持つべきだと考えた。これに対して，アメリカの政策を批判（ひはん）する**日本社会党**などは「非武装・中立」をスローガンに掲（かか）げ，どの陣営にも属（ぞく）さず，中立的な立場で日本国憲法第9条などを守るべきだと主張したんだ。さらに，日米安全保障条約や自衛隊の設置などに反対した。また，ソ連を中心とする社会主義諸国（東側陣営）に属するべきだという考えもあったんだよ。これらの問題，特に日本国憲法の改正については，選挙で大きな争点となったんだ。

「選挙の結果はどうなったんですか？」

　鳩山一郎，岸信介（きしのぶすけ）らが率いる**自由民主党**は，過半数の議席は確保できるものの，憲法改正の発議（はつぎ）には総議員の3分の2以上の賛成が必要で，その3分の2の議席は確保できない状態が続いた。こうして，自由民主党が政権を握（にぎ）るいっぽうで，日本社会党が野党第一党として対立を続けるという状態が1993年まで継続（けいぞく）することになる。これを**55年体制**と呼ぶよ。

　ところで，日米安全保障条約は10年ごとに改定される決まりになっていた。次の改定は1960年の予定だった。当時の日本の内閣総理大臣**岸信介**（任期：1957年2月25日〜1960年7月19日）は，日米安全保障条約を改定し，存続させたいと考えていたんだ。

「日米安全保障条約を存続させるということは，資本主義諸国（しょこく）（西側陣営）にとどまるということですね。」

　そう。そして，日本国憲法第9条を改正したうえで，日本とアメリカが協力して国を守る体制をつくりたいと考えていた。しかし，資本主義諸国（西側陣営）にとどまり，日米安全保障条約を改定する政策には，日本が再び戦争をすることになるのではないか，それは避けたいとして，反対論もかなり強かったんだ。これには，ある事件も関係しているよ。

「それは何ですか？」

（写真提供：共同通信社）

▲第五福竜丸

1954年，アメリカは，太平洋のビキニ環礁において，水爆実験を行った。かつて広島と長崎に落とされた原子爆弾より，さらに威力がある爆弾だったんだ。このとき，日本の遠洋まぐろ漁船の**第五福竜丸**が「死の灰（放射性降下物）」を浴び，その影響で乗組員が死亡したんだ。日本国民は，核兵器の恐ろしさを再認識し，恐怖を感じたわけだね。

「なるほど。戦争に反対する気持ちがさらに高まっていたんですね。」

第五福竜丸事件がきっかけとなって，1955年8月6日，広島市で**第1回原水爆禁止世界大会**が開かれた。日本が世界で唯一の被爆国であることも，この大会が日本で開かれた理由だね。大会にはアメリカ，オーストラリア，中国，インドなど10数か国の代表を含む，5000人以上が参加したんだ。

「日本は太平洋戦争で原子爆弾の被害を受けただけでなく，核兵器の実験でも被害を受けたんですね。」

そうだよ。日本人の核兵器への反発意識は強く，1967年には，佐藤栄作内閣が「核兵器を持たず，つくらず，持ち込ませず」という**非核三原則**の方針を発表している。

「核兵器は本当に無くなってほしいです。」

話を戻そう。いよいよ，1960年になった。日本は資本主義諸国（西側陣営）にとどまるのか，それとも違う道を選ぶのか。また武装するのか，非武装を貫くのか。日本国内で，意見が2つに分かれて衝突が起こったんだ。これを**安保闘争**というよ。内閣総理大臣の岸信介は資本主義諸国（西側陣営）に残り，日米安全保障条約の改定を図ったんだけど，これに反対するデモ

隊に国会議事堂は包囲された。下の写真が，そのときのようすだよ。

（写真提供：共同通信社）

◀安保闘争で国会議事堂を
取り囲んだ人たち

「うわっ‼ ものすごい数の人が国会議事堂を取り囲んでいますね。
日米安全保障条約の改定はどうなったんですか。」

　衆議院では日米安全保障条約の承認が強行採決されたけど，参議院での審議・採決は行えなかった。しかし，日本国憲法の衆議院の優越規定により，条約は自然成立した。つまり，**新日米安全保障条約**が発効したんだ。岸信介内閣は混乱の責任をとり，総辞職する。あとを継いだ池田勇人首相（任期：1960年7月19日〜1964年11月9日）は，すぐに日本国憲法を改正する考えはないことを明言したんだ。

「『防衛に関することや，憲法改正などの国の根本的な問題についての議論は，いったん置いておこう。』というわけですね。」

　そういうことだね。それよりも国民の経済力を引き上げようと考えた。池田首相は**「所得倍増」**をスローガンに掲げ，政策を進めたんだ。このスローガンは1960年に発表され，10年後の1970年までに国民の所得を倍増させるというものだった。

「すばらしいスローガンだと思いますが，具体的にはどんな内容だったんですか？」

　簡単にいえば，企業に質のよい製品をつくらせる政策を行えば，国民は製品を買うようになり，経済が成長して企業から支払われる賃金もアップするため，国民の所得を倍増できるというものだね。つまり，企業を技術革新や生産設備の改善に導く政策を行ったんだ。また，「所得倍増」には**1964年**に開かれた**東京オリンピック**も貢献しているよ。

◀東京オリンピック

「わ～!!　日本はついにオリンピックを開くことができるまでに復興したんですね。」

「東京オリンピックの開催と『所得倍増』にどんな関係があるんですか？」

　東京オリンピックの開催に向けて，**東京～新大阪間**を結ぶ**東海道新幹線**や高速道路などの整備が進み，関連する施設も多く建設されたことがよい影響を与えたんだ。これらに携わった企業は利益をあげ，社員の給料は上がった。人々は製品をたくさん買うようになって，多くの企業は売上を伸ばし社員の給料が上がり，消費がよりさかんになる…。この好循環で，景気に活気が出たんだ。これを**オリンピック景気**というよ。

「さっき，企業によい製品をつくらせるっていう話がありましたが，具体的にはどんな製品がつくられたんですか？」

　例えば，1965年前後にかけて，急速に普及した**「3C」**と呼ばれる製

品があるね。３Ｃとは，**カラーテレビ**，**クーラー（エアコン）**，**カー（自動車）**のことだよ。

「どれも人々にとってすごく魅力的だったでしょうね。」

　そうだっただろうね。

　さて，カラーテレビの普及は，戦後の娯楽の中心だった映画の衰退をもたらすことになる。映画は黒澤明監督の作品など，世界的な評価を得ていたものもあったのだけど…。いっぽうで，1963年に放送が開始された国産アニメである「鉄腕アトム」以降，人気アニメが次々に誕生したんだ。

「テレビ以外の分野ではどんなものがありますか？」

　文学の世界では『走れメロス』を書いた太宰治，『金閣寺』が代表作の三島由紀夫，ノーベル文学賞を受賞した川端康成（代表作は『伊豆の踊子』）や大江健三郎（代表作は『万延元年のフットボール』）などが重要だね。

　また，1949年に湯川秀樹がノーベル物理学賞を受賞したことは，戦争で落ち込んでいた国民を大いに勇気づけるものだった。ちなみに，日本人のノーベル賞受賞者は次のとおりだよ。

受賞年	人物名	賞名	受賞年	人物名	賞名
1949	湯川秀樹	物理学賞	1994	大江健三郎	文学賞
1965	朝永振一郎	物理学賞	2000	白川英樹	化学賞
1968	川端康成	文学賞	2001	野依良治	化学賞
1973	江崎玲於奈	物理学賞	2002	小柴昌俊	物理学賞
1974	佐藤栄作	平和賞	2002	田中耕一	化学賞
1981	福井謙一	化学賞	2008	小林誠	物理学賞
1987	利根川進	生理学・医学賞	2008	益川敏英	物理学賞

2008	下村脩	化学賞	2015	梶田隆章	物理学賞
2010	根岸英一	化学賞	2015	大村智	生理学・医学賞
2010	鈴木章	化学賞	2016	大隅良典	生理学・医学賞
2012	山中伸弥	生理学・医学賞	2018	本庶佑	生理学・医学賞
2014	赤崎勇	物理学賞	2019	吉野彰	化学賞
2014	天野浩	物理学賞			

　さて，「所得倍増」は，予定より早い 1967 年に達成された。そして 1968 年，日本の国民総生産（ＧＮＰ）は西ドイツを抜き，アメリカについで資本主義国で世界第 2 位となるんだ。

　「それはつまり，日本が世界第 2 位の経済力をもったということですか？」

そういえるだろうね。奇跡的なスピードでの復興・成長といえると思うよ。

　「焼け野原になったところからよくぞここまで…。」

　1950 年代後半から 1970 年代初めまで，日本の経済は飛躍的に成長した。これを**高度経済成長**というよ。「所得倍増」のための政策は高度経済成長を支えたんだね。

高度経済成長の影の部分

　いっぽうで，環境問題が発生した。工業の発展が優先されたことで，各地で**公害**が深刻化したんだ。**四大公害病**を知っているかな？

　「三重県の四日市市で発生した**四日市ぜんそく**，熊本県の水俣湾周辺で発生した**水俣病**，富山県の神通川下流域で発生した**イタイイタイ**

病，新潟県の阿賀野川下流域で発生した**新潟水俣病（第二水俣病）**
です。」

　すばらしい。よく知っているね。国は，1967年に**公害対策基本法**を制
定し，公害対策に乗り出した。1971年には，**環境庁**が設置されている。
現在の環境省だね。

★Point　高度経済成長期の日本

- **55年体制**…**自由民主党**が政権を握り，**日本社会党**が野党第
  一党。
- **第五福竜丸**が，アメリカの水爆実験により「死の灰」を浴びる。
  ⇒**「核兵器を持たず，つくらず，持ち込ませず」**の非核三
  原則を発表。
- 岸信介内閣は，日米安全保障条約を改定し存続させたい。
  ⇒**安保闘争**が起こる。
  ⇒**新日米安全保障条約**が発効。岸内閣は総辞職。
- 池田勇人首相は，**「所得倍増」**をスローガンに政策を進める。
- 1964年の**東京オリンピック**の開催に合わせて，**東海道新幹
  線**などの整備が進む。
  ⇒**オリンピック景気**となり，経済が好循環。
- 日本の経済は飛躍的に成長（**高度経済成長**）。
- 各地で公害が深刻化。**四大公害病**が発生。
  ⇒**公害対策基本法**を制定。**環境庁**を設置（現在の環境省）。

韓国や中国との関係はどう変わったの？

　経済的に大きく成長した日本だけど，まだ国交を回復できていない国があった。どこかわかるかな？　ここまで勉強してきたところを振り返ってみてね。

「たしか，韓国や北朝鮮，そして中国ですよね。」

　そのとおり。まず韓国とは，**1965年**に**日韓基本条約**を結んで国交を正常化した。日韓基本条約と同時に，日韓請求権並びに経済協力協定が結ばれているよ。

　その件については，次の史料を見てみよう。

日韓請求権並びに経済協力協定より

　両締約国は，両締約国およびその国民（法人を含む）の財産，権利および利益並びに両締約国およびその国民の間の請求権に関する問題が，千九百五十一年九月八日にサン・フランシスコ市で署名された日本国との平和条約第四条(a)に規定されたものを含めて，完全かつ最終的に解決されたこととなることを確認する。

　この協定にもとづいて，日本は韓国に対して合計5億ドル（無償3億ドル・有償2億ドル），および民間融資3億ドルの経済協力支援を行っている。これは当時の韓国の国家予算の2年分以上にあたる額だった。日本が韓国政府に支払ったこのお金で，「完全かつ最終的に解決された」というのが当時の日本と韓国の約束であると，日本政府は認識しているよ。

いっぽう，北朝鮮と日本はいまだに国交がないんだ。

「中国との講和はどうなったんですか？」

中国が，なぜサンフランシスコでの講和会議に招かれなかったか，覚えているかな？

「はい。当時，中華民国と中華人民共和国のどちらが中国の代表なのかという議論があったからでしたよね。」

そう。**1972 年**，当時の内閣総理大臣田中角栄（任期：1972 年 7 月 7 日〜 1974 年 12 月 9 日）が中華人民共和国を訪問し，**日中共同声明**を発表して，中国との国交を正常化したんだ。中華人民共和国を中国の代表と決めたわけだね。

1978 年には，**日中平和友好条約**が結ばれて，両国の関係はますます緊密になった。

それから，**1972 年**は，**沖縄の日本復帰**が実現した年でもあるよ。覚えておこう。

- 必勝暗記法 6 - 　1972 年，沖縄の日本復帰，日中共同声明発表

　　1　9 7 2
ひどくなつかしい，沖縄と中国

> ★.**Point**　韓国や中国との関係，沖縄の日本復帰
>
> ● 1965 年，**日韓基本条約**を結んで，韓国と国交を正常化。
> ● 北朝鮮とはいまだに国交がない。
> ● **1972 年，沖縄が日本に復帰。**
> ● **1972 年，日中共同声明**を発表して，中国と国交を正常化。
> 　1978 年には**日中平和友好条約**を結ぶ。

高度経済成長はなぜ終わったの？

　ちなみに 1953 年には奄美群島，1968 年には小笠原諸島が日本復帰を果たしているよ。沖縄が日本に復帰したときの内閣総理大臣は**佐藤栄作**（任期：1964 年 11 月 9 日〜 1972 年 7 月 7 日）だね。

　沖縄は日本に復帰したんだけど，現在も多くのアメリカ軍基地が残っていて，大きな課題となっているんだ。

「領土が続々と日本に戻ってきたんですね。日本は経済力も世界第 2 位の力をつけたわけだし，その後も快進撃を続けたんですかね。」

　しかし，日本の快進撃を止める出来事が起こってしまうんだ。

「えっ!?　それはどんな出来事ですか？」

　次ページのグラフを見てごらん。原油価格の移り変わりを示しているよ。何か気づくことはない？

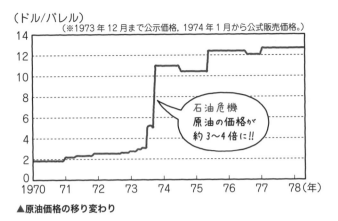

▲原油価格の移り変わり

「うわっ!?　原油価格が1973年の中ごろから，約3〜4倍に跳ね上がっていますね。」

　そうだね。1973年に起こった第4次中東戦争により，石油輸出国機構（OPEC）が石油の生産を制限し，価格を大幅に値上げしたんだ。これを**石油危機（オイルショック）**というよ。

> - 必勝暗記法 7 -　**1973年，第4次中東戦争勃発・石油危機**
>
> 　　1　9　7　3
> ## 行くな，みなさん，中東へ!!

　当時の日本では，石油を原料とする製品が値上がりすると考えられ，石油製品を買い占める動きが起こり，大混乱となったんだ。次のページのグラフを見てみよう。日本の経済成長率の移り変わりを示しているよ。何か気づくことはないかな？

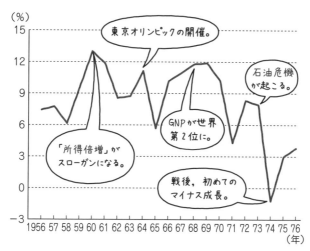

▲日本の経済成長率の移り変わり

「うわっ!! 1974年は，経済成長率がマイナスになっています。」

　そうなんだ。1974年，日本の経済成長率は第二次世界大戦後初めてマイナス成長となった。1950年代後半から続いた日本の高度経済成長は，石油危機により終わりを告げたわけだね。

「日本経済は終わってしまったんですか…？」

　いや，もう一度グラフを見てごらん。1975年と1976年の経済成長率はどうなっているかな？

「おおっ!! 高度経済成長のころほどではありませんが，経済成長率がプラスになっています。」

　そう。エネルギーの節約を徹底することなどで，日本は石油危機をなんとか乗り切ったんだ。しかし，原油価格の値上がりは日本の経済成長のブレーキとなる。このまま経済成長を重視する政策を続けるべきか，検討する必要が出てきたんだ。

★ Point　高度経済成長の終わり

- **石油危機（オイルショック）**…**1973年**，第4次中東戦争が起こり，石油輸出国機構（OPEC）が石油価格を大幅に値上げした。
- 石油危機により，日本の経済成長率は第二次世界大戦後初めてマイナス成長となる。

  ⇒高度経済成長が終わりを告げる。

15-4 冷たい戦争の終結

冷たい戦争はどのように終わったのか？

　さて，冷たい戦争（冷戦）はその後どうなったのか，見ていこう。アメリカとソ連が直接戦争をすることはなかった。しかし，1962年にソ連がキューバに核ミサイルを配備しようとしたことで，直接対決の危機が発生する。これを**キューバ危機**というんだ。

「キューバはアメリカのすぐそばにある国ですよね。そんなところに核ミサイルが配備されたら，アメリカとしてはとんでもないと思ったでしょうね。怒るのも仕方ないと思います。」

　このとき，アメリカ大統領のジョン・F・ケネディは核戦争になることも覚悟（かくご）していた。しかし，ソ連がキューバから核ミサイルを撤去（てっきょ）し，危機は去ったんだ。

　また，ベトナムでは，アメリカが支援する南ベトナム政府側と，中国やソ連などが支援する北ベトナムや南ベトナム解放民族戦線（かいほうみんぞくせんせん）が争っていた。戦況は南ベトナム政府軍が劣勢（れっせい）だった。

「アメリカはどうしたんですか？」

　1965年，アメリカは北ベトナムへの爆撃をはじめ，内戦は激しくなって**ベトナム戦争**と呼ばれたんだ。しかし，ベトナムのジャングルで，当時のアメリカ軍は力を発揮（はっき）できなかった。結局，1973年にアメリカ軍は撤退（たい）する。そして，1976年に南北ベトナムは統一され，社会主義国のベトナム社会主義共和国が誕生したんだ。

　冷たい戦争が続く中で，資本主義陣営と社会主義陣営は軍備を拡張（かくちょう）する

必要があった。でもさすがにアメリカもソ連も疲れが見えてくる。次の史料を見てみよう。

冷戦時代にソ連国内で流行したジョーク

ソビエト軍幹部A「ついに超小型核爆弾の開発に成功しました。これをアタッシェケースに入れてアメリカの都市に持ち込み，爆発させれば，必ずアメリカとの戦争に勝てます。」
ソビエト軍幹部B「確かにすばらしいアイデアだ。しかし，わが軍にはアタッシェケースがないのだ。」

どんな意味があるか，わかるかな？

「『ソ連は超小型の核爆弾を持っているが，それを入れて運ぶアタッシェケースがない。』と言っているわけですよね。これって，軍備ばかりが重視されていることへの皮肉だったのですか？」

軍需品以外のソ連の日用品などが使いものにならないことを皮肉っているわけだね。ソ連政府が軍備の拡張ばかりに力を入れているため，国民の生活が犠牲になっていることを表現しているんだ。アメリカも軍拡競争により財政赤字を抱えていたんだけど，ソ連はアメリカ以上に厳しく，財政は破綻状態だった。

そこで，**1989年**12月にアメリカの**ブッシュ**大統領とソ連の**ゴルバチョフ**共産党書記長は地中海のマルタ島で会談し，第二次世界大戦後の西側陣営と東側陣営の対立を終わらせることを宣言した。この会談を**マルタ会談**というよ。ついに冷たい戦争が終結したんだ。

次のページの写真は，1989年11月に，冷たい戦争の象徴といわれたベルリンの壁が崩されたときのようすだよ。

（ロイター＝共同）

◀ベルリンの壁の崩壊

1990年10月には，**東西ドイツの統一**が実現したんだ。

「その後，ソ連はどうなったんですか？」

ゴルバチョフは，ペレストロイカと呼ばれる改革をおし進めたんだけど，立て直しに失敗したんだ。1991年，**ソ連は解体**し，ロシアを含む15の国に分裂する。ほかの社会主義の国々も資本主義へと転換していったんだ。
ベルリンの壁が崩壊し，冷たい戦争が終結した年は覚えておこう。

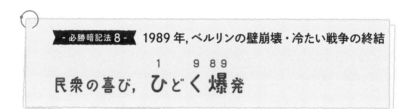

- 必勝暗記法8 - 1989年，ベルリンの壁崩壊・冷たい戦争の終結

1　　　　9　8　9
民衆の喜び，ひどく爆発

「冷たい戦争が終結して，世界は平和になったんですか？」

どうかな。あとで見ていく**15-7**では，さらにその後のさまざまな紛争について学んでいこう。

★.Point 冷たい戦争の終結

- **キューバ危機**や**ベトナム戦争**により，アメリカとソ連がぶつかる。
- 軍拡競争により，アメリカもソ連も経済が苦しい状態になる。
- **1989年** 12月に**マルタ会談**が行われ，**冷たい戦争の終結** を宣言。
- **1989年** 11月，ベルリンの壁が崩壊。
  ⇒1990年，**東西ドイツの統一**。
- 1991年，**ソ連が解体**する。

✓CHECK 20   つまずき度 ！！！！！   ➡ 解答は別冊 p.024

次の文の（　　）に当てはまる語句を答えなさい。

(1) 1951年，（　　）平和条約が結ばれた。翌年，条約が発効し，日本は独立を回復した。同日に，（　　）条約が結ばれた。アメリカ軍の日本への駐留と，軍事基地の使用を認める内容だった。

(2) 1956年10月，日本とソ連は（　　）に調印して国交を回復した。同年12月，日本の（　　）への加盟が認められた。

(3) 1960年の池田勇人首相の「所得倍増」や，1964年に開かれた東京（　　）も好影響をおよぼし，日本の経済力は大きく成長した。これを（　　）成長という。

(4) 1965年，（　　）条約が結ばれ，日本は韓国と国交を正常化した。いっぽう，北朝鮮とはいまだに国交がない。

(5) 1972年，田中角栄首相が中国を訪問し，（　　）を発表して，中国との国交を正常化した。1978年には，（　　）条約が結ばれて，両国の関係はますます緊密になった。

(6) 1973年に起こった第4次中東戦争により，OPECが（　　）の生産を制限し，価格を大幅に値上げした。これを（　　）という。

(7) 1989年12月，アメリカのブッシュ大統領とソ連のゴルバチョフ共産党書記長は，マルタ会談で（　　）の終結を宣言した。

15-5 貿易摩擦とバブル崩壊
ぼうえき ま さつ　　　　　　ほうかい

貿易摩擦やバブル崩壊はなぜ起こったの？

　1989 年 1 月，昭和天皇が亡くなり，元号が改まり平成となった。
しょうわてんのう　な　　　　　　　　　へいせい

　1973 年と 1979 年の 2 度の**石油危機**で，日本はかなりの影響を受けて
いた。

　しかし，日本の各企業は，この石油危機を通して経営のあり方を見直し，
石油の値段が上がっても経営が成り立つようにしたんだ。

　さて，アメリカの状況を見ていこう。1980 年当時，アメリカとソ連は，
どんな関係だったかな？

「そのころは，まだ冷たい戦争中ですね。」

　そうだね。アメリカもソ連も冷たい戦争による軍備拡張競争に疲れてい
かくちょう
た。アメリカは大きな財政赤字を抱えていたんだ。そんなとき，強いアメ
リカの再建という期待を担って，レーガン大統領が登場する。レーガン大
さいけん　　　　　　　　　　　　　　だいとうりょう
統領は**レーガノミクス**という経済政策を実行したんだ。

「それはどんな政策ですか？」

　大減税をするいっぽう，ニューディール政策と同じように公共事業など
だいげんぜい
の財政支出を増やしたんだ。財政支出を増やせば，国内の仕事も増え，市
ししゅつ　ふ　　　　　　　　　　　　　　　　　　　　　　　　　　　　　　　　　　
場に資金が多く出回ることになるね。このお金がアメリカ企業に回り，ア
しきん
メリカの景気がよくなるはずだった。しかし，そのお金は日本や西ドイツ
の製品の購入にあてられてしまったんだ。
こうにゅう

「ということは，日本や西ドイツからアメリカへの輸出は激増したん
ゆしゅつ　げきぞう
ですか？」

　そう。日本の貿易黒字は増える，しかし，アメリカでは財政赤字，貿易赤字がふくらむという事態が起きた。そして日米間の経済的対立が深刻になる。これを**貿易摩擦**というよ。

　貿易赤字に悩むアメリカは日本に，「輸出を減らしてアメリカ製品の輸入を増やすこと」を強く要求してきたんだ。

「この要求に日本はどう答えたんですか？」

　例えば，1980年代から90年代初めにかけての日本の自動車輸出は，アメリカの輸入超過の原因にもなり，政治問題にも発展した。そこで，日本の各メーカーはアメリカへの輸出を自主規制したんだ。日本にあった工場をアメリカに移転して現地生産に切り替え，輸出量を減らす努力をした。また，世界的にも日本と西ドイツのアメリカへの輸出超過は問題になり，1985年に，**プラザ合意**が結ばれているよ。

「先生，プラザ合意って何ですか？」

　西ドイツ，フランス，アメリカ，イギリス，日本の財務大臣がアメリカのニューヨークにあるプラザホテルに集まり，日本と西ドイツの通貨，つまり「円」と「マルク」がアメリカの通貨である「ドル」に対して高くなるように調整していこうと約束したんだ。円高になると，日本の輸出に不利で，輸入に有利になるからね。

　また，日本政府としても日本国民に日本企業の製品をもっと買ってもらうために，財政支出や減税を行ったんだ。

「日本国民が日本企業の製品を買えば，日本企業は輸出に頼らなくてもよくなると考えたんですね。」

　そう。しかし，失敗だった。日本国民には，もう，十分に製品はいきわたっており，もうこれ以上ほしくなかったんだね。では，当時の日本国民は何を買ったのか？　株式とか，土地なんだ。特に土地は値下がりしたことがな

かったので，「土地の値段は下がらない」という土地神話と呼ばれる評判が
あった。値上がりし続ける株式や土地を買って，ますます自分の財産を増
やそうとしたんだ。銀行も，値上がりし続ける株式や土地を担保にお金を
貸した。人々は借金をしてまで，株式や土地を買おうとしたんだ。

「みんなが買おうとすると，値段も上がりますよね。」

　そうだね。1989年12月末に日経平均株価は3万8915円の最高値を
記録。株価は1985年9月の1万2598円と比較すると約3倍の上昇となっ
た。株価に遅れて地価も1985年と比較して，1990年には約4倍の上昇
となったんだ。当時，東京23区の土地の値段とアメリカ全土の土地の値
段が等しいとさえいわれたものだよ。1980年代後半から，経済の実体と
はかかわりなく株価や地価などが値上がりした好景気は，**バブル経済(景気)**
とも呼ばれているよ。

「なんか1929年の世界大恐慌のときに似ていませんか？」

「そうよ。あのときも人々は，値上がりを続ける株式を借金してまで
買ったけれど，その株式の値段は経済の実態を反映していなかった
ので，ある日大きく値下がりしたんですよね。」

　最終的には，土地の値段が上がりすぎて，普通のサラリーマンの収入で
はマイホームが買えなくなってしまったんだ。また，株式，土地を持って
いる人と，持たない人との経済格差が開いてしまった。

「このままだと，日本は貧富の差が激しい国になってしまうんじゃな
いですか？」

　そう。高度経済成長のころは「1億総中流」などといわれ，日本は貧富
の差が少ない国だった。これがある意味，日本の強みでもあったわけだね。
そこで，もう猶予は無いと，まず，当時の大蔵省(現在の財務省)は，銀

行に対して，「土地に投資する企業にはお金を貸さないように」と強い指導を行ったんだ。

「土地を買えないようにして，値段を下げようというわけですね。」

そういうことだね。そして，ついに金利を 2.5% から一気に 6% に引き上げた。金利を上げれば土地などの価格は下がる。しかし，金利の引き上げは，もはや遅すぎたし，強烈すぎる手段だった。これが引き金となり1991 年，これまで上がり続けていた株価や地価が大暴落してしまったんだ。これを**バブル崩壊**というよ。

 -必勝暗記法 9- 1991 年，バブル崩壊

1　9　9　1
ひどく悔いが残るバブル崩壊

★ Point　貿易摩擦とバブル崩壊

● レーガノミクスにより**貿易摩擦**が起こる⇒**プラザ合意や減税の結果**，日本人の生活にゆとりができる。しかし物を買わず，株式や土地を買う⇒**バブル経済**により経済格差の拡大⇒大蔵省の指導により金利引き上げ断行⇒**バブル崩壊**

バブル崩壊後の日本

バブル崩壊後の不景気，そして東日本大震災

　さて，バブル崩壊以後，**「失われた 20 年」**とも**「失われた 10 年」**とも呼ばれる不景気の時代が始まる。この間の経済成長率は，平均すると約 1 %で，低い状態が続いた。日本はバブル崩壊後の経済状況に対する有効な打開策を打てなかったんだ。公的債務，つまり国の借金は約 1000 兆円となり，GDP（国内総生産）の倍近くにふくらんだ。

　「国民や企業に十分なお金がない状態なわけですね。」

　そう。**1993 年**，衆議院議員総選挙で自由民主党（自民党）が敗北して野党になり，日本新党代表の細川護熙を首班とする細川内閣が成立した。しかし，有効な景気対策ができなかったんだ。企業の倒産や吸収合併などが繰り返され，多くの企業は大幅な人員削減などによって，不景気を乗り切ろうとした。またグローバル化をいっそう進めていったんだ。

　「グローバル化は，例えば工場を外国に移すことなどですか？」

　そういうことだね。

　「それまで，日本国内の工場で働いていた人はどうなりますか？」

　解雇されることになるよ。工場を海外に移すと，企業はもうかるし，安い製品が日本に入ってくるのはよいのだけど，国内の雇用は落ち込むよね。これを（産業の）空洞化というよ。雇用（就職）不安は一気に広がり，世の中では**「就職氷河期」**などと呼ばれる時代に突入していった。各企業は社員の給料を下げたり，非正規労働者を増やしたりしたんだ。生活水準に

おける格差は広がっていくことになる。

「非正規労働者って，どんな人ですか？」

アルバイトやパートタイマーの人たちだよ。正社員と比べて，勤務時間，場所などは自由に選べる場合が多い利点もあるけど，賃金は安く，すぐに解雇される可能性もあるんだ。

いっぽう，政府は経済活動に対する規制の緩和を行った。

「企業を縛るルールを減らして，企業が動きやすいようにしたということですね。」

ところが，これら企業の努力や国の経済政策の効果が出て，少し景気がよくなった1997年に，政府は消費税を3%から5%に引き上げてしまったんだ。個人消費は冷え込んだ。2000年代に入るとIT（ICT 情報技術）産業などの一部の分野で好景気となったけど，多くの国民はその実感が得られなかったんだ。日本経済が停滞する中，飛躍的に経済成長を遂げたのが**中国**だね。

> ## イギリスの新聞「タイムズ」の社説の題名
>
> (2010 年 8 月 17 日)
>
> 「飛躍する竜，沈む太陽」

「飛躍する竜」と「沈む太陽」は，それぞれ別の国を表しているよ。竜は飛躍，つまり成長しており，太陽は沈んでいる。

「太陽は，『日，出づる国』，すなわち日本ですか？」

そう。そして「飛躍する竜」とは中華人民共和国を表しているんだね。2010年，ついに中国はGDP（国内総生産）で日本を抜いて，世界第2位になった。ちなみに不動の1位はアメリカだよ。

「中国には日本の10倍以上の約13億人が住んでいることからすれば，国内で生み出された価値の総額であるGDPでは負けて当然ともいえるんじゃないですか？」

　まあね。しかし，中国には，日本のみならず世界の国々の企業が進出し，工場で安く製品をつくり，世界の国々に供給するようになった。日本はその恩恵を受ける一方，国内で多くの雇用を失っていく。さて，GDPでは中国に負けたけど，再び日本の景気がよくなる兆しを見せた。しかし，2008年に起こったアメリカに端を発する経済危機が日本に襲いかかってきたんだ。これは**世界金融危機**と呼ばれ，100年に1度といわれる大きな危機だった。これでリーマンブラザーズというアメリカの証券会社も倒産したため，この経済危機を**リーマンショック**と呼ぶよ。

「また，アメリカですか。原因は何ですか？」

　アメリカの住宅の値下がりによって，サブプライムローンといわれる住宅ローンの多くが回収不可能になった。ところが，そのサブプライムローンを回収する権利は，世界中にたくさん売買されていたんだ。金融機関や一般の人もその権利を買っていたんだよ。

「つまり，そんなサブプライムローンが回収不能になったことで，世界中の多くの人が損失を被ったってことですね。」

　そのとおり。だから，世界的に不景気となった。このことが一因で，**2009年**8月，自由民主党が衆議院議員総選挙で敗れ，**民主党**が政権交代を成し遂げた。そして，リーマンショックから世界が立ち直りつつあるときに，日本に大衝撃がきたんだ。

「また，不景気ですか？」

いや，もっと深刻だよ。**2011 年** 3 月に**東日本大震災**が起こったんだ。マグニチュード 9，最大震度 7 を記録した地震だね。震源は岩手県の三陸沖の**日本海溝**付近だった。ここは，北米プレートに太平洋プレートが沈み込むところで，そこを震源として大規模な地震が繰り返されてきたところなんだ。1611 年，1677 年，1793 年，1896 年，1933 年などにも大きな地震があったんだよ。

「震度 7 とは，すごい地震ですね。」

震度 7 の揺れになると，人は自分の意思で動くことができない。地震による被害も大きかったんだけど，大規模な**津波**が，東北地方及び関東地方の太平洋の沿岸部を襲い，被害を大きくし，死者・行方不明者は 2 万人を超えたんだ。

次の写真は，東日本大震災での津波による被害だよ。

（写真提供：共同通信社）

◀東日本大震災

これは同じ震度 7 だった**1995 年**の**阪神・淡路大震災**の死者・行方不明者約 6500 名を大きく上回った。さらに被害は拡大したんだ。

「どうしてですか？」

津波により，運転に必要な電力が奪われたため，東京電力**福島第一原子力発電所**で事故が起こり，大量の放射性物質が大気中に放出されたんだ。

それは，チェルノブイリ原子力発電所の事故と同じレベル7の状況（じょうきょう）になった。また，原子炉（ろ）に水が入らず冷却（れいきゃく）することができなくなり，核燃料（かくねんりょう）自体が異常（いじょう）な高温となって，溶（と）け落ちる状態（メルトダウン）となった。さらに，圧力容器の壁を溶かして，壁に穴が開く状態（メルトスルー）に達していたことがわかったんだ。

★.Point　バブル崩壊後の不景気と東日本大震災

- 不景気……産業空洞化＋雇用不安＋非正規労働者増加
  ⇒経済格差が広がる。
- 2008年，リーマンショックが起こる。
- 2011年3月，東日本大震災が発生。

15-7 世界が抱える課題

紛争の絶えない世界

「ところで，先生，1989年に冷たい戦争が終結しました。はたして，世界は平和になったんですか？」

　いや。残念ながら紛争が絶えないんだ。1990年代に入ると冷戦終結を背景に世界各地で地域紛争や，国家に対するテロが増えてくる。また，独裁政権をめぐる戦争・紛争が多いね。例えば，1991年に**湾岸戦争**が起こった。イラク軍がクウェートに侵攻したため，アメリカを中心に編成された多国籍軍がクウェートを守ったんだ。当時のイラクの大統領はサダム゠フセインだね。

「フセインは独裁者だったんですか？」

　そう。2003年には，イラクが大量破壊兵器を隠し持っているとして，再びアメリカを中心とする多国籍軍がイラクに攻め入った。これを**イラク戦争**というよ。フセインは逮捕され，処刑されたんだ。

「結局，大量破壊兵器は見つかったんですか？」

　それが見つからなかったんだ。なぜイラク戦争が起こったのか，なぜフセインは殺されなければならなかったのかについては，もっと研究が必要だね。さらに，北アフリカや中東の国々では，2010年末ごろから，民主化を求める大規模な抗議運動やデモ活動が起こる。これらの民主化運動は，フェイスブック（Facebook）やツイッター（Twitter）などのインターネット上のサービスを通じて急速に拡大し，チュニジアやエジプト，リビアな

どの独裁政権が倒されたんだ。一連の民主化運動は**「アラブの春」**と呼ばれているよ。

シリアでは，1970年から続くアサド家による独裁政治への反発が高まり，2011年から内戦状態となった。2013年には**化学兵器**も使用され，国際問題になっている。シリアでは，国際テロ組織が活動しているんだ。

「国際テロ組織っていったい何ですか？」

テロ（テロリズム）とは，政治的な目的を達成するために，殺人，暴力（ぼうりょく），武力行使などの非合法な手段（しゅだん）を使うことだよ。つまり，国際テロ組織とは，世界にまたがって，テロ（テロリズム）を行う集団を指すんだ。

「世界にはどんな国際テロ組織があるんですか？」

現在，およそ300の国際テロ組織があるといわれているよ。イスラム主義（イスラム原理主義）運動から急進的な政治活動組織に転じた集団が多いんだ。例えば，2001年9月11日にアメリカで**同時多発テロ**を起こした**アルカイダ**，アフガニスタンの**タリバン**，2014年4月にナイジェリアで女子生徒大量誘拐（ゆうかい）事件を起こした**ボコ・ハラム**，パレスチナでイスラエルと厳しく対立する**ハマス**，一時は広い支配地域を有していた**IS（イスラム国）**（アイエス）などが有名だね。

★ Point   地域紛争やテロ

● **アラブの春**……チュニジアやエジプト，リビアでは，民主化運動で，独裁政権が崩壊。

● **国際テロ組織**……アルカイダ，タリバン，ボコ・ハラム，ハマス，IS（イスラム国）など。

未来に向かって私たちがすべきことは？

　2019年4月30日に「平成」が幕を閉じ，翌5月1日には新天皇が誕生し，元号が「令和」に改まった。さて，いっぽうで世界の人口は発展途上国を中心に急増しており，2050年には96億人になると予想されているよ。今後は今までとまったく異なるスケールで資源・エネルギーの問題，環境の問題などが深刻になってくるだろうね。

　先ほど，世界各地で多くの紛争が絶えないことを説明したけど，一方でひとつにまとまろうとする動きもみられるよ。例えば，ヨーロッパは**EU（ヨーロッパ連合，欧州連合）**を結成している。経済的な結びつきだけでなく，政治的な結びつきも目指しているんだ。

「EUのような組織は，ほかにもありますか？」

　経済的な結びつきの強化を目指しているのは，アジアでは**東南アジア諸国連合（ASEAN）**，**アジア太平洋経済協力会議（APEC）**などがあるよ。さらに北アメリカには**米国・メキシコ・カナダ協定（USMCA）**がある。また，2017年にアメリカが離脱した**TPP（環太平洋経済連携協定，環太平洋パートナーシップ）**も有名だね。このように世界ではひとつになろうとするグローバル化が進展しているんだ。

　現在の日本は，多くの課題を抱えている。領土をめぐる問題，少子高齢化の問題などがあるよ。世界には軍縮問題がある。

　これらさまざまな問題に対して「他人事」というのではなく「当事者」という意識をもって対処することが，これからの私たちにとって必要ではないかな。

「そうですね!!」

「これまで歴史を学んできましたが，今度は僕たちが歴史をつくっていくのか〜！　がんばるぞ！」

★• Point　世界の結びつきの動き

● 経済統合や政治統合の動き……EU，ASEAN，APEC，USMCA，TPP など

✓ CHECK 21

つまずき度 ❗❗❗❗❗

➡ 解答は別冊 p.024

次の文の（　　）に当てはまる語句を答えなさい。

(1) 1985年ごろ，アメリカは日本からの輸入が急速に激増したため，日本に対して対策を求めた。日米の貿易をめぐる対立を（　　）という。

(2) 1991年，日本では，経済の実体とはかかわりなく株価や地価などが値上がりした好景気が終わった。これを（　　）崩壊という。

(3) サブプライムローン破綻（はたん）の問題から世界は不景気となった。リーマンブラザーズという会社も倒産したため，この不景気を（　　）と呼ぶ。

(4) 2011年3月11日，（　　）が起き，大規模の津波による被害などが生じた。

さくいん

458

◆ ブックデザイン　野崎二郎 (Studio Give)
◆ キャラクターイラスト　徳永明子
◆ 図版・イラスト　有限会社　熊アート，ゼンジ，六槻ナノ，Nachi，実田くら，卯月
　　　　　　　　　本山一城
◆ 編集・校正協力　KEN 編集工房（高橋賢），野口光伸，佐藤玲子，長谷川健勇，
　　　　　　　　　有限会社　マイプラン，中屋雄太郎，黒川悠輔，高木直子
◆ シリーズ企画　宮﨑純
◆ 企画・編集　中原由紀子，延谷朋実，細川順子，八巻明日香
◆ 写真提供　写真そばに記載
◆ データ作成　株式会社　四国写研

掲載問題集

この冊子はとりはずせます。
矢印の方向にゆっくり引っぱってください

0章 歴史の基礎

➡ 解答は p.022

☑ **CHECK 0**　　　つまずき度 ❗❗❗❗❗

次の文の（　　）に当てはまる語句や数字を答えなさい。

(1) 西暦は（　　）の誕生を紀元，すなわち元年（（　　）年）とする。その誕生以前を（　　）という。

(2) 1世紀は（　　）年である。

(3) 紀元3世紀は（　　）年から300年，紀元前3世紀は紀元前（　　）年から紀元前300年となる。

(4) 日本史の時代区分は，旧石器時代→（　　）時代→弥生時代→（　　）時代→飛鳥時代→（　　）時代→（　　）時代→（　　）時代→室町時代→安土桃山時代→（　　）時代→（　　）時代→大正時代→（　　）時代→平成時代→令和時代である。

(5) 社会のしくみを基準にする分け方は，原始→（　　）→（　　）→近世→（　　）→現代である。

1章 旧石器時代・新石器時代

次の文の(　　)に当てはまる語句を答えなさい。

(1) 人類は約700〜600万年前に,(　　)で誕生したと考えられる。

(2) 現在存在する人類は, 私たち(　　)だけで, ホモ・サピエンスともいう。

(3) 旧石器時代には, 石を打ち割るなどしてつくった(　　)石器が使われていた。

(4) 新石器時代になると, 研ぎ石や砂で磨いて鋭くし, 形を整えた(　　)石器が使われるようになった。

(5) 古代文明では, ナイル川の流域に(　　)文明, チグリス川・ユーフラテス川の流域に(　　)文明が栄えた。

(6) エジプト文明では(　　)文字, メソポタミア文明では(　　)文字, 中国文明では(　　)文字が使われた。

(7) 世界三大宗教を信者の多い順に並べると, (　　)教, (　　)教, (　　)教である。

2章 縄文時代

➡ 解答は p.022

☑ **CHECK 2**　　つまずき度 ❗❗❗⬜⬜⬜

次の文の（　　）に当てはまる語句を答えなさい。

(1) 日本では約1万数千年前から，（　　）時代に入った。縄文土器や骨角器の利用が広まり，人々は（　　）住居に住んだ。また，豊作や家族の繁栄などを祈って，（　　）がつくられた。

(2) (1)の当時の暮らしを伝える遺跡として，東京都の（　　）貝塚や青森県の（　　）遺跡がある。

3章 弥生時代

➡ 解答は p.022

☑ **CHECK 3**　　　（つまずき度 ❗❗◦◦◦）

次の文の（　）に当てはまる語句を答えなさい。

(1) 弥生時代に入ると，薄くてじょうぶな（　）土器が使われた。また金属器の使用も始まり，（　）は農具や武器に，（　）は儀式などに使われた。

(2) 弥生時代には，（　）作が九州から全国へ広がった。収穫した稲の穂は土器に入れられ，（　）倉庫に保管された。

(3) 弥生時代の暮らしを伝える遺跡として，佐賀県の（　）遺跡がある。

(4) 紀元前1世紀ごろの「（　）」地理志によると，（　）（日本）は100余りの国に分かれていた。

(5) 「後漢書」東夷伝には，57年，奴国の王が後漢の皇帝から（　）を授かったことが記されている。

(6) 「魏志」倭人伝には，3世紀ごろ，日本では（　）台国の女王（　）が占いやまじないで国を治め，30余りの国を従えていたことが記されている。

4章 古墳時代

☑CHECK 4　つまずき度 ❗❗⬜⬜⬜

➡ 解答は p.022

次の文の(　)に当てはまる語句を答えなさい。

(1) 右のイラストのような形をした古墳を(　)という。

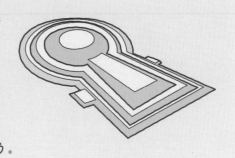

(2) 3世紀後半,近畿地方の豪族などが連合してつくったといわれる政権を(　)政権(王権)という。

(3) 中国や朝鮮半島の人たちの中には,日本に移り住んだ人たちがいた。この人たちを(　)という。

6

章 飛鳥時代

☑ CHECK 5　　つまずき度 **!!!**〇〇〇　　　➡ 解答は p.022

　　次の文の（　　）に当てはまる語句を答えなさい。

(1) 聖徳太子は家柄などに関係なく，才能や功績のある人を役人に登用するため，（　　）を制定した。

(2) 聖徳太子は，（　　）を制定し，役人の心構えを示した。

(3) 聖徳太子は（　　）教を保護した。

(4) 607年，聖徳太子は小野妹子を（　　）として派遣し，隋との対等な外交を狙った。

(5) 中大兄皇子と中臣鎌足は，天皇中心の政治を目指すため，蘇我氏を滅ぼし，（　　）と呼ばれる政治改革を始めた。

(6) 大海人皇子は壬申の乱で大友皇子を倒し，（　　）天皇として即位した。

(7) (6)の天皇は，藤原不比等らに（　　）をつくらせた。

(8) (7)では（　　）制（土地と人民は天皇のものとする）を採用した。

6章 奈良時代

➡ 解答は p.022

☑ **CHECK 6**　つまずき度 ❗❗❗⦿⦿⦿

次の文の（　）に当てはまる語句や数字を答えなさい。

(1) （　）年，元明天皇は藤原京から平城京に都を移した。

(2) 聖武天皇は，相次ぐ伝染病・天災・反乱による社会不安をしずめるため，（　）教を信仰させることで政治を立て直そうとした。

(3) 聖武天皇は国ごとに（　）寺・国分尼寺を，奈良の都には東大寺を建て，（　）を安置した。

(4) 律令制のもとにおける人々の暮らしは厳しいものであった。このことは「（　）」に載っている防人の歌や，山上憶良作の「（　）」を読めば明らかである。

(5) 聖武天皇は743年に（　）を出し，新しく開墾した土地を永久に私有することを認めた。

(6) 聖武天皇の遺品は，校倉造で有名な東大寺の（　）に保存された。そこは「（　）の終着点」ともいわれる。

(7) 天平文化は（　）色豊かな文化である。

7章 平安時代

➡ 解答は p.022

☑ **CHECK 7**　つまずき度 ❗❗❗❗❗

次の文の（　）に当てはまる語句や数字を答えなさい。

(1) （　）年，（　）天皇は平安京に都を移した。

(2) 真言宗は（　）が，（　）宗は最澄が広めた。

(3) 桓武天皇は（　）を征夷大将軍に任命し，蝦夷を平定した。

(4) 藤原氏は（　）政治を行い，11世紀前半，藤原（　）・頼通父子の時代に全盛期となった。

(5) （　）上皇は1086年に（　）政を開始し，藤原氏の力をおさえた。

(6) 遣唐使が停止されたことにより，日本独自の（　）文化が栄えた。

(7) 1159年に起こった（　）の乱において，平氏は源氏に勝利した。そして（　）が太政大臣になり，武士として初めて政権を握った。

(8) 平氏は（　）の戦いで，源氏に倒され，滅亡した。

8章 鎌倉時代

→ 解答は p.022

☑ **CHECK 8**　　　つまずき度 ❗❗❗◦◦◦

　　次の文の(　　)に当てはまる語句や数字を答えなさい。

(1) 1185年，源頼朝（みなもとのよりとも）が全国に(　　)・(　　)を設置した。

(2) (　　)年，源頼朝は朝廷（ちょうてい）から征夷大将軍に任命された。

(3) 御家人（ごけにん）と将軍とは(　　)と奉公（ほうこう）の関係で結ばれていた。

(4) 1274年と1281年の2度にわたる元の襲来（げんのしゅうらい）を，(　　)または，(　　)の襲来という。幕府は十分な恩賞（御恩）を御家人に与（あた）えることができず，御家人の信用を失った。

(5) 足利尊氏（あしかがたかうじ）が京都の六波羅探題（ろくはらたんだい）を攻め落とし，新田義貞（にったよしさだ）が鎌倉に攻め入った。(　　)年，鎌倉幕府は滅亡した。

(6) 鎌倉時代にうまれた新しい仏教に，親鸞（しんらん）が開いた(　　)宗がある。親鸞は，悪人さえも阿弥陀仏（あみだぶつ）を信仰（しんこう）すれば極楽浄土（ごくらくじょうど）にうまれ変われると説いた。

9章 室町時代

➡ 解答は p.023

☑ **CHECK 9**　つまずき度 ❗❗❗❗❗

次の文の（　　）に当てはまる語句を答えなさい。

(1) 1334年，後醍醐天皇は（　　）の新政と呼ばれる天皇中心の新しい政治を始めたが，（　　）をないがしろにしたため，失敗に終わった。

(2) 1338年，（　　）は征夷大将軍となり，（　　）幕府を開いた。

(3) 1392年，（　　）によって，南北朝が統一された。彼は（　　）貿易を始めた。また（　　）閣をつくった。このころ栄えた文化を（　　）文化という。

(4) 1467年，（　　）の乱がおこった。このときの室町幕府の将軍は，足利（　　）である。彼は（　　）閣をつくった。このころ栄えた文化を（　　）文化という。

(5) 室町時代の三大一揆は，1428年の（　　）の土一揆，1485年の山城国一揆，1488年の（　　）の一向一揆である。

(6) 応仁の乱のあと，下の身分のものが，実力によって上の身分のものを倒す風潮が強まった。これを（　　）という。

(7) 慈照寺の東求堂同仁斎は，現在の和風建築のもとになった（　　）造の代表例である。

10章 安土桃山時代

➡ 解答は p.023

☑ **CHECK 10**　　つまずき度 ❗❗❗❗☐☐

次の文の（　　）に当てはまる語句を答えなさい。

(1) （　　）軍の遠征の失敗で，カトリック教会およびローマ教皇の権威が低下した。しかし，古代ギリシャ・ローマの文化が見直され，（　　）教の影響を受けた文化がヨーロッパに入ってきた。

(2) ルネサンスの影響や，ルターなどが中心となって1517年から始まった（　　）の影響を受けて，ヨーロッパは（　　）時代を迎えた。

(3) 1543年，ポルトガル人が種子島（鹿児島県）に漂着し，（　　）を伝えた。

(4) 1549年，スペイン人のフランシスコ＝（　　）が鹿児島に上陸し，（　　）教を伝えた。

(5) 織田信長は安土で（　　）・（　　）を行い，公家や寺社の特権を奪うとともに，安土の経済を発展させようとした。

(6) 織田信長のあとを継いだ豊臣秀吉は，土地と人民を直接支配するため，（　　）を行った。また，農民が一揆を起こさないように（　　）令を出した。これで武士と農民の身分をはっきり区別する兵農分離が進んだ。

(7) 1600年，徳川家康率いる東軍が石田三成を中心とする西軍を破り，徳川家康が政権を獲得した。これを（　　）の戦いという。

11章 江戸時代

☑ **CHECK 11**　　つまずき度 ❗❗❗❗❗　　➡ 解答は p.023

次の文の（　）に当てはまる語句を答えなさい。

(1) 徳川氏一族の大名を（　），関ヶ原の戦い以前から徳川氏の家臣だった大名を（　）大名，関ヶ原の戦いのあとに徳川氏に従った大名を（　）大名という。

(2) 幕府は大名の配置を工夫するとともに，大名が守るべき決まりを示した（　）を制定し，これに違反した大名を改易したり，領地を替えたりして，厳しく罰した。

(3) (2)の決まりの中に「大名は領地と江戸に交代で住み，毎年4月中に参勤せよ。」という項目がある。この制度を（　）という。

(4) 徳川家康は（　）という渡航許可証を発行して，東南アジアの国々と積極的に貿易を行った。

(5) 江戸幕府が進めたキリスト教の禁止，貿易の統制，外交を独占する政治体制を（　）という。

(6) (5)の中，オランダとは長崎の（　）という人工島で，清とは長崎の（　）で交流した。

(7) 幕府は陸上交通として，日本橋（江戸）を起点とする（　）を整備した。また海上交通として，東北地方の日本海側・太平洋側と江戸を結ぶ（　）り航路，北陸地方・中国地方の日本海側・瀬戸内海沿岸などと大阪を結ぶ（　）り航路を整備した。（　）と大阪を結ぶ南海路では，菱垣廻船・樽廻船が定期的に往復した。

(8) 大阪は商業の中心地で（　）と呼ばれた。

➡ 解答は p.023

☑**CHECK 12**　　つまずき度 ❗❗❗❗❗

次の文の（　　）に当てはまる語句や数字を答えなさい。

(1)　1685年，5代将軍綱吉は，（　　）の令を出した。

(2)　1716年，8代将軍徳川（　　）は（　　）の改革を始めた。

(3)　1772年，（　　）が老中となって改革を始めた。彼は，（　　）の結成を奨励し，経済力をつけてきた商人から税金をとろうとした。

(4)　11代将軍家斉のもとで，（　　）が老中となり，（　　）の改革を行った。

(5)　1837年，もと大阪町奉行所の役人の（　　）が，大阪で乱を起こした。

(6)　12代将軍家慶のもとで，（　　）が老中となり，（　　）の改革を行った。

(7)　(2)の改革，(4)の改革，(6)の改革の共通点は（　　）令を出して，出費を抑えようとしたことである。

(8)　1840年，イギリスと清との間で（　　）戦争が起きた。清はイギリスに敗れ，（　　）条約が結ばれた。

(9)　1866年，薩摩藩と長州藩は（　　）を結び，協力して江戸幕府を倒すことを決めた。

(10)　（　　）年，15代将軍徳川（　　）は，（　　）を行い，政治の実権を朝廷に返上した。ここに江戸幕府は滅亡した。

12章 明治時代

➡ 解答は p.023

☑**CHECK 13** 　つまずき度 ❗❗❗❗❗

次の文の（　）に当てはまる語句や数字を答えなさい。

(1) 1867年の大政奉還を受け，朝廷は（　）を発し，明治維新が始まった。

(2) 1869年，明治新政府は各藩に（　）を命じた。各藩主は土地と人民の支配権を天皇に返し，明治新政府が改めて旧藩主を知藩事に任命した。

(3) 1871年，（　）が行われ，藩が廃止され，全国に府と県が置かれた。

(4) 1873年，20歳以上の男子に，3年間兵役につくことを義務づける（　）が出された。

(5) 1873年から，地租改正が行われ，土地の所有者（地主）が地価の（　）％を地租として，（　）で納めることになった。

☑CHECK 14 つまずき度 ❗❗❗❗❗ ➡ 解答は p.023

次の文の（　　）に当てはまる語句を答えなさい。

(1) 1872年，群馬県につくられた官営模範工場の（　　）は，2014年に世界文化遺産に登録された。

(2) 西洋風の文化が取り入れられ，社会や人々の生活が変化してきた風潮を（　　）という。

☑CHECK 15 つまずき度 ❗❗❗❗❗ ➡ 解答は p.023

次の文の（　　）に当てはまる語句や数字を答えなさい。

(1) 1874年，板垣退助は藩閥政治を批判し（　　）を政府に提出した。ここから，憲法の制定，国会の開設，民主政治の実現を求める運動が始まった。これを（　　）運動という。

(2) 1885年に太政官制が廃止され，内閣制度が導入されると（　　）は初代の内閣総理大臣（首相）となった。

(3) 1889年2月11日，大日本帝国憲法が発布された。翌年，国会（帝国議会）が開かれた。帝国議会は，（　　）院と（　　）院の二院制だった。

☑ CHECK 16　つまずき度 ❗❗❗❗❗ ➡ 解答は p.023

次の文の（　　）に当てはまる語句や数字を答えなさい。

(1) 日清戦争開戦直前の1894年7月に，外務大臣の（　　）がイギリスとの交渉に成功して，（　　）権が撤廃され，日本の法律によって日本人の裁判官により外国人の裁判ができるようになった。

(2) （　　）年8月，日清戦争が始まった。翌年，日清戦争の講和条約として，（　　）条約を結んだ。これにより，日本は（　　）半島，（　　），澎湖諸島を得た。また，銀2億両の（　　）も得た。

(3) （　　）年，日露戦争が始まった。（　　）は，「君死にたまふことなかれ」という詩を発表し，戦争に反対した。

(4) 1905年，日露戦争の講和条約の（　　）条約が結ばれた。日本の韓国における優越権を認め，日本は樺太（サハリン）の南半分を領有し，（　　）の鉄道の権利を得た。しかし，（　　）を得られなかったため，国内では日比谷焼き打ち事件などの暴動が起こった。

(5) 1910年，日本は韓国（　　）を強行し，漢城（現在のソウル）に朝鮮総督府を置いて，韓国を植民地化した。

(6) 1911年，（　　）が外務大臣のとき，アメリカとの間で関税自主権の回復に成功した。

13章 大正時代

➡ 解答は p.023

☑ **CHECK 17**　つまずき度 ❗❗❗❗❗

次の文の（　　）に当てはまる語句や数字を答えなさい。

(1) 尾崎行雄や犬養毅らは桂太郎内閣を倒して，立憲政治を守る運動を起こした。これを（　　）運動という。

(2) （　　）年，オーストリアの皇太子夫妻がボスニア系セルビア人の青年に暗殺される（　　）事件が起こった。この事件がきっかけとなって，第一次世界大戦が勃発した。

(3) 1917年，（　　）革命が起こった。（　　）が指導する労働者や兵士たちは臨時政府を倒して，世界初の（　　）主義の政府（ソビエト政府）をつくった。

(4) 日本は第一次世界大戦の影響で好景気となった。これを（　　）景気という。

(5) 1922年，内戦に勝利したレーニンたちの新政府は，（　　）の建国を宣言した。

(6) 1918年，富山県で起こった運動から，全国各地で民衆が米屋や精米業者を襲う（　　）に発展した。この責任をとって，寺内内閣が総辞職すると，立憲政友会の（　　）が，日本で最初の本格的な（　　）内閣をつくった。

(7) （　　）年，パリ講和会議が開かれ，（　　）条約が結ばれた。条約は敗戦国のドイツにとって過酷な内容だった。

(8) 1920年，世界初の国際平和機構である（　　）が設立された。

(9) 大正時代は民主主義・自由主義を求める風潮が高まった。これを（　　）という。このきっかけとなったのは，吉野作造が唱えた（　　）主義である。

(10) （　　）年，普通選挙法が成立し，満（　　）歳以上の全ての男子に選挙権が与えられた。これに先立って，社会主義を取り締まる（　　）法が成立した。

14章 昭和時代

☑CHECK 18

つまずき度 !!!!!!

➡ 解答は p.024

次の文の（　）に当てはまる語句を答えなさい。

(1) 1929年，ニューヨーク株式市場の株価が暴落し，（　）が広がった。

(2) (1)を乗り切るために，アメリカは公共事業をおこすなどして，（　）政策（新規まき直し政策）を実行した。

(3) 日本は不景気を打開するために，資源が豊かな満州へ進出しようと考えた。そして，1931年，南満州鉄道の線路を爆破する柳条湖事件を起こし，翌年には満州国をつくった。この一連の動きを（　）という。

(4) 1937年，北京郊外で日中両軍が衝突した盧溝橋事件をきっかけに（　）戦争が始まった。

(5) (4)の戦争の苦戦を受けて，1938年，日本政府は国民や物資を戦争に動員できるように（　）法を制定した。

(6) 1939年，ドイツのポーランド侵攻をきっかけに（　）が始まった。

(7) 1940年，日本はドイツ・イタリアと（　）同盟を結んだ。

(8) 1941年4月，日本はソ連と（　）条約を結んだ。

(9) 1941年12月，日本の海軍はハワイの（　）にあるアメリカ軍基地を攻撃し，同時に陸軍はイギリス領のマレー半島に上陸してイギリス軍を攻撃した。これにより，（　）戦争が始まった。

(10) 1945年7月，アメリカ・イギリス・中国の名で，日本に無条件降伏を求める（　）宣言が発表された。

15章 昭和時代（戦後）・平成時代・令和時代

☑ **CHECK 19** 　つまずき度 ❗❗❗❗❗　　　　➡ 解答は p.024

次の文の（　）に当てはまる語句や数字を答えなさい。

(1) アメリカを中心とする連合国軍は，東京に（　　）（連合国軍最高司令官総司令部）を置いて，間接統治の方式で日本の戦後改革を進めた。最高司令官は（　　）である。

(2) 日本国憲法は，（　　）年（　　）月（　　）日に公布され，（　　）年（　　）月（　　）日から施行された。戦争の放棄などについて定めているのは，第（　　）条である。

(3) ソ連をリーダーとする社会主義諸国（（　　）側陣営）とアメリカをリーダーとする資本主義諸国（（　　）側陣営）による，直接の武力衝突がない戦いを（　　）という。

☑CHECK 20

つまずき度 ❗❗❗❗❗

➡ 解答は p.024

次の文の（　）に当てはまる語句を答えなさい。

(1) 1951年，（　）平和条約が結ばれた。翌年，条約が発効し，日本は独立を回復した。同日に，（　）条約が結ばれた。アメリカ軍の日本への駐留と，軍事基地の使用を認める内容だった。

(2) 1956年10月，日本とソ連は（　）に調印して国交を回復した。同年12月，日本の（　）への加盟が認められた。

(3) 1960年の池田勇人首相の「所得倍増」や，1964年に開かれた東京（　）も好影響をおよぼし，日本の経済力は大きく成長した。これを（　）成長という。

(4) 1965年，（　）条約が結ばれ，日本は韓国と国交を正常化した。いっぽう，北朝鮮とはいまだに国交がない。

(5) 1972年，田中角栄首相が中国を訪問し，（　）を発表して，中国との国交を正常化した。1978年には，（　）条約が結ばれて，両国の関係はますます緊密になった。

(6) 1973年に起こった第4次中東戦争により，OPECが（　）の生産を制限し，価格を大幅に値上げした。これを（　）という。

(7) 1989年12月，アメリカのブッシュ大統領とソ連のゴルバチョフ共産党書記長は，マルタ会談で（　）の終結を宣言した。

☑CHECK 21

つまずき度 **!!!!!**

➡ 解答は p.024

次の文の（　　）に当てはまる語句を答えなさい。

(1) 1985年ごろ，アメリカは日本からの輸入が急速に激増したため，日本に対して対策を求めた。日米の貿易をめぐる対立を（　　）という。

(2) 1991年，日本では，経済の実体とはかかわりなく株価や地価などが値上がりした好景気が終わった。これを（　　）崩壊という。

(3) サブプライムローン破綻の問題から世界は不景気となった。リーマンブラザーズという会社も倒産したため，この不景気を（　　）と呼ぶ。

(4) 2011年3月11日，（　　）が起き，大規模の津波による被害などが生じた。

― 解答 ―

CHECK 0

(1) キリスト，1，紀元前

(2) 100

(3) 201，201

(4) 縄文，古墳，奈良，平安，鎌倉，江戸，明治，昭和

(5) 古代，中世，近代

CHECK 1

(1) アフリカ

(2) 新人

(3) 打製

(4) 磨製

(5) エジプト，メソポタミア

(6) 象形，くさび形，甲骨

(7) キリスト，イスラム，仏

CHECK 2

(1) 縄文，竪穴，土偶

(2) 大森，三内丸山

CHECK 3

(1) 弥生，鉄器，青銅器

(2) 稲，高床

(3) 吉野ヶ里

(4) 漢書，倭

(5) 金印

(6) 邪馬，卑弥呼

CHECK 4

(1) 前方後円墳

(2) 大和

(3) 渡来人

CHECK 5

(1) 冠位十二階

(2) 十七条の憲法

(3) 仏

(4) 遣隋使

(5) 大化の改新

(6) 天武

(7) 大宝律令

(8) 公地公民

CHECK 6

(1) 710

(2) 仏

(3) 国分，大仏

(4) 万葉集，貧窮問答歌

(5) 墾田永年私財法

(6) 正倉院，シルクロード

(7) 国際

CHECK 7

(1) 794，桓武

(2) 空海，天台

(3) 坂上田村麻呂

(4) 摂関，道長

(5) 白河，院

(6) 国風

(7) 平治，平清盛

(8) 壇ノ浦

CHECK 8

(1) 守護，地頭（順不同）

(2) 1192

(3) 御恩

(4) 元寇，モンゴル

(5) 1333

(6) 浄土真

CHECK 9

(1) 建武，武士

(2) 足利尊氏，室町

(3) 足利義満，日明（勘合），金，北山

(4) 応仁，義政，銀，東山

(5) 正長，加賀

(6) 下剋上

(7) 書院

CHECK 10

(1) 十字，イスラム

(2) 宗教改革，大航海

(3) 鉄砲

(4) ザビエル，キリスト

(5) 楽市，楽座

(6) 検地（太閤検地），刀狩

(7) 関ヶ原

CHECK 11

(1) 親藩，譜代，外様

(2) 武家諸法度

(3) 参勤交代

(4) 朱印状

(5) 鎖国

(6) 出島，唐人屋敷

(7) 五街道，東廻，西廻，江戸

(8) 天下の台所

CHECK 12

(1) 生類憐み

(2) 吉宗，享保

(3) 田沼意次，株仲間

(4) 松平定信，寛政

(5) 大塩平八郎

(6) 水野忠邦，天保

(7) 倹約

(8) アヘン，南京

(9) 薩長同盟

(10) 1867，慶喜，大政奉還

CHECK 13

(1) 王政復古の大号令

(2) 版籍奉還

(3) 廃藩置県

(4) 徴兵令

(5) 3，現金

CHECK 14

(1) 富岡製糸場

(2) 文明開化

CHECK 15

(1) 民撰（選）議院設立の建白書，自由民権

(2) 伊藤博文

(3) 貴族，衆議（順不同）

CHECK 16

(1) 陸奥宗光，領事裁判（治外法）

(2) 1894，下関，遼東，台湾，賠償金

(3) 1904，与謝野晶子

(4) ポーツマス，南満州，賠償金

(5) 併合

(6) 小村寿太郎

CHECK 17

(1) 第一次護憲

(2) 1914，サラエボ

(3) ロシア，レーニン，社会

(4) 大戦

(5) ソビエト社会主義共和国連邦（ソ連）

(6) 米騒動，原敬，政党

(7) 1919，ベルサイユ

(8) 国際連盟

(9) 大正デモクラシー，民本

(10) 1925，25，治安維持

24

CHECK 18

(1) 世界恐慌

(2) ニューディール

(3) 満州事変

(4) 日中

(5) 国家総動員

(6) 第二次世界大戦

(7) 日独伊三国

(8) 日ソ中立

(9) 真珠湾，太平洋

(10) ポツダム

CHECK 19

(1) GHQ，マッカーサー

(2) 1946，11，3，1947，5，3，9

(3) 東，西，冷たい戦争（冷戦）

CHECK 20

(1) サンフランシスコ，日米安全保障

(2) 日ソ共同宣言，国際連合

(3) オリンピック，高度経済

(4) 日韓基本

(5) 日中共同声明，日中平和友好

(6) 石油，石油危機（オイルショック）

(7) 冷たい戦争（冷戦）

CHECK 21

(1) 貿易摩擦

(2) バブル

(3) リーマンショック

(4) 東日本大震災